普通高等教育会计类专业系列教材

会 计 学

（第四版）

宋绍清　杨文会　主　编

焦董瑞　周兴荣　副主编

刘三昌　主　审

科 学 出 版 社

北　京

内 容 简 介

本书基于高等院校按“大类”招生培养模式改革，结合教育部对经济管理类本科专业核心课程“会计学”课程教学大纲的要求，以财政部新准则为依据，围绕会计核算的基本理论、基本方法和基本程序，以业财融合为主线，以实际操作为重点，使读者循序渐进掌握会计基本知识，由核算型会计向管理型会计转变。

全书共十四章，主要内容包括总论、会计核算的基础、会计凭证和账簿、财务报表编制准备、财务报表编制、账务处理程序、财务报表分析和会计工作的组织等基本原理，以及按企业经济活动过程顺序，针对经济管理类本科学生对企业资金筹集业务、生产准备业务、生产业务、销售业务、对外投资业务、财务成果的核算等财务会计所需主要知识进行了介绍。

本书可作为经济管理类各专业会计学课程的教材，也可供相关从业人员参考。

图书在版编目（CIP）数据

会计学/宋绍清，杨文会主编. —4 版. —北京：科学出版社，2019.6
（普通高等教育会计类专业系列教材）
ISBN 978-7-03-061598-5

Ⅰ.①会… Ⅱ.①宋… ②杨… Ⅲ.①会计学-高等学校-教材 Ⅳ.①F230

中国版本图书馆 CIP 数据核字（2019）第 113217 号

责任编辑：任锋娟 纪晓芬 / 责任校对：赵丽杰
责任印制：吕春珉 / 封面设计：东方人华平面设计部

科学出版社 出版
北京东黄城根北街 16 号
邮政编码：100717
http://www.sciencep.com

廊坊市都印印刷有限公司 印刷
科学出版社发行 各地新华书店经销
*
2005 年 8 月第一版 2024 年 1 月第二十九次印刷
2010 年 3 月第二版 开本：787×1092 1/16
2016 年 1 月第三版 印张：19
2019 年 6 月第四版 字数：426 000

定价：53.00 元

（如有印装质量问题，我社负责调换〈都印〉）
销售部电话 010-62136230 编辑部电话 010-62135397-2015（HF02）

第四版前言

本书全面系统地阐释了会计学的基本原理，充分体现了我国企业会计准则及相关税法的最新修订内容。对于各类经济事项，本书介绍了可供选择的不同会计处理程序与方法，有助于培养学生分析问题、解决问题及适应环境变化的能力。

教育是国之大计、党之大计。培养什么人、怎样培养人、为谁培养人是教育的根本问题。育人的根本在于立德。本书坚持全面贯彻党的教育方针，落实立德树人根本任务，培养德智体美劳全面发展的社会主义建设者和接班人；坚持为党育人、为国育才，着力全面提高人才自主培养质量。

自本书第三版于 2016 年出版以来，全国人民代表大会常务委员会、财政部、国家税务总局等部门又先后对《中华人民共和国会计法》、会计准则（第 14 号、第 16 号、第 21 号、第 22 号、第 23 号、第 24 号、第 37 号、第 42 号等）和相关规章进行了调整，以及将增值税税率下调等。

根据以上情况，编者在第四版内容中进行了相应的调整，主要变化如下：

1）根据财政部《关于修订印发 2018 年度一般企业财务报表格式的通知》（财会〔2018〕15 号），更新了第十一章资产负债表、利润表和所有者权益变动表的相关列报项目。

2）按照财政部颁布的《增值税会计处理规定》以及财政部和税务总局颁布的营业税改征增值税的相关规定，对有关增值税的内容进行了修订。

3）按照财政部新修订的《企业会计准则第 14 号——收入》，修订了收入确认条件以及收入的会计处理方法。

4）根据财政部颁布的《关于修订印发一般企业财务报表格式的通知》，增加了“资产处置损益”有关内容的介绍。

5）根据会计准则最新的调整，对第十四章会计法规体系的内容进行了调整与完善。同时，在该章添加了会计职业发展的相关内容。

6）根据财政部推行管理会计的要求以及编写组教师多年教学的实践经验，为更好地理解会计信息的作用，充分利用好会计信息的决策支持功能，新增加了财务报表分析一章，简要介绍财务报表分析基础知识。

本版对第三版中一些阐述不够清楚以及冗余的内容进行了修订，使本书在编写体例上更加统一，更有利于读者的理解和学习。书中凡是目录中带“*”的章节是“会计学”课程的拓展知识，任课教师可以根据人才培养方案规定学时和授课对象的不同进行选择性讲解。

本书由宋绍清、杨文会任主编，焦董瑞、周兴荣任副主编；主编提出全书架构体系，并负责全书的统纂、修改和定稿；最后，由刘三昌教授审阅全书，并提出了许多宝贵的修改意见。

本书的编写分工如下：第一、二、八章由宋绍清教授编写；第三章由曹慧教授编写；第四、六章由焦董瑞副教授编写；第五章由袁志忠教授编写；第七章由周兴荣教授编写；第九、十章由杨文会教授编写；第十一章由陈丽芹副教授编写；第十二章由胡海川博士编写；第十三章由张海风副教授编写；第十四章由赵凌云副教授编写。

编者在编写过程中参阅了大量国内外著作，在此向相关作者表示诚挚的谢意。

本书是宋绍清教授主持的“2+2 培养模式下会计学课程体系创新与实践研究”教学改革课题研究成果，该成果曾获河北省优秀教学成果三等奖。

由于时间仓促和编者水平有限，书中难免存在疏漏和不足，恳请读者提出宝贵意见。

第一版前言

本书是针对普通高等院校经济类和工商管理类本科专业对会计学知识的需求，结合中华人民共和国教育部对经济管理类本科会计学课程教学大纲的要求，在创造性地提出会计学教材架构新体系的基础上编写而成的。本书将会计学基础知识、财务会计和成本会计三部分有机结合起来，着重体现会计为企业经营管理服务的思想，并力求兼顾前瞻性、通用性和系统性。

本书具有以下几个特点：

1）会计理论与会计实践同步。会计核算与监督是企、事业单位的基本经济管理手段。我国社会主义市场经济体制的确立，带动了会计实践的大变革。从 1993 年我国颁布的会计基本准则开始，先后经历了：制定行业会计制度；陆续颁布具体会计准则；制定行政事业单位会计制度、制定股份公司会计制度；淡化行业会计制度而颁布统一会计制度、金融企业会计制度、小企业会计制度制定、非营利组织会计制度、农村集体经济组织会计制度；2006 年 2 月 15 日财政部颁布和修订了《企业会计准则——基本准则》和 38 个《企业会计准则——具体准则》，2006 年 10 月 30 日，财政部颁布了《企业会计准则——应用指南》，要求 2007 年 1 月 1 日起，在上市公司范围内执行，鼓励其他企业执行。因此，会计是一个日新月异的学科，要求我们的会计教育要跟上时代的步伐，以财政部颁布的最新准则为依据。

2）架构体系创新。本书针对普通高等院校经济管理类专业学生普遍面临的教学学时减少、教学内容加深的要求，改变过去部分“会计学”教材将“会计学原理（基础）”、“财务会计学”、“管理会计”和“成本会计”的部分内容简单拼凑的做法，将企业会计要素核算与经济活动过程有机地结合起来，创新地将一般会计学教材普遍沿用的“会计要素”架构体系变更为“经济活动过程”架构体系——以企业生产经营过程为主线，从企业筹集资金阶段入手，经过生产准备阶段、生产阶段、销售阶段到利润的形成与分配阶段完成一次会计循环，分析企业的每一个阶段对会计知识的需求，应设置什么账户、遵循什么规则、进行怎样的核算；介绍运用会计科目设置和复式记账原理，编制和审核会计凭证、登记会计账簿、进行成本核算并在编制会计报表之前进行财产清查等的基本方法。

3）适应会计教育发展的新形势。随着我国高等教育的发展与改革的深入，我国的高等教育已经从“精英教育”转型为“大众教育”，越来越多的高等院校为了适应日益激烈的就业形势，更好地培养社会急需人才，纷纷改革招生办法，采取按“大类”招生。会计学课程对非会计学专业的“工商管理类”学生来说是唯一学习并在将来利用会计知识的途径，因此本课程体现了会计为企业经营管理服务的思想，告知未来的管理者每一会计方法的选择和会计职业判断，都将对企业的市场价值、纳税和经营业绩产生不同的影响；同时，对会计学专业的学生而言又是一门专业基础课，是学习其他会计课程的基础，因此应着重理解会计的基本理论、基本知识和基本方法。

4）本书以案例教学为主，运用 ABC 公司案例贯穿全书，特别是第十二章第五节的“记账凭证账务处理程序综合实训”将一个企业会计核算的全过程分步骤编写，对初学者更具指导意义。每章配备的思考练习题对理解和掌握本章节的重点起到了画龙点睛的作用。另外，本套教材中还有本书的实验教程，可以将理论教学与实践教学有机地结合。

5）凡是目录中带“*”的章节是“会计学”课程的拓展知识，任课教师可以根据教学学时和授课对象的不同进行取舍，或安排学生自学。

本书由宋绍清、杨文会任主编，焦董瑞、周兴荣任副主编；主编提出全书架构体系，并负责全书的统纂、修改和定稿；最后，由刘三昌教授审阅全书，并提出了许多宝贵的修改意见。

本书的编写分工如下：第一、二、十、十一章由宋绍清编写；第三章由曹慧编写；第四、六章由焦董瑞编写；第五章由袁志忠编写；第七章由周兴荣编写；第八、九、十二章由杨文会编写；第十三章由张海风编写。

为了尽量吸收会计理论与实践的新内容，编者在本书的编写过程中参阅了大量国内外会计学教材及有关论著，主要的已在参考文献中列出，在此向所有有关参考文献（不仅限于列出部分）的作者表示诚挚的谢意。

本书的编写得到了石家庄经济学院教材建设委员会的支持，在此表示感谢。

由于时间仓促和编者水平有限，书中难免存在不足，恳请读者提出宝贵的意见。

编　者

2005 年 1 月

目　录

第一章 总 论

思维寻图

第一节 概 述

一、会计的产生与发展

会计的产生和发展经历了漫长的历史时期。它是随着社会生产的发展和经济管理的要求而产生，并随着社会经济，特别是市场经济的发展和科学技术的进步而不断完善、提高的。因此，会计是社会发展到一定历史阶段的产物。

（一）古代会计阶段

会计作为一项记录、计算和考核收支的工作，无论在中国和外国都是在很早以前就出现了。我国远古时期就曾出现过“结绳记事”“刻木为记”等最原始的会计行为。据《周礼》记载，早在三千多年前的西周奴隶社会就出现“会计”一词。在这一时期，由于生产力的发展，西周王朝还设立了专门管理钱粮税赋的官职——“司会”和独立的会计部门，掌管国家与地方的财产物资，即官厅会计。会计在当时的基本含义是“零星算之为计，总合算之为会”。在宋代，官府中的官吏报销钱粮或办理移交，要编造“四柱清册”，实行“四柱结算法”。所谓四柱是指旧管、新收、开除、实在四项数字，比喻支撑物体的四根柱子，缺一不可。它们之间的数量关系是旧管＋新收＝开除＋实在，大致相当于今天的“期初余额＋本期收入＝本期支出＋期末余额”。

（二）近代会计阶段

一般认为，从单式记账法过渡到复式记账法是近代会计的形成标志，即 15 世纪末期，意大利数学家卢卡・帕乔利有关复式记账论著《算术、几何、比及比例概要》的问世，标志着近代会计的开端。该书中专门用一个章节阐述了复式记账的基本原理，这被会计界公认为是会计发展史上的一个光辉的里程碑。我国会计从单式记账向复式记账的过渡一般认为是在明代。

明末清初，山西帮商人傅山，在“四柱清册”记账方法的基础上，设计出一种适合于民间商业的会计核算方法——“龙门账”，将全部账目划分为进、缴、存、该四大类。“进”指全部收入；“缴”指全部支出；“存”指资产并包括债权；“该”指负债并包括业主投资。它们之间数量关系是：进－缴＝存－该。“龙门账”的诞生标志着我国复式记账法的开始。

随着社会经济的发展和对管理要求的不断提高，会计所计算和考核的内容、范围，以及所要达到的目的和要求，都在不断发展和变化。这也使会计的目标、会计所应用的原则，以及会计信息的披露内容、范围等随之而日趋完善。这种变化不仅体现在会计有了更多、更快的取得信息和披露信息的手段，也表现为会计可进一步利用取得的信息更好地为管理服务。这样，比较完善的现代会计就逐步形成了。

（三）现代会计阶段

成本会计的出现和不断完善，以及在此基础上管理会计的形成并与财务会计相分离，是现代会计的开端。现代会计阶段实现了由簿记到会计的转变。一般认为，现代会计从 20 世纪 30 年代开始，更确切地讲是从 1939 年第一份美国的“公认会计原则（generally accepted accounting principles，GAAP）”的“会计研究公报（Accounting Research Bulletins，ARB）”的出现为起点。当时，股份公司这一经济组织形式得到很快的发展。股份公司是以资本的所有权和经营管理权相分离为特征的，为保护那些不参与企业经营管理的所有者的需要，逐渐形成了以对外提供会计信息为主，接受“公认会计原则”约束的会计，即财务会计。而且，为了在瞬息万变的外部市场环境下得以生存和发展，企业管理当局对会计信息提出了新的要求，以便具有灵活反应的适应能力和“高瞻远瞩”的预见能力。基于管理当局的这一需求，管理会计逐渐同传统会计相分离，并形成一个与财务会计相对独立的领域。随着社会分工的进一步细化，不同生产行业和与之相关的社会事业也有了长足发展，这也使得处于经济管理地位的会计在不同行业、社会事业间有了自己的立足点，并逐步形成了相应的会计分支。

二、会计的职能

会计的职能是指会计在经济管理中所具有的功能。会计管理通过发挥会计的职能来实现。会计的职能包括：进行会计核算、实施会计监督、评价企业经营业绩、参与经营决策（提供决策支持）和预测经营前景等五项职能。其中，核算和监督是会计的基本职能。

（一）进行会计核算

会计核算是通过价值量对经济活动进行确认、计量、记录，并进行完整报告的职能，也称会计的反映职能。会计核算是会计的基本职能之一，也是全部会计管理工作的基础。任何经济实体要进行经济活动，都要求会计提供真实的、正确的、完整的、系统的会计信息，这就需要对经济活动进行记录、计算、分类、汇总，将经济活动的内容转换成会计信息，成为能够在会计报告中概括并综合反映各单位经济活动状况的会计资料。

（二）实施会计监督

会计监督是通过预测、决策、控制、分析、考评等具体方法，促使经济活动按照规定的要求运行，以达到预期的目的，也称会计的控制职能。就会计监督而言，包括合法性监督和效益性监督两大方面。合法性监督是指每项经济业务是否符合国家有关法律、法规的规定；效益性监督是在合法性监督前提下，再通过所得与耗费的比较，以监督经济活动的效益性。

（三）评价企业经营业绩

财务会计可以通过定期编制财务报表，揭示一个企业的财务及其变动情况和最终经营业绩；人们还可以通过对财务报告的分析，肯定成绩，找出差距，提出措施。因此，财务会计具有分析评价企业经营业绩的职能。

（四）参与经营决策

企业经营决策的前提是收集数据和整理各种信息，特别是财务信息。例如，上市公司股票的价格虽受多种因素影响，但最终还是由企业的经营业绩所决定。股民可以根据会计所报告的经营业绩进行相应的决策；另外，企业的信贷决策也离不开会计所提供的信息。当然，在整个决策过程中，会计只能是“参与”而无法代替决策。

（五）预测经营前景

企业为了建立经营目标，就必须利用大量的信息，对事物发展的趋势做出科学的分析与判断，这一过程叫预测。企业会计提供的财务报告中具有预测价值的历史信息，能够预测企业的经营前景。

三、会计的目标

企业会计应当如实提供有关企业财务状况、经营业绩和现金流量等方面的有用信息，以满足有关各方面的信息需要，有助于使用者做出经济决策，并反映管理层受托责任的履行情况。

具体而言，我国会计的目标主要是满足企业外部和企业内部两个方面对企业会计信息的需要。

（一）会计信息的外部使用者

会计信息的外部使用者是指企业外部与企业有直接或间接经济利害关系的单位和个人。具体如下。

1. 投资者

投资者包括现有的和潜在的投资者。部分投资者并不直接参与企业的经营和管理活动，其投入资金的运作情况如何？企业的经营活动、财务状况以及经营成果等情况如何？对这些情况的掌握一般要依靠企业会计提供的信息；同时，作为投资者还需要利用会计信息进行有关的决策，如根据企业的财务状况和经营成果决定是否应该对企业投入更多的资金（如购入股份）、是否应该转让其在企业中的投资（如转让股份）等，而这些信息主要由企业的财务会计来提供。

2. 债权人

债权人主要包括银行、非银行金融机构、企业债券购买人及其他提供信贷的单位和个人。他们主要通过企业的财务报表了解企业财务状况、经营成果和资金情况，以便掌握企业能否如期偿还贷款本金并支付利息，做出是否给企业贷款的决策或决定是否贷给企业更多的资金。

3. 政府部门

有关政府部门要通过财务会计信息了解企业所承担的义务。例如，财政部门作为主管全国会计工作的政府机关，需要利用财务会计信息掌握企业的会计行为是否遵守了用于规范会计行为的会计法等相关法规的规定；税务部门需要利用财务会计信息掌握企业依法应纳多少税，是否依法纳税，有无偷、漏税的现象，同时了解企业未来的纳税前景；证券交易监督管理部门需要了解上市公司公开的财务信息是否充分，是否会误导投资者的决策，投资者是否理解公司公开的财务信息等。

4. 社会公众

由于社会公众与企业进行着各种交易活动，存在着利害关系，因此他们关心他们的交易对象能否继续生存、财力是否充足、能否保证长期供货等。

5. 客户

客户作为企业产品的购买方和使用者，要求产品销售企业能够保证产品的质量和后续服务，如设备的保修。产品销售企业财务报告中的资产价值和利润水平能够很好地显示它的持续经营能力，销售额和应收账款的变化也能够说明其产品质量和企业信誉为社会所认可的程度。

（二）会计信息的内部使用者

会计信息的内部使用者主要是指企业内部管理者及企业职工。

1. 企业内部管理者

在经营活动中，企业内部管理者必须对经营过程中遇到的重大问题做出有关的判断和决策，如筹资、投资、生产、销售等。企业决策的正确与否，必须以客观的数据和资料为依据，会计信息在企业决策中起着极其重要的作用。

2. 企业职工

企业职工关心企业的财务状况与获利情况是否能保障企业持续经营、为职工提供稳定的就业；企业的工资福利待遇是否变动、是否与企业的获利情况挂钩等。

四、会计的含义

中外会计界对会计的定义从来没有统一过。长期以来我国理论界对会计本质的描述，主要有“管理活动论”“会计信息系统论”“会计控制论”三种观点。本书认为，“会计控制论”与“管理活动论”二者并不矛盾，“控制”是“管理”的方法之一；“提供信息”的目的是有利于决策，决策也是管理活动的一部分。因此，我们可以将会计定义为会计是以货币为主要计量单位，利用专门的方法和程序，反映和监督一个单位经济活动，并提供有用信息的一项经济管理工作。

会计的分类很多，主要分类如下。

（一）按经济活动的目的分类：营利组织会计和非营利组织会计

营利组织是指以获取利润为目的的组织，市场经济条件下的各类企业组织往往属于营利组织；非营利组织是指那些开展业务活动时不以获取利润为目的的组织，包括政府机关、行政单位、事业单位、慈善机构等组织。与此相适应，为其服务的会计也可以分为营利组织会计和非营利组织会计。由于营利组织和非营利组织开展活动的目的不同，导致为之服务的会计在会计要素、会计原则、会计程序和方法等诸多方面存在着较大的差异。

（二）按会计信息提供的对象分类：财务会计和管理会计

财务会计主要是向企业外部与企业有经济利害关系的各方提供财务报告的一种会计，又称为对外会计；管理会计主要是向企业内部各级管理人员提供有关经营决策方面信息的会计，又称为对内会计。

（三）按会计对象的范围分类：宏观会计和微观会计

宏观会计主要包括社会会计、社会责任会计和环境会计；微观会计主要是指企业财务会计。

第二节 会计对象、会计要素和会计等式

一、会计对象

会计对象是指会计所要核算和监督的具体内容。会计采用货币计量的形式对企事业单位的经济活动进行核算和监督，其货币计量的经济活动就是价值运动，通常称之为资金运动。因此会计的一般对象就是企事业单位的资金运动。

（一）工业企业的资金运动过程

工业企业为进行生产经营活动，首先必须筹集一定数量的货币资金，并运用货币资金购买材料物资，同时工业企业生产经营除采购原材料外，还要购置厂房和设备，外购或研发专利等，通常统称上述活动为生产准备过程；工人利用机器设备对材料物资进行加工和生产，这称之为生产过程；将生产出的产品卖出去并收回货币，即销售过程；收回的货币资金要进行分配，即为分配过程。这就是说，从货币资金形态开始，顺次经历生产准备过程、生产过程和销售过程，资金不断地改变其存在形态，最后又回到货币资金形态，这样一种周而复始的运动称为资金的循环。由于生产经营活动的进行是连续不断的，因而每一个资金循环的终点就是下一个循环的起点。不断重复的资金循环称为资金的周转。其资金运动过程如图 1.1 所示。

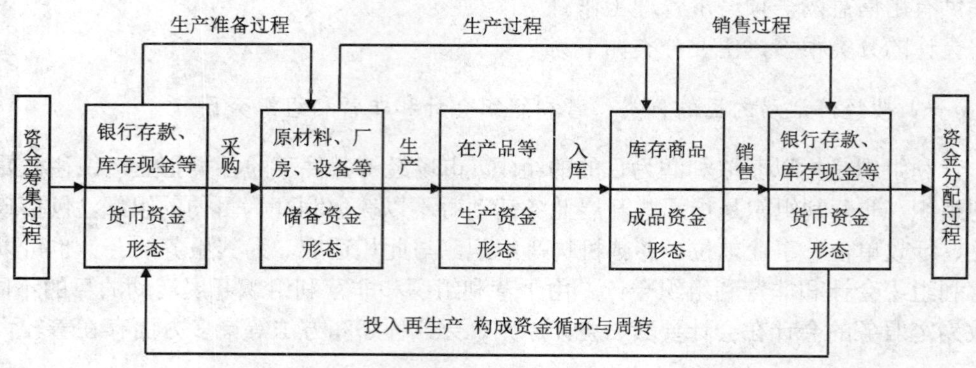

图 1.1　工业企业资金运动过程

（二）商品流通企业的资金运动

商品流通企业的主要经营过程就是商品的流通过程。商品流通是指生产企业生产出来的产品，通过买卖从生产领域向消费领域转移的过程。商品流通企业在组织商品流通过程中，其主要经济活动是从事商品购进、销售和储存活动。

总之，商品流通企业处于商品流通领域，担负着社会商品交换的任务，一般存在着购进商品和销售商品两个过程。企业购进商品，资金由货币资金形态变化为商品资金形态；商品销售收回货款，又使商品资金形态变化为货币资金形态。商品流通企业主要的经济业务活动及资金循环与周转的过程见图 1.2。

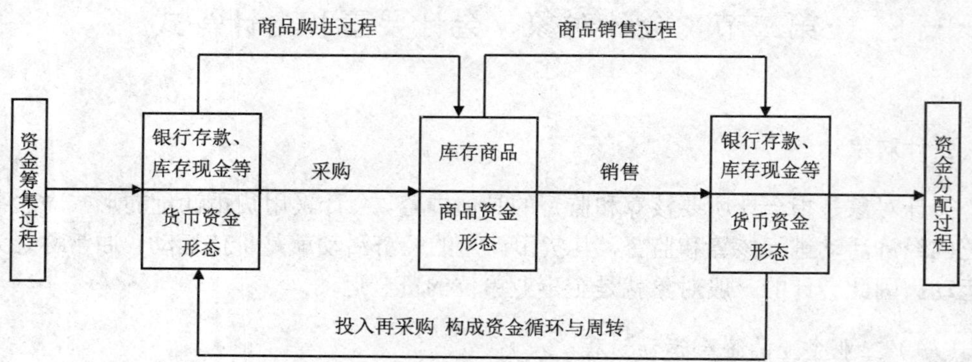

图 1.2　商品流通企业资金运动过程

（三）非营利组织的资金运动

非营利组织主要包括行政单位和事业单位等。一般来说，它们从事业务工作所需要的资金，全部由财政预算拨款解决（如行政单位）；或部分由财政预算拨款解决，部分由其他方面的收入解决。拨款收入和其他收入都是为了满足业务工作所必需的支出，收入是支出的前提；资金支出之后，运动也就结束。其资金运动过程如图 1.3 所示。

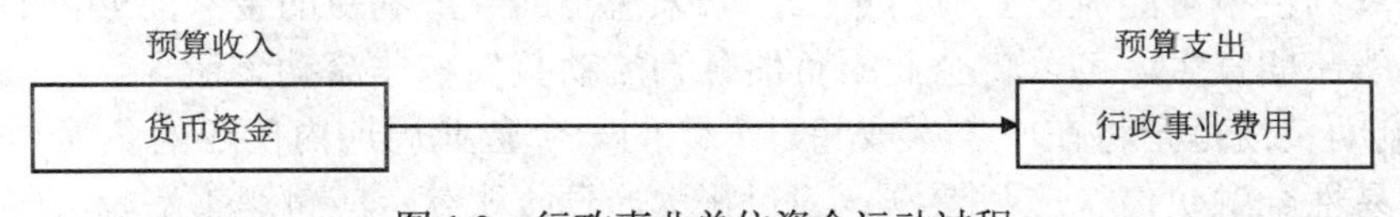

图 1.3 行政事业单位资金运动过程

二、会计要素

会计的对象是一个单位的资金运动，但这个资金运动是一个过程，因此需要对会计对象进一步分类。会计要素是会计核算对象的基本分类，是设定会计报表结构和内容的依据，也是进行会计确认和计量的依据。我们以企业为例，会计要素包括资产、负债、所有者权益、收入、费用和利润。这六大会计要素可以划分为反映财务状况的会计要素和反映经营成果的会计要素两大类。反映财务状况的会计要素包括资产、负债及所有者权益，因为它们反映企业资金价值运动的静止关系，所以又称为静态的会计要素；反映经营成果的会计要素包括收入、费用和利润，因为这三个要素反映企业资金运动的动态价值关系，所以又称为动态会计要素。

（一）反映财务状况的会计要素

1. 资产

资产是指企业过去的交易或者事项形成的、由企业拥有或者控制的、预期会给企业带来经济利益的资源。其中，包含着三层意思：第一，企业过去的交易或者事项是指购买、生产、建造行为或其他交易或者事项；第二，由企业拥有或者控制是指企业享有某项资源的所有权，或者虽然不享有某项资源的所有权，但该资源能被企业所控制；第三，预期会给企业带来经济利益是指直接或者间接导致现金和现金等价物流入企业的潜力。

符合上述资产定义的资源，在同时满足以下条件时，确认为资产：第一，与该资源有关的经济利益很可能流入企业；第二，该资源的成本或者价值能够可靠地计量。

企业的资产按照流动性一般分为流动资产和非流动资产。

1）流动资产是指满足下列条件之一的资产：预计在一个正常营业周期中变现、出售或耗用；主要为交易目的而持有；预计在资产负债表日起一年内变现；自资产负债表日起一年内，交换其他资产或清偿负债的能力不受限制的现金或现金等价物；流动资产主要包括货币资金、交易性金融资产、应收及预付款项、存货等。

2）流动资产以外的资产应当归类为非流动资产，包括可供出售金融资产、持有至到期投资、长期股权投资、固定资产、无形资产等。其资产要素构成如图 1.4 所示。

2. 负债

负债亦称债权人权益，是指企业过去的交易或者事项形成的、预期会导致经济利益流出企业的现时义务。现时义务是指企业在现行条件下已承担的义务，未来发生的交易或者事项形成的义务，不属于现时义务，不应当确认为负债。

符合上述负债定义的义务，在同时满足以下条件时，确认为负债：第一，与该义务有关的经济利益很可能流出企业；第二，未来流出的经济利益的金额能够可靠地计量。

按照偿还期长短，可以将企业的负债分为流动负债和非流动负债。

1）流动负债是指将在一年内或超过一年的一个营业周期内偿还的负债，包括短期借款、交易性金融负债、应付票据、应付账款、预收账款、应付职工薪酬、应交税费、应付利息、应付股利等。

2）流动负债以外的负债，应当归类为非流动负债，包括长期借款、应付债券、长期应付款等。其负债要素构成如图 1.5 所示。

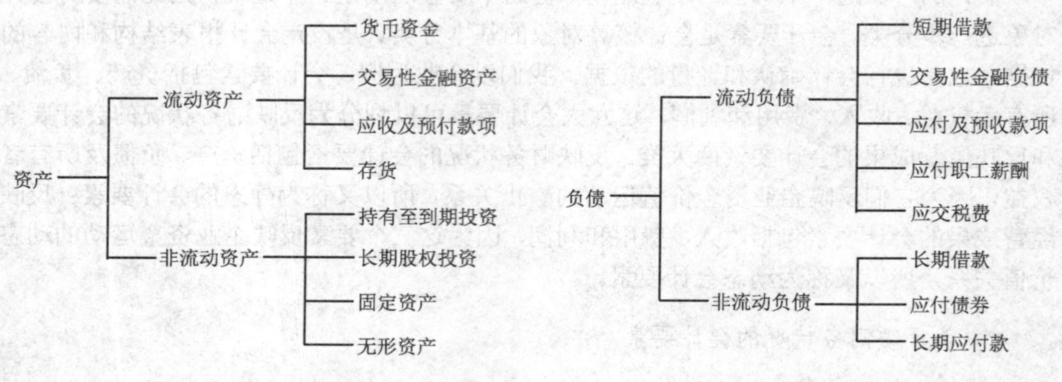

图 1.4　资产要素构成示意图　　图 1.5　负债要素构成示意图

3. 所有者权益

所有者权益是指企业资产扣除负债后应由所有者享有的剩余权益，它是从企业资产中扣除债权人权益后应由所有者享有的部分。

企业所有者拥有的权益最初以投入企业资产的形式取得，形成投入资本。随着企业生产经营活动的开展，投入资本本身增值，增值部分形成盈余公积和未分配利润，这部分资金归所有者所有，与投入资本一起构成企业的所有者权益。具体包括实收资本、资本公积、直接计入所有者权益的利得和损失，以及盈余公积和未分配利润等。

利得是指由企业非日常活动所形成的、会导致所有者权益增加的、与所有者投入资本无关的经济利益的流入；损失是指由企业非日常活动所发生的、会导致所有者权益减少的、与向所有者分配利润无关的经济利益的流出。

利得和损失分为直接计入所有者权益的利得和损失与直接计入当期损益的利得和损失。一般来说，未实现的利得和损失计入所有者权益，已实现的利得和损失计入当期损益。利得和损失之间不存在配比关系。

（二）反映经营成果的会计要素

1. 收入

收入是指企业在日常活动中形成的、会导致所有者权益增加的、与所有者投入资本无关的经济利益的总流入。日常活动是指企业为完成其经营目标所从事的经常性活动以及与之相关的活动。例如，制造企业制造并销售产品、商业企业销售商品、咨询公司提供咨询服务、安装公司提供安装服务、商业银行对外贷款等。

收入有广义和狭义两种理解。广义收入把所有的日常和非日常活动的所得都看成是收入，包括主营业务收入、其他业务收入、投资收益、营业外收入等；狭义收入仅仅把经常性的、主体性的经营业务中取得的收入作为收入，包括主营业务收入、其他业务收入、投资收益等。

会计要素中的收入通常指狭义收入，即只有日常活动所形成的经济利益的流入才可以确认为收入；非日常活动所形成的经济利益的流入不能确认为收入，而应当计入利得。

收入的确认除应符合定义外，至少还应符合以下条件：

第一，与收入相关的经济利益应当很可能流入企业。

第二，经济利益流入企业的结果会使企业资产增加或者负债减少。

第三，经济利益的流入额能够可靠计量。

2. 费用

费用是指企业在日常活动中发生的、会导致所有者权益减少的、与向所有者分配利润无关的经济利益的总流出。费用是相对于收入而言的，没有收入就没有费用。因此，费用必须按照一定的期间与收入相配比。

费用也有广义和狭义两种理解。广义费用包括各种费用和损失，如主营业务成本、其他业务成本、税金及附加、管理费用、销售费用、财务费用、投资损失、资产减值损失、所得税费用、营业外支出等；狭义费用只包括为获取营业收入提供商品或劳务而发生的耗费，即同提供商品或劳务相联系的耗费才作为费用。

会计要素中的费用通常指狭义费用。即仅仅指与商品或劳务的提供相联系的耗费，而与商品或劳务的提供不相联系的耗费（如营业外支出），不能确认为费用，而应当计入损失。

费用的确认除应符合定义外，至少还应符合以下条件：

第一，与费用相关的经济利益应当很可能流出企业。

第二，经济利益流出企业的结果会导致企业资产减少或者负债增加。

第三，经济利益的流出额能够可靠计量。

3. 利润

利润是指企业在一定会计期间的经营成果。利润包括收入减去费用后的净额、直接计入当期利润的利得和损失等。其中收入减去费用后的净额反映企业日常活动的经营业绩；直接计入当期利润的利得和损失反映企业非日常活动的业绩。

利润金额取决于收入和费用、直接计入当期利润的利得和损失金额的确认与计量。

三、会计等式

（一）会计等式的含义

企业要开始生产经营活动，一方面得占用一定的资金或实物，一般表现为从投资者和债权人那里取得一定的经营资金或一定的实物。这些资金或实物就形成企业的资产，在会计核算上以货币形式表现并确认为资产。另一方面，这些资产或来源于债权人提供的资金，形成企业的负债（债权人权益）；或来源于所有者的资本投入，形成企业的所有者权益。债权人权益与所有者权益之和统称为权益，与企业资产的来源相对应，即资产是企业资金的占用形态，表明企业的资金用于哪些方面；负债及所有者权益是企业资金的投入来源，从数量上来说，其来源必然等于占用。在所有者权益数额一定的情况下，从债权人手中取得多少数额的资金，必然使资产按同一数量增加；在负债数额一定的情况下，所有者向企业投入多少数额的资金，也必然使资产按同一数额增加。因此，资产的价值量必然等于负债与所有者权益之和。这一平衡关系用公式表示为

资产＝权益
＝债权人权益＋所有者权益
＝负债＋所有者权益

其中，“资产＝负债＋所有者权益”表明了反映企业财务状况的会计要素之间的基本关系，通常把这个等式称为会计等式，也称为会计平衡公式，即在任何一个会计期间开始时，企业的资产与负债及所有者权益之间都存在上述数量关系。同时该会计等式是复式记账、会计核算和会计报表的基础，只有在该会计等式的基础上才能运用复式记账法，以记录某一会计主体资金运动的来龙去脉，反映会计主体的资产与负债及所有者权益情况，并通过编制资产负债表提供企业财务状况的信息。其相互关系如图 1.6 所示。

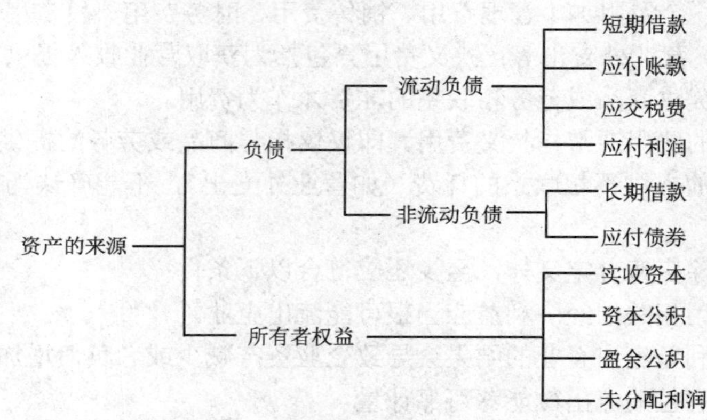

图 1.6　静态会计要素之间关系图

【例 1.1】　20××年 4 月 30 日 ABC 公司的资产、负债及所有者权益的情况如表 1.1 所示。

表 1.1　ABC 公司科目余额表（20××/4/30）

单位：元

资产	金额	负债及所有者权益	金额
库存现金	1 000	短期借款	10 000
银行存款	60 000	应付账款	30 000
应收账款	40 000	应交税费	10 000
原材料	49 000	长期借款	20 000

续表

资产	金额	负债及所有者权益	金额
长期投资	30 000	实收资本	300 000
固定资产	200 000	资本公积	10 000
合计	380 000	合计	380 000

假设该公司20××年5月发生如下经济业务：

1）用20 000元银行存款购买原材料。这项经济业务的发生，只会引起资产要素内部两个项目之间以相等的金额此增彼减地变动。该变动只表明资产形态的变化，即从货币变成了原材料，而不会引起资产总额的变动，更不涉及负债及所有者权益项目。因此不破坏会计等式的平衡关系。这种经济业务变动类型称为“资产项目之间此增彼减，增减金额相等”。

2）向银行借入30 000元短期借款，直接偿还应付账款。这项经济业务的发生，只会引起负债要素内部两个项目之间以相等的金额此增彼减地变动。该变动只表明资金来源渠道的变化，即从应付账款转化为短期借款，而不会引起负债总额的变动，更不涉及资产项目。因此不破坏会计等式的平衡关系。这种经济业务变动类型称为“负债项目之间此增彼减，增减金额相等”。

3）接受50 000元其他企业的新设备投资。这项经济业务的发生，引起资产要素中固定资产项目增加50 000元，同时也引起所有者权益要素的实收资本项目增加50 000元。资产和所有者权益要素均以相等金额同时增加，双方总额虽然均发生变动，但仍保持平衡关系。这种经济业务变动类型称为“资产与权益同时增加，增加金额相等”。

4）用10 000元银行存款偿还长期借款。这项经济业务的发生，引起资产要素中银行存款项目减少10 000元，同时也引起负债要素的长期借款项目减少10 000元。资产和负债要素均以相等金额同时减少，双方总额虽然均发生变动，但仍保持平衡关系。这种经济业务变动类型称为“资产与权益同时减少，减少金额相等”。

以上变动对“资产＝负债＋所有者权益”平衡公式的影响如表1.2所示。

表1.2　ABC公司科目余额表（20××/5/31）

单位：元

资产	金额	变动情况	权益	金额	变动情况
库存现金	1 000		短期借款	10 000	＋30 000
银行存款	60 000	－30 000	应付账款	30 000	－30 000
应收账款	40 000		应交税费	10 000	
原材料	49 000	＋20 000	长期借款	20 000	－10 000
长期投资	30 000		实收资本	300 000	＋50 000
固定资产	200 000	＋50 000	资本公积	10 000	
合计	380 000＋40 000＝420 000		合计	380 000＋40 000＝420 000	

上面列举的四项经济业务，代表着企业四种不同的经济业务类型，从中可以看出，无论哪一项经济业务的发生，均未破坏资产总额与负债及所有者权益总额的平衡。将上

述四种经济业务类型用图 1.7 表示。

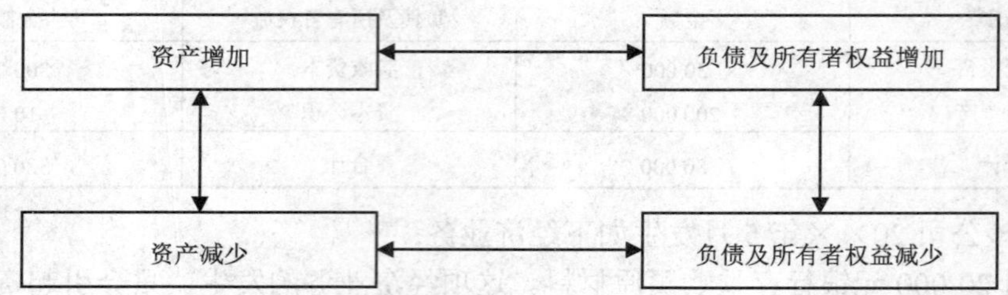

图 1.7　资产与负债及所有者权益增减变化类型

将上述四种经济业务类型具体化，可表现为九种情况：

情况一：资产项目之间此增彼减，增减金额相等。

情况二：负债项目之间此增彼减，增减金额相等。

情况三：所有者权益项目之间此增彼减，增减金额相等。

情况四：权益内部负债增加，所有者权益减少，增减金额相等。

情况五：权益内部负债减少，所有者权益增加，增减金额相等。

情况六：等式两边同增，资产项目增加，负债项目增加，增加金额相等。

情况七：等式两边同增，资产项目增加，所有者权益增加，增加金额相等。

情况八：等式两边同减，资产项目减少，负债项目减少，减少金额相等。

情况九：等式两边同减，资产项目减少，所有者权益减少，减少金额相等。

（二）收入与费用业务对会计等式的影响

企业在其生产经营活动中，一方面生产出商品和提供劳务，以满足人们生活的各种需要。当商品销售和劳务提供以后，企业会相应发生现金流入或现金要求权的增加，即实现收入；另一方面，企业在商品生产和劳务提供过程中，也必然要发生相应的费用。企业通过收入与费用的比较，才能计算出一定会计期间的盈利水平，确定当期实现的利润。

这三个要素在一定期间就形成以下数量关系，用公式表示为

$$收入－费用＝利润$$

这一等式表明经营成果与相应期间的收入和费用的关系，反映了企业日常管理过程的理想状态：增收节支。同时也是编制利润表的理论依据。

【例 1.2】 ABC 公司，20××年 5 月共发生销售商品款 50 000 元，共发生工资费用 10 000 元、耗用原材料等费用 30 000 元，这样通过收入与费用的比较，该企业 5 月获得利润 10 000 元，其数量关系是

$$收入（50\,000元）－费用（40\,000元）＝利润（10\,000元）$$

该公司的收入、费用、利润要素变化后，对会计等式有何影响？是否破坏了会计等式的平衡关系？我们通过前面两例数据予以说明。

假设收到的销售收入存入银行，支付的工资从银行存款中划拨。其变化过程如表 1.3 所示。

表 1.3 ABC 公司科目余额表（20××/5/31）

单位：元

资产	金额	变动情况	权益	金额	变动情况
库存现金	1 000		短期借款	40 000	
银行存款	30 000	＋50 000－10 000	应付账款	0	
应收账款	40 000		应交税费	10 000	
原材料	69 000	－30 000	长期借款	10 000	
长期投资	30 000		实收资本	350 000	
固定资产	250 000		资本公积	10 000	
			利润		10 000
合计	420 000	＋10 000	合计	420 000	＋10 000
	430 000			430 000	

用会计等式可以表示为

资产（430 000 元）＝负债（60 000 元）＋[所有者权益（360 000 元）＋利润（10 000 元）]

因此，六大会计要素的数量关系存在内在的联系，把它们结合起来，会计等式可表示为

资产＝负债＋所有者权益＋利润
＝负债＋所有者权益＋（收入－费用）

综合后的会计等式的含义是：在某一时点（如例 1.1，20××年 4 月 30 日）的资产、负债、所有者权益平衡的基础上，经过某一时期的经营，资产、负债、所有者权益的增减变动在打破了旧的平衡关系后又建立了某一时点（如例 1.2，20××年 5 月 31 日）上新的平衡关系；而且，在这期间发生了收入和费用并取得了利润。收入（如银行存款增加）可视为是增加了企业的资产；相反，费用（如发放工资、领用材料）可视为是减少了企业资产；利润可视为增加了投资者的权益（经营的成果必然会影响投资者的权益）。这样，资产、负债、所有者权益又建立了一种新的平衡关系。

通过例 1.2 可以看出：

第一，取得了收入，表现为资产要素和收入要素同时增加，或者是在增加收入的同时减少负债。

第二，发生了费用，表现为费用要素的增加和资产要素的减少，或者是在增加费用的同时增加负债。

第三，在会计期末，按收入减去费用计算出来的利润按规定程序进行分配以后，其留归企业部分（如盈余公积）和未分配利润部分仍为投资者权益的增加；反之，如若发生亏损则又为投资者权益的减少；变化后的会计等式仍会保持平衡。

第三节　会计核算的基本前提和质量要求

一、会计核算的基本前提

会计核算的基本前提也称为基本假设，是企业会计确认、计量和报告的前提，是对会计核算所处时间、空间环境等所做的合理设定。会计基本假设包括会计主体、持续经营、会计分期和货币计量。

（一）会计主体

会计主体是指企业会计确认、计量和报告的空间范围。为了向财务报告使用者反映企业财务状况、经营成果和现金流量，提供与其决策有用的信息，会计核算和财务报告的编制应当集中于反映特定对象的活动，并将其与其他经济实体区别开来，才能实现财务报告的目标。

在会计主体假设下，企业应当对其本身发生的交易或者事项进行会计确认、计量和报告，反映企业本身所从事的各项生产经营活动。明确界定会计主体是开展会计确认、计量和报告工作的重要前提。

例如，刘先生同时经营着一家饭店和一家超市。从会计的视角来看，饭店是一个独立的会计主体。饭店的财务报告应反映饭店所拥有的所有资产和债务。而刘先生的超市中的资产，甚至刘先生自己的住房、汽车均不能记入饭店的会计报表。需要注意的是，会计主体与法律主体（法人）并非是对等的概念。会计主体可以是一个有法人资格的企业，也可以是由若干家企业通过控股关系组织起来的集团公司，也可以是企业、单位的二级核算单位。

（二）持续经营

持续经营是指在可以预见的将来，企业会按当前的规模和状态继续经营下去不会停业，也不会大规模削减业务。企业是否持续经营，在会计原则、会计方法的选择上有很大差别。

明确这个基本假设，就意味着会计主体将按照既定用途使用资产，按照既定的合约条件清偿债务，会计人员就可以在此基础上选择会计原则和会计方法。如果判断企业会持续经营，就可以假定企业的固定资产会在持续经营的生产经营过程中长期发挥作用，并服务于生产经营过程，固定资产就可以根据历史成本进行记录，并采用折旧的方法，将历史成本分摊到各个会计期间或相关产品的成本中。如果判断企业不会持续经营，固定资产就不应采用历史成本进行记录并按期计提折旧，以免误导会计信息使用者的经济决策。

（三）会计分期

会计分期是指将一个企业持续经营的生产经营活动划分为一个个连续的、长短相同的期间。其目的是将持续经营的生产经营活动划分成连续、相等的期间，据以结算盈亏，按期编报财务报告，及时向财务报告使用者提供有关企业财务状况、经营成果和现金流量的信息，从而提高了决策的效率；同时确定了会计信息的时间段落，产生了本期与非本期的区别，成为历史成本计价、权责发生制、一贯性原则等的理论基础。

按年划分的称为会计年度，年度以内还可以分为季度、月度。短于一个完整的会计年度的报告期间，称为中期。

（四）货币计量

货币计量是指企业在会计核算中要以货币为统一的主要计量单位，记录和反映企业生产经营过程和经营成果。《企业会计准则》规定，会计核算应以人民币为记账本位币，业务收支以人民币以外的货币为主的企业，可以选定该种货币作为记账本位币，但是编报的财务会计报告应当折算为人民币。在境外设立的中国企业向国内报送的财务会计报告，应当折算为人民币。

值得注意的是，在选择货币作为主要计量单位的同时，还应当假设所选择的货币的币值或代表的购买力是稳定的。只有在币值稳定的条件下，才可以用货币去度量经济业务的价值量，才可以提供真实、可靠的会计信息。但在持续通货膨胀的情况下，企业就不能再以币值稳定为前提，而应当采用特殊的方法来提供会计信息（如物价变动会计）。

会计核算的四项基本前提，具有相互依存、相互补充的关系。会计主体确立了会计核算的空间范围，持续经营与会计分期确立了会计核算的时间长度即时间范围，而货币计量为会计核算提供了必要的手段。

二、会计核算基础

（一）权责发生制

企业应当以权责发生制为基础进行会计确认、计量和报告。

所谓权责发生制是指以权利和责任的发生来决定收入和费用归属期的一项原则。即凡属于本期已经实现的收入和已经发生或应当负担的费用，不论款项是否收付，都应作为本期的收入和费用；凡是不属于本期的收入和费用，即使款项已在当期收付，也不应作为本期的收入和费用。

权责发生制主要是从时间上规定会计确认的基础。

（二）收付实现制

收付实现制又称现金制或实收实付制，是以现金收到或付出为标准，来记录收入的实现和费用的发生。

按照收付实现制，收入和费用的归属期间将与现金收支行为的发生与否紧密地联系在一起。换言之，现金收支行为在其发生的期间全部记作收入和费用，而不考虑与现金收支行为相连的经济业务实质上是否发生。

三、会计信息的质量要求

为规范企业的会计核算行为，提高会计信息质量，《企业会计准则——基本准则》

规定了会计信息质量要求。

1. 可靠性

可靠性又称真实性，是指企业应当以实际发生的交易或者事项为依据进行会计确认、计量和报告，如实反映符合确认和计量要求的各项会计要素及其他相关信息，保证会计信息真实可靠、内容完整。

2. 相关性

相关性又称有用性，是指企业提供的会计信息应当与财务会计报告使用者的经营决策需要相关，有助于财务会计报告使用者对企业过去、现在或者未来的情况做出评价或者预测。在会计核算工作中坚持这一要求，就应该在收集、加工、处理和提供会计信息过程中，充分考虑会计信息使用者的需求。

3. 明晰性

明晰性又称可理解性，是指企业提供的会计信息应当清晰明了，便于财务会计报告使用者理解和使用。

4. 可比性

企业提供的会计信息应当具有可比性。可比性原则有两层含义：

其一，纵向可比。同一企业不同时期发生的相同或者相似的交易或者事项，应当采用一致的会计政策，不得随意变更。确需变更的，应当在附注中说明。

其二，横向可比。不同企业发生的相同或者相似的交易或者事项，应当采用规定的会计政策，确保会计信息口径一致、相互可比。

5. 实质重于形式

企业应当按照交易或者事项的经济实质进行会计确认、计量和报告，不应仅以交易或者事项的法律形式为依据。例如，售后回购、融资租赁等会计事项。

6. 重要性

企业提供的会计信息应当反映与企业财务状况、经营成果和现金流量等有关的所有重要交易或者事项。即对影响财务会计报告使用者据以做出合理判断的重要会计事项，必须按照规定的会计方法和程序进行处理，并在财务会计报告中予以充分、准确的披露；对于次要的会计事项，在不影响会计信息真实性和不致误导财务会计报告使用者做出错误判断的前提下，可适当简化处理。

7. 谨慎性

谨慎性又称稳健性，是指企业对交易或者事项进行会计确认、计量和报告应当保持应有的谨慎，不应高估资产或者收益、低估负债或者费用。

8. 及时性

企业对于已经发生的交易或者事项，应当及时进行会计确认、计量和报告，不得提前或者延后。主要包括及时收集会计信息、及时处理会计信息、及时传递会计信息。

第四节 会计计量与会计方法

一、会计计量

会计计量是为了将符合确认条件的会计要素登记入账并列报于财务报表而确定其金额的过程。企业应当按照规定的会计计量属性进行计量，确定相关金额。会计计量方法主要包括历史成本、重置成本、可变现净值、现值和公允价值等。

1. 历史成本

在历史成本计量下，资产按照购置时支付的现金或者现金等价物的金额，或者按照购置资产时所付出的对价的公允价值计量。负债按照因承担现时义务而实际收到的款项或者资产的金额，或者承担现时义务的合同金额，或者按照日常活动中为偿还负债预期需要支付的现金或者现金等价物的金额计量。

2. 重置成本

在重置成本计量下，资产按照现在购买相同或者相似资产所需支付的现金或者现金等价物的金额计量。负债按照现在偿付该项债务所需支付的现金或者现金等价物的金额计量。

3. 可变现净值

在可变现净值计量下，资产按照其正常对外销售所能收到现金或者现金等价物的金额扣减该资产至完工时估计将要发生的成本、估计的销售费用以及相关税费后的金额计量。

4. 现值

在现值计量下，资产按照预计从其持续使用和最终处置中所产生的未来净现金流入量的折现金额计量，负债按照预计期限内需要偿还的未来净现金流出量的折现金额计量。

5. 公允价值

公允价值是指市场参与者在计量日发生的有序交易中，出售一项资产所能收到或者转移一项负债所需支付的价格。

企业在对会计要素进行计量时，一般应当采用历史成本；采用重置成本、可变现净值、现值、公允价值计量的，应当保证所确定的会计要素金额能够取得并可靠计量。

二、会计核算的基本程序

会计核算的基本程序是指对发生的经济业务进行会计数据处理与信息加工的程序。它包括会计确认、计量、记录和报告等程序。会计确认、计量、记录和报告作为一种基本程序或方法，各有其具体内容，并需要采用一系列专门方法。

1. 会计确认

会计确认是指依据一定的标准，确认某经济业务事项能否记入会计信息系统并列入会计报告的过程。会计要素项目确认和时间确认是会计确认的核心。

2. 会计计量

会计计量是指在会计核算过程中，对各项财产物资都须以某种尺度为标准确定其量的属性。会计计量包括计量单位和计量属性。计量属性是指计量对象可供计量的某种特性或标准，如资产计量有历史成本、重置成本、现行成本等属性。

3. 会计记录

会计记录是指各项经济业务经过确认、计量后，采用一定的文字、金额和方法在账户中加以记录的过程，包括以原始凭证为依据编制记账凭证，再以记账凭证为依据登记账簿。会计记录包括序时记录和分类记录。在记录的生成方式上，又有手工记录和电子计算机记录之分。

4. 会计报告

会计报告是指以账簿记录为依据，采用表格和文字形式，将会计数据提供给信息使用者的手段。

三、会计核算的方法

会计核算方法是对会计对象进行完整的、连续的、系统的反映和监督所应用的方法。

1. 设置账户

设置账户是根据经济管理的要求，将会计对象的具体内容进行分类核算和监督的一种专门方法。会计对象的内容是多种多样的，要对它们进行系统的核算和全面的监督，就必须进行科学的分类，以便取得各种不同性质的核算指标。

2. 复式记账

复式记账是对任何一笔经济业务，都必须用相等的金额在两个或两个以上的有关账户中相互联系地进行登记。采用这种方法记账，使每项经济业务所涉及的两个或两个以上的账户发生对应关系，同时，在对应账户上登记的金额相等，即保持平衡关系。

3. 填制和审核会计凭证

会计凭证是记录经济业务、明确经济责任的书面证明，是登记账簿的重要依据。填制和审核会计凭证是为了审查经济业务是否合理合法，保证账簿记录正确完整而采用的一种专门方法。

4. 登记账簿

账簿是用来全面、连续、系统地记录各项经济业务的簿籍，也是保存会计数据资料的重要工具。登记账簿就是将所有的经济业务按其发生的时间顺序，分门别类地记入有关账簿。

5. 成本计算

成本计算是指对生产经营过程中所发生的各种费用，按照一定对象和标准进行归集和分配，以计算确定其总成本和单位成本的一种专门方法。通过成本计算，可以核算和监督生产经营过程中所发生的各项费用是否节约或超支，成本计算提供的信息是企业成本管理所需要的主要信息。

6. 财产清查

财产清查是指盘点实物、核对账目，查明各项财产物资、货币资金和往来款项的实有数额，并查明实存数与账存数是否相符的一种专门方法。通过财产清查，可以确保会计核算资料的准确性，监督财产的合理使用，对于挖掘财产物资使用潜力，改进财产管理，确保财产安全完整具有重要的作用。因此它是会计核算必不可少的方法。

7. 编制会计报表

会计报表是以一定的表格形式，对一定时期内账簿记录内容的总括反映，也就是对编表单位在一定时期内的经济活动过程和结果加以综合反映的一种书面性文件。会计报表提供的信息不仅可以为企业管理者进行决策服务，也可以满足与企业有经济利害关系的集团和个人了解企业财务状况和经营成果的需要。为了正确报告会计信息，应当按会计准则等有关规定来确认、计量和报告会计信息，做到数字真实、计算准确、内容完整、报送及时。

本章小结

本章重点阐述了会计基本理论，主要包括会计的职能、会计对象、会计要素、会计等式、会计核算的基本前提、会计信息的质量要求以及会计核算的基本程序、方法。对于初学者来说，学习本章的目的在于懂得什么是会计，了解会计的基础理论和基本方法。

思考练习题

1. 什么是会计？会计的职能有哪些？
2. 什么是会计对象？会计要素与会计对象之间的关系是什么？
3. 会计核算基本假设有哪些？
4. 会计信息质量要求包括哪些内容？
5. 权责发生制与收付实现制的区别是什么？
6. ABC 公司有下列资料：

1）20××年度实现收入 480 000 元。

2）20××年 12 月 31 日负债 500 000 元。

3）20××年度所有者追加投资 80 000 元。

4）20××年度所有者抽回投资 240 000 元。

5）20××年 1 月 1 日所有者权益 540 000 元。

6）20××年 12 月 31 日所有者权益 700 000 元。

要求：①计算 20××年 12 月 31 日的资产总额；②计算 20××年度的利润；③计算 20××年度的费用总额。

7. ABC 公司 20××年 5 月发生如下经济业务，试分别用权责发生制和收付实现制计算该月企业的收入和费用。

1）以银行存款支付全年的财产保险费 12 000 元（按月平摊）。

2）销售产品一批，货款总计 18 000 元，尚未收到。

3）收回上月销货款 20 000 元。

4）预收下月销售定金 25 000 元。

5）现金支付本月工资 20 000 元。

6）销售产品一批，收到款项 15 000 元。

第二章　会计核算的基础

思维导图

第一节　会计科目和账户

为了全面、准确地反映企业的财务状况、经营成果及现金流量，达到提供会计信息的目的，会计工作必须遵循会计专门的核算方法，从设置科目与账户开始，经过复式记账、审核和填制会计凭证、登记账簿、进行成本计算、财产清查，直至编制会计报表，依次完成。

一、会计科目

（一）会计科目的概念

会计对象是指企业资金运动，要想进行科学的核算和监督，就必须对此进行分类，而会计要素是对会计对象的基本分类，但这六项会计要素仍显得过于粗略，难以满足各有关方面对会计信息的需要。例如，要了解资产、负债及其构成情况就必须对相关的会计要素做进一步分类，这种对会计要素的具体内容进一步分类核算的项目称为会计科目。那么究竟应该进一步分类到什么程度？应该满足会计目标，即以能够提供系统、全面的会计信息为尺度。下面以资产要素为例，探讨从会计要素到会计科目的分类过程。具体如图 2.1 所示。

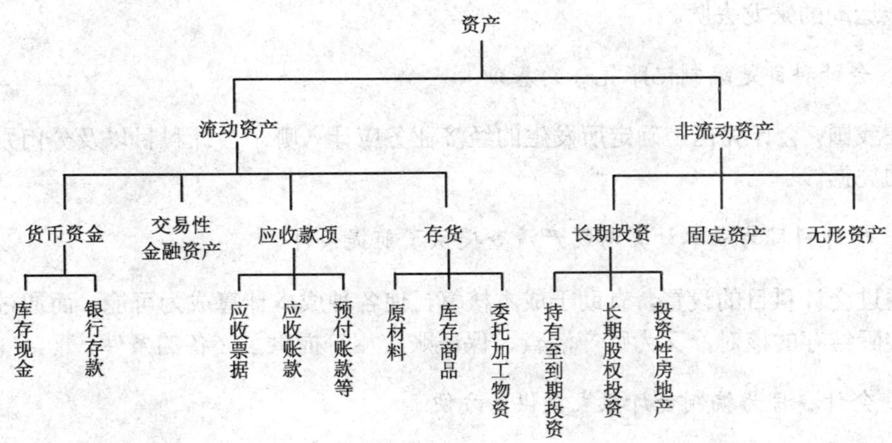

图 2.1　会计要素与会计科目关系示意图

（二）会计科目的分类

会计科目按其所提供信息的详细程度及其统驭关系不同，可分为总分类科目和明细分类科目。前者是对会计要素具体内容进行总括分类、提供总括信息的会计科目，如“应收账款”“原材料”等。后者是对总分类科目作进一步分类、提供更详细、更具体会计信息的科目，如“应收账款”科目按债务人名称设置明细科目，反映应收账款的具体对象；“原材料”科目按原料及材料的种类、规格等设置明细科目，反映各种原材料的具体构成内容。对于明细科目较多的科目，可在总分类科目与明细科目之间设置二级或多级科目，具体如表 2.1 所示。

表 2.1　会计科目（按提供指标详细程度的分类）

<table>
<tr><td rowspan="2">总分类科目
（一级科目）</td><td colspan="2">明细分类科目</td></tr>
<tr><td>二级科目（子目）</td><td>三级科目（细目）</td></tr>
<tr><td rowspan="2">生产成本</td><td>××车间</td><td>×产品
×产品</td></tr>
<tr><td>××车间</td><td>×产品
×产品</td></tr>
<tr><td>其他应收款</td><td>备用金</td><td>×部门
个人</td></tr>
</table>

（三）会计科目的意义

会计科目是进行各项会计记录和提供各项会计信息的基础，在会计核算中具有重要意义。

1. 会计科目是复式记账的基础

复式记账要求每一笔经济业务在两个或两个以上相互联系的账户中进行登记，以反映资金运动的来龙去脉。

2. 会计科目是编制记账凭证的基础

在我国，会计凭证是确定所发生的经济业务应计入哪个会计科目以及分门别类登记账簿的凭据。

3. 会计科目为成本计算与财产清查提供了前提条件

通过会计科目的设置，有助于成本核算，使各种成本计算成为可能；而通过账面记录与实际结存的核对，又为财产清查、保证账实相符提供了必备的条件。

4. 会计科目为编制会计报表提供了方便

会计报表是提供会计信息的主要手段，为了保证会计信息的质量及其提供的及时性，会计报表中的许多项目与会计科目是一致的，并根据会计科目的本期发生额或余额填列。

（四）会计科目的设置

1. 会计科目设置的原则

会计科目是反映会计要素的构成及其变化情况，为投资者、债权人、企业经营管理者等提供会计信息的重要手段，在其设置过程中应努力做到科学、合理、适用，满足下列原则。

第一，合法性原则。为了保持会计信息的可比性，所设置的会计科目应尽量符合《企业会计准则》的规定。

第二，相关性原则。会计科目的设置，应为提供有关各方所需要的会计信息服务，满足对外报告与对内管理的要求。

第三，实用性原则。企业的组织形式、所处行业、经营内容及业务种类等不同，在会计科目的设置上亦应有所区别。在合法性的基础上，应根据会计对象的特点，设置符合企业需要的会计科目。

2. 常用会计科目

具体会计科目设置，一般是从会计对象要素出发，非金融类企业一般将会计科目分为资产、负债、所有者权益、成本、损益（包括收入类和费用类两类账户）五大类。参照我国《企业会计准则——应用指南》，非金融类企业会计科目的设置如表 2.2 所示。

表 2.2　会计科目参照表

编号	名称	编号	名称
	一、资产类	1408	委托加工物资
1001	库存现金	1471	存货跌价准备
1002	银行存款	1501	持有至到期投资
1012	其他货币资金	1502	持有至到期投资减值准备
1101	交易性金融资产	1503	可供出售金融资产
1121	应收票据	1511	长期股权投资
1122	应收账款	1512	长期股权投资减值准备
1123	预付账款	1521	投资性房地产
1131	应收股利	1531	长期应收款
1132	应收利息	1601	固定资产
1221	其他应收款	1602	累计折旧
1231	坏账准备	1603	固定资产减值准备
1401	材料采购	1604	在建工程
1402	在途物资	1605	工程物资
1403	原材料	1606	固定资产清理
1404	材料成本差异	1701	无形资产
1405	库存商品	1702	累计摊销
1406	发出商品	1703	无形资产减值准备
1407	商品进销差价	1711	商誉

续表

编号	名称	编号	名称
1801	长期待摊费用	3103	本年利润
1811	递延所得税资产	3104	利润分配
1901	待处理财产损溢		四、成本类
	二、负债类	4001	生产成本
2001	短期借款	4101	制造费用
2201	应付票据	4201	劳务成本
2202	应付账款	4301	研发支出
2203	预收账款		五、损益类
2211	应付职工薪酬	5001	主营业务收入
2221	应交税费	5050	其他业务收入
2231	应付利息	5101	公允价值变动损益
2232	应付股利	5111	投资收益
2241	其他应付款	5301	营业外收入
2501	长期借款	5401	主营业务成本
2502	应付债券	5402	其他业务成本
2701	长期应付款	5403	税金及附加
2711	专项应付款	5601	销售费用
2801	预计负债	5602	管理费用
2901	预计所得税负债	5603	财务费用
	三、所有者权益类	5701	资产减值损失
3001	实收资本	5711	营业外支出
3002	资本公积	5801	所得税费用
3101	盈余公积	5901	以前年度损益调整

二、账户

（一）账户的概念

会计科目只是对会计对象具体内容进行分类的项目或名称，还不能进行具体的会计核算。为了全面、序时、连续、系统地反映和监督会计要素的增减变动，还必须按照会计科目设置账户。

账户是根据会计科目设置的，具有一定格式和结构，用于分类反映会计要素增减变动情况及其结果的载体。设置账户是会计核算的重要方法之一。账户使原始数据转换为初始会计信息，通过账户可以对大量复杂的经济业务进行分类核算，从而提供不同性质和内容的会计信息。账户同会计科目的分类相对应，也分为总分类账户和明细分类账户。

根据总分类科目设置的账户称为总分类账户；根据明细科目设置的账户称为明细分类账户。例如，根据会计科目的内容分类，账户可分为资产类账户、负债类账户、所有者权益类账户、成本类账户、损益类账户五类。

（二）账户的结构

对于企业发生的各种经济业务所引起的会计要素变动，无论其内容有多大的差异，但从其数量方面考察，无非是增加和减少两种情况。因此，账户除了其名称之外还包括两个最基本的部位：一个部位是登记增加额，另一个部位是登记减少额，这两个部位就成为一切账户的基本结构。严格的账户结构应包括：账户的名称和编号、反映增加和减少金额及其余额、对其他会计记录的相互核对、日期和简要说明等，如账簿 2.1 所示。

账簿 2.1　账户名称（会计科目）

年		凭证编号	摘要	借方金额	贷方金额	借或贷	余额
月	日						

为了便于授课和学习，借贷记账法下账户的结构往往用简化的“T”型格式表示。其具体格式如图 2.2 所示。

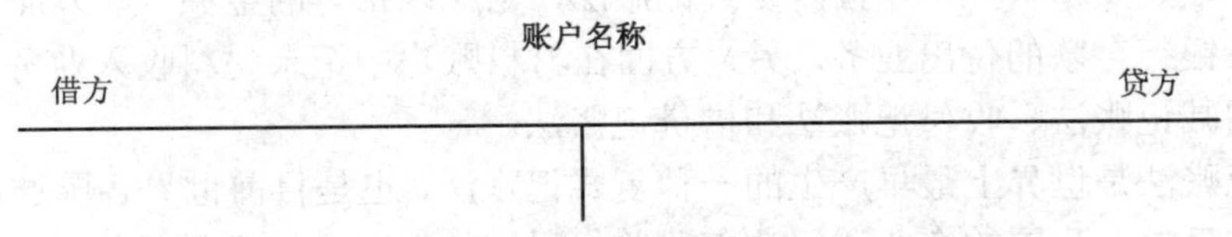

图 2.2　“T”型账户示意图

账户的左右两方是按相反方向来记录增加额和减少额。也就是说，如果规定在左方记录增加额，就应该在右方记录减少额；反之亦然。规定左、右方谁记录增加，谁记录减少，反过来同样是可行的。具体内容将在“借贷记账法”中详细介绍。

（三）账户与会计科目的联系和区别

会计科目与账户都是对会计对象具体内容的科学分类，两者口径一致，性质相同，会计科目是账户的名称，也是设置账户的依据，账户是会计科目的具体运用（即信息内容的储存载体）。没有会计科目，账户便失去了设置的依据；没有账户，就无法发挥会计科目的作用。两者的区别是会计科目仅仅是账户的名称，不存在结构；而账户则具有一定的格式和结构。在实际工作中，对会计科目和账户不严格区分，经常相互通用。

第二节　借贷记账法

一、记账方法

记账方法是在经济业务发生以后，如何将其记录登记在账簿中的方法。

记账方法有两类，一类是单式记账法，另一类是复式记账法。

（一）单式记账法

单式记账法是对发生的经济业务，一般只在一个账户中进行记录的记账方法。例如，用银行存款购买材料的业务发生后，仅在账户中记录银行存款的减少；也有同时在银行存款账和材料账之间记录的，但两个账户之间没有平衡相等的对应关系。它在选择单方面记账时，重点考虑的是现金、银行存款以及债权债务方面发生的经济业务，没有一套完整的账户体系，账户之间也形不成相互对应的关系，所以不能全面、系统地反映经济业务的来龙去脉。

（二）复式记账法

复式记账法是从单式记账法发展而来的。这种记账方法是对发生的每一项经济业务都以相等的金额，在相互关联的两个或两个以上账户中进行记录的记账方法。例如，上述用银行存款购买材料业务，按照复式记账法，则应以相等的金额，一方面在银行存款账户中记录银行存款的付出业务，另一方面在材料账户中记录材料收入业务。复式记账法主要有增减记账法、收付记账法和借贷记账法。

借贷记账法是世界上最早产生的一种复式记账法，也是目前世界各国通用的一种复式记账法。目前，我国的企业和行政事业单位采用的记账方法都是借贷记账法。

二、借贷记账法的产生与发展

借贷记账法产生于 12 世纪的意大利。当时意大利北部城市佛罗伦萨的金融业比较发达，银行采用了一种“垂直型账页”，即把每一账页分割为上下两个记账部位，对存贷活动进行登记，上部记“他应给我”，相当于今天的“借”，表示对客户的债权（人欠），下部记“我应给他”，相当于今天的“贷”，表示对客户的债务（欠人）。这里的“我”是“银行”，而“他”是指客户。就是说，“借”“贷”分别指的是“借主”和“贷主”，并不具有现代意义的作为纯粹记账符号的“借方”和“贷方”。

13 世纪中叶，意大利的热那亚出现了新的记账形式。记账的形式不再是上下分开、文字叙述，而是采用了左右对照的账户，把经济业务记录在账户的左右两边，分别列示借、贷，所有账户除商品账户外，其余账户都能结出余额，并把余额记在相反方向，以求得账户借贷双方合计的平衡。

15 世纪初期，人们除增设了“资本”“损益”账户外，又增设了“余额”账户，进行全部账户的试算平衡。随后借贷记账法传遍欧洲、美洲等世界各地，成为世界通用的记账方法。20 世纪初借贷记账法由日本传入我国，目前成为我国法定的记账方法。

综上所述，借贷记账法是指以“借”“贷”作为记账符号，反映各项会计要素增减变化情况的一种复式记账方法。

三、借贷记账法的记账符号

借贷记账法是以“借”“贷”作为记账符号，反映各项会计要素增减变动情况的一种记账方法。“借”“贷”两字本来含有债权与债务的意思，随着社会商品经济的发展，经济活动的内容日益复杂，记录的经济业务已不再局限于货币资金的借贷业务，而逐渐扩展到财产物资、经营损益等。为了求得账簿记录的统一，对于非货币资金借贷业务，也以“借”“贷”两字记录其增减变动情况。这样，“借”“贷”两字就逐渐失去原来的含义，而转化为纯粹的记账符号，用以标记记账方向。

四、借贷记账法的账户结构

借贷记账法下账户的结构是每一个账户都分为“借方”和“贷方”，并且规定账户的左方为借方，账户的右方为贷方；采用借贷记账法时，账户借贷双方必须做相反方向的记录。即对于每一个账户来说，如果规定借方用来登记增加额，则贷方就用来登记减少额；究竟哪一方登记增加，哪一方登记减少，则要根据账户的性质和经济业务的具体内容而定，不同性质的账户，有着不同的结构。

（一）资产类账户的基本结构

资产类账户的基本结构是资产的增加额计入账户的借方，资产的减少额计入账户的贷方，期末若有余额，一般在借方，表示资产的期末实有数额。资产类账户的基本结构如图 2.3 所示。

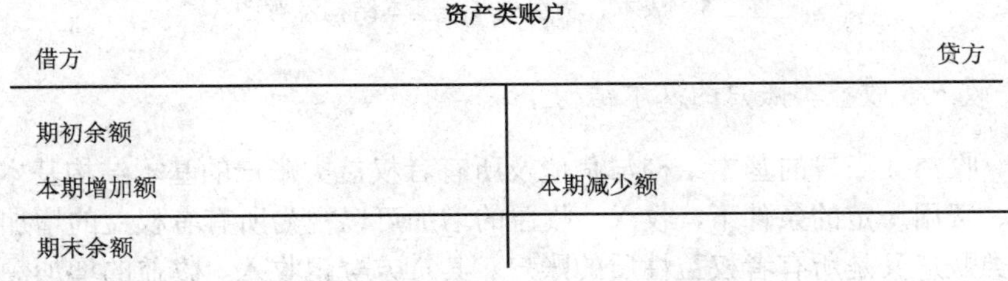

图 2.3　资产类账户基本结构示意图

资产类账户的期末余额的计算公式为

$$期末余额＝期初余额＋本期借方发生额－本期贷方发生额$$

（二）负债及所有者权益类账户的基本结构

由会计平衡公式“资产＝负债＋所有者权益”可知，负债及所有者权益类账户的基本结构与资产类账户的基本结构正好相反，所以此类账户的贷方登记负债及所有者权益的增加额，借方登记负债及所有者权益的减少额，若有期末余额，一般在贷方，表示负债及所有者权益的现有数额。负债及所有者权益类账户的基本结构如图 2.4 所示。

负债及所有者权益类账户

借方	贷方
	期初余额
本期减少额	本期增加额
	期末余额

图 2.4　负债及所有者权益类账户基本结构示意图

负债及所有者权益类账户的期末余额的计算公式为

期末余额＝期初余额＋本期贷方发生额－本期借方发生额

（三）成本、费用类账户的基本结构

企业在生产经营过程中为取得收入便会发生各种耗费，这种耗费称为成本、费用。发生的成本、费用，在未从收入中抵消之前可以将其看成是一种资产。因此，成本、费用类账户的基本结构与资产类账户的基本结构基本相同。即当成本、费用增加时，将其数额登记在账户的借方；当成本、费用减少或转销时，将其数额登记在账户的贷方，期末一般没有余额。若因某种原因而有余额时，其余额在借方，表示尚未转销的数额。成本、费用类账户的基本结构如图 2.5 所示。

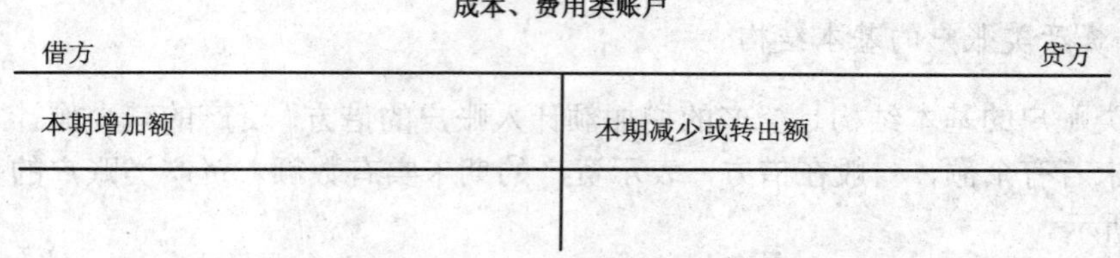

图 2.5　成本、费用类账户基本结构示意图

（四）收入、收益类账户的基本结构

收入、收益类账户的基本结构与负债及所有者权益类账户的基本结构基本相同。因为在成本、费用一定的条件下，收入、收益的增加可以视为所有者权益的增加。因此收入、收益类账户又是所有者权益性质的账户。其贷方登记收入、收益的增加额，借方登记收入、收益的减少或转销额，期末一般无余额。若因某种原因而有余额时，其余额在贷方，表示尚未转销的数额。收入、收益类账户的基本结构如图 2.6 所示。

收入、收益类账户

借方	贷方
本期减少或转出额	本期增加额

图 2.6　收入、收益类账户基本结构示意图

综上所述，成本、费用类账户可以纳入资产类账户中，收入、收益类账户可以纳入负债及所有者权益类账户中。因此账户的基本结构可以分成两大类，即资产类账户和负债及所有者权益类账户，如图 2.7 所示。

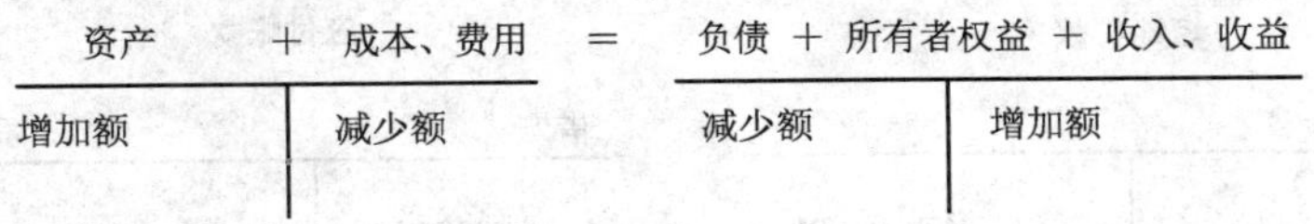

图 2.7　账户结构分类图

将账户结构分成两大类，主要是便于初学者掌握。但由于会计要素之间往往会相互转化，因而对所有账户这种分类的理解也不要绝对化。例如，应收账款是资产，如果多收了，多收部分就转化成应退还给对方的款项，变为负债。另外，“应收账款”账户还可以登记预收账款这一负债项目的增减变动，因而期末余额也可能出现在贷方。类似情况在很多账户都存在。也就是说，这些账户实际上都是既反映资产，又反映负债；既反映债权，又反映债务的双重性质的账户。期末，根据账户余额的方向确定其反映的经济业务的性质。因此，学习中应注意对借贷记账法账户基本结构的深入理解和掌握。

现用“T”型账户归纳一下借贷记账法下账户的借方和贷方所记录的经济内容，如图 2.8 所示。

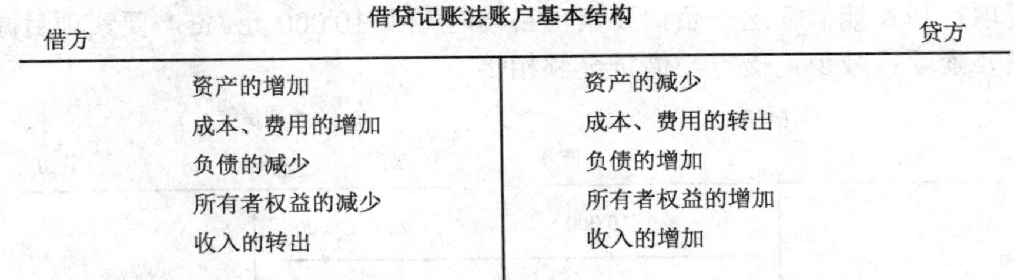

图 2.8　借贷记账法账户基本结构示意图

五、借贷记账法的记账规则

借贷记账法的记账规则，概括地说就是“有借必有贷，借贷必相等”。其理论根据有二：第一，复式记账的原理，即对任何一项经济业务都必须以相等的金额，在两个或两个以上相互联系的账户中进行登记，力求反映经济业务和资金运动的来龙去脉；第二，借贷记账法账户结构原理，即对每一项经济业务都应当成借贷增减相反的记录。

【例 2.1】　仍以例 1.1 中 ABC 公司 20××年 5 月发生的经济业务为例。

1）用银行存款 20 000 元购买原材料。这项业务的发生使该公司的原材料增加，银行存款减少，是资产要素内部两个项目之间此增彼减。资产类账户增加记借方，减少记贷方，借贷金额相等。

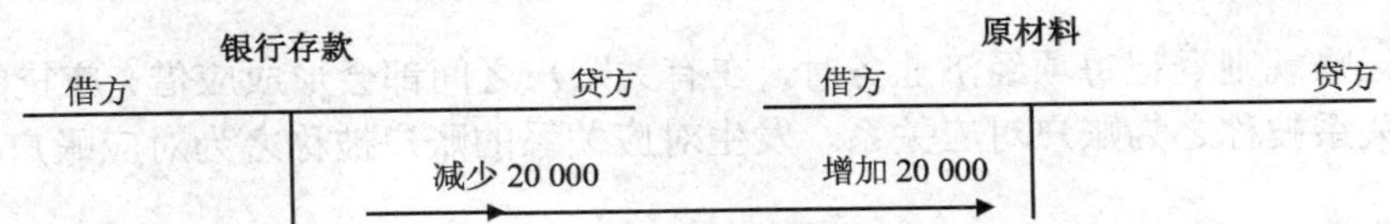

2）向银行借入短期借款 30 000 元，直接偿还应付账款。这项业务的发生使该公司短期借款增加，应付账款减少，是负债要素内部两个项目此增彼减。而负债类账户增加记贷方，减少记借方，借贷金额相等。

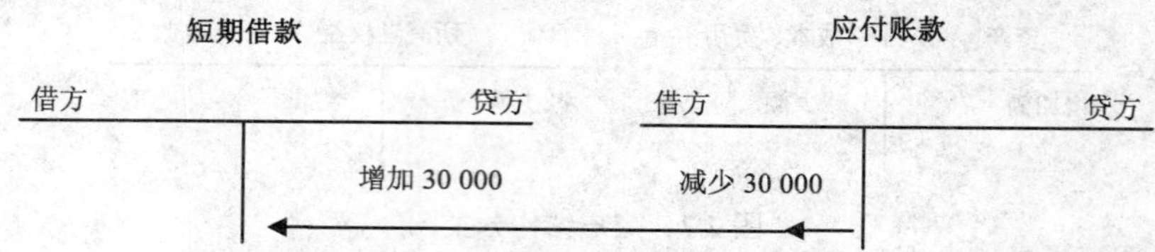

3）接受其他企业新设备投资 50 000 元。这项业务的发生，使该公司固定资产这一资产要素项目和实收资本这一所有者权益要素项目同时增加 50 000 元。按账户结构要求资产要素项目增加记借方，所有者权益要素项目增加记贷方，借贷金额相等。

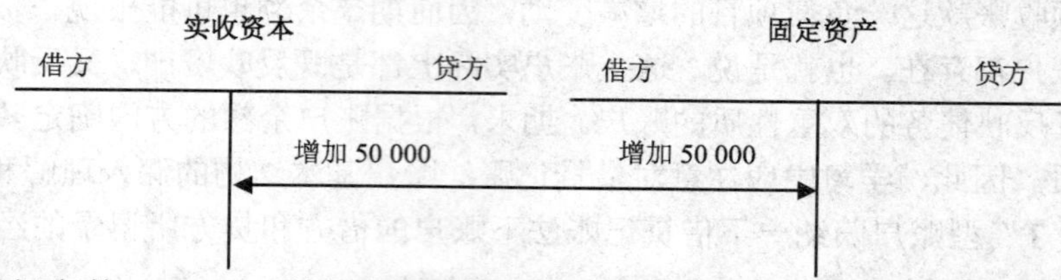

4）用银行存款 10 000 元偿还长期借款。这项业务的发生，使该公司银行存款这一资产要素项目和长期借款这一负债要素项目同时减少 10 000 元。资产要素项目减少记贷方，负债要素项目减少记借方，借贷金额相等。

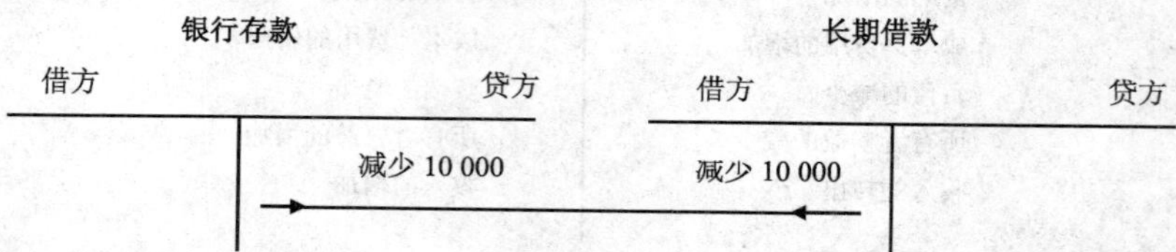

综上所述，在借贷记账法下，对任何类型的经济业务都一律采用“有借必有贷，借贷必相等”的记账规则，其规律如下：

第一，任何一个经济业务的发生，至少会同时导致两个账户发生变化。

第二，经济业务发生后，所计入的账户必须至少包含一个借方账户和一个贷方账户。当然，遇有较为复杂的经济业务，也需要登记在一个账户的借方和几个账户的贷方，或相反；但也不排除在经济业务特别复杂时，多个借方账户对应多个贷方账户的情况。

第三，不管借方、贷方各涉及多少个账户，但是借方的金额（合计）与贷方的金额（合计）必然相等。

六、账户的对应关系和会计分录

（一）对应账户

根据记账规则登记每项经济业务时，在有关账户之间都会形成应借、应贷的相互关系，这种关系被称之为账户对应关系。发生对应关系的账户被称之为对应账户。

（二）会计分录

1．会计分录的概念

为了保证账户对应关系的正确性，登记账簿前应先确定经济业务所涉及账户及其借贷方向和金额，这种会计人员标明某项经济业务应借、应贷账户及其金额的特殊记录称为会计分录。根据编制的会计分录，登记会计账簿。

2．编制会计分录

编制会计分录，应按以下步骤进行。

步骤一：涉及科目。它是指一项业务发生后，首先找出这项经济业务涉及的所有会计科目，并且至少有两个。

步骤二：归类要素。它是指将这项经济业务涉及的会计科目划入会计要素中，是资产、费用，还是负债、所有者权益、收入。

步骤三：辨明增减。分析这项经济业务的发生引起该会计要素是增加还是减少；以便根据借贷记账法下账户基本结构要求，哪边记增加哪边记减少。

步骤四：金额确定。借贷方向确定后，根据记账规则检查分录中借、贷方金额是多少，是否相等，有无错误。

例如，某公司向银行借款 500 000 元，期限半年。按上述步骤分析：这项业务涉及的会计科目是“短期借款”和“银行存款”（涉及科目）；二者分别归属于负债和资产会计要素（归类要素）；企业的“短期借款”负债增加，同时企业的资产“银行存款”也增加（辨明增减）；两个账户增加的金额均为 500 000 元（金额确定）。

按照借贷记账法的记账规则，资产类账户增加记借方；负债类账户增加记贷方，其金额均为 500 000 元。因此编制的会计分录如下：

借：银行存款　　500 000

　　贷：短期借款　　500 000

3．会计分录的种类

1）简单会计分录，指一个账户借方只同另一个账户贷方发生对应关系的会计分录，即一借一贷的会计分录。

2）复合会计分录，指一个账户借方同几个账户贷方发生对应关系，或一个账户贷方同几个账户借方发生对应关系的会计分录，即一借多贷或多借一贷的会计分录。复合会计分录可以简化会计处理手续。

例如，某企业购买材料 50 000 元，用银行存款支付 30 000 元，其余暂欠。

若用简单会计分录即应作两笔分录，如下：

① 借：原材料　　30 000

　　　贷：银行存款　　30 000

② 借：原材料　　20 000

　　　贷：应付账款　　20 000

若用复合会计分录可以合并为一笔会计分录，如下：

借：原材料　　50 000

　贷：银行存款　　30 000

　　应付账款　　20 000

为了保持账户对应关系清楚，一般不宜把不同类型的经济业务合并在一起编制多借多贷的会计分录。

七、借贷记账法的试算平衡

为了检验和确保一定时期内所发生的经济业务在账户中登记的正确性，需要在会计期末进行账户的试算平衡。所谓试算平衡，是指根据资产与权益的恒等关系以及借贷记账法的记账规则，检查所有账户记录是否正确的方法，包括发生额试算平衡法和余额试算平衡法。

（一）发生额试算平衡法

发生额试算平衡法是根据本期所有账户借方发生额合计与贷方发生额合计的恒等关系，检验本期发生额记录是否正确的方法。

全部账户本期借方发生额合计＝全部账户本期贷方发生额合计

如果出现不相等，必然是在记账过程中出现了差错，应及时查找出错原因，并及时予以更正。发生额试算平衡的理论依据是在采用借贷记账法记账的条件下，其记账规则是“有借必有贷，借贷必相等”，即每项经济业务的会计分录，借贷两方的发生额是相等的，因此无论发生多少笔经济业务，借方发生额合计必然等于贷方发生额合计。

（二）余额试算平衡法

余额试算平衡法是根据期末全部账户借方余额合计与贷方余额合计的恒等关系，检验本期账户记录是否正确的方法。

全部账户的借方期末余额合计＝全部账户的贷方期末余额合计

其理论依据是“资产＝负债＋所有者权益”的会计等式关系。因为资产类账户的期末余额都在借方（成本费用类账户若有余额也在借方，也视为资产），借方余额合计就是资产总额；负债及所有者权益类账户的期末余额都在贷方（收入、收益类账户若有余额也在贷方，视为权益），贷方余额合计就是负债及所有者权益总额。所以借方余额合计必然等于贷方余额合计，如果不等说明记账有错误，应予以查找更正。

实际工作中试算平衡通常是采用编制试算平衡表的方法进行，并将上述两种方法合一，结合各个账户的期初余额数，编制“总分类账户发生额及余额试算平衡表”，其试算平衡表的格式如表 2.3 所示。

编表时，首先在“会计科目”栏内根据账簿抄列各个总分类账户名称；然后将各账户的期初借、贷方余额按上期的期末余额抄列；本期借、贷方发生额按各总分类账户的本期借、贷方发生额抄列；期末余额按各总分类账户的期末余额抄列，借方余额填入借方，贷方余额填入贷方。

该表如果借贷不平衡，可以肯定账户的记录或计算有错误。如果借贷平衡，账户的记录或计算可以说基本正确，而不是绝对正确。因为有些错误的发生并不影响借贷双方发生额和余额的平衡，因而不能通过试算平衡来发现所有账务处理上的错误。

表 2.3　总分类账户本期发生额及余额试算平衡表

年　月　日

会计科目	期初余额		本期发生额		期末余额	
	借方	贷方	借方	贷方	借方	贷方
合计						

主要有下列情形：

1）重记或漏记某项经济业务。

2）记账方向正确，但计入了错误的账户。

3）一笔经济业务的应借、应贷账户中，计入的金额发生了同样的错误，同时多记或少记了金额。

4）一笔经济业务的应借、应贷账户互相颠倒。

5）在计入账户的所有经济业务中，一项错误恰巧掩盖了另一项错误。

这些类型的错误不能通过编制试算平衡表来发现。为了保证账户记录的正确性，在进行日常核算时应认真进行复核，尽量做到不出差错或少出差错。

从以上所述中，可以看出借贷记账法具有以下优点：

1）账户对应关系清楚，可以完整、明确地反映各种经济活动的来龙去脉。

2）账户设置适用性强，账户的基本结构为使用既反映资产，又反映负债的双重性质账户提供了理解的基础，因此采用借贷记账法不要求对所有账户固定分类。

3）依据“有借必有贷，借贷必相等”的记账规则记账，发生额和余额都保持借贷平衡关系，对日常核算记录的汇总和检查十分简便。

【例 2.2】 根据 ABC 公司 20××年 5 月相关资料，举例说明采用借贷记账法如何编制会计分录、登记账户和进行试算平衡。

1）ABC 公司 20××年 5 月总分类账户的月初余额如表 2.4 所示。

表 2.4　ABC 公司 20××年 5 月总分类账户的月初余额表

单位：元

资产	金额	负债及所有者权益	金额
银行存款	120 000	短期借款	80 000
应收账款	40 000	应付账款	30 000
原材料	60 000	应交税费	20 000
库存商品	30 000	实收资本	200 000
固定资产	150 000	资本公积	30 000
生产成本	10 000	盈余公积	50 000
合计	410 000	合计	410 000

2）ABC 公司 20××年 5 月发生下列经济业务。

① 用银行存款 100 000 元购买材料，材料已验收入库。

② 收到投资者追加投资 50 000 元，存入银行。

③ 向银行借入短期借款 20 000 元，直接偿还应付账款。

④ 用银行存款偿还短期借款 50 000 元。

⑤ 本期生产产品领用原材料 30 000 元。

⑥ 销售产品一批，价款 120 000 元，款项已收讫并存入银行。

⑦ 收到购货单位偿付的前欠货款 20 000 元，存入银行。

3）根据上述经济业务编制会计分录（增值税问题暂时省略）：

分录	借方	贷方
① 借：原材料	100 000	
贷：银行存款		100 000
② 借：银行存款	50 000	
贷：实收资本		50 000
③ 借：应付账款	20 000	
贷：短期借款		20 000
④ 借：短期借款	50 000	
贷：银行存款		50 000
⑤ 借：生产成本	30 000	
贷：原材料		30 000
⑥ 借：银行存款	120 000	
贷：主营业务收入		120 000
⑦ 借：银行存款	20 000	
贷：应收账款		20 000

4）开设账户，登记期初余额和本期发生额的各项经济业务，并结出每个账户的本期发生额和期末余额。

银行存款

期初余额 120 000	
本期发生额 ② 50 000 ⑥ 120 000 ⑦ 20 000	本期发生额 ① 100 000 ④ 50 000
期末余额 160 000	

短期借款

	期初余额 80 000
本期发生额 ④ 50 000	本期发生额 ③ 20 000
	期末余额 50 000

应收账款

期初余额 40 000	
	本期发生额 ⑦ 20 000
期末余额 20 000	

应付账款

	期初余额 30 000
本期发生额 ③ 20 000	
	期末余额 10 000

原材料

期初余额 60 000	
本期发生额 ① 100 000	本期发生额 ⑤ 30 000
期末余额 130 000	

应交税费

	期初余额 20 000
	期末余额 20 000

库存商品

期初余额 30 000	
期末余额 30 000	

实收资本

	期初余额 200 000
	本期发生额 ② 50 000
	期末余额 250 000

固定资产

期初余额 150 000	
期末余额 150 000	

资本公积

	期初余额 30 000
	期末余额 30 000

生产成本

期初余额 10 000	
本期发生额 ⑤ 30 000	
期末余额 40 000	

盈余公积

	期初余额 50 000
	期末余额 50 000

主营业务收入

	本期发生额 ⑥ 120 000
	期末余额 120 000

5）结出 ABC 公司 20××年 5 月总分类账户的月末余额，如表 2.5 所示。

表 2.5　ABC 公司 20××年 5 月总分类账户的月末余额表

单位：元

资产	金额	负债及所有者权益	金额
银行存款	160 000	短期借款	50 000
应收账款	20 000	应付账款	10 000

续表

资产	金额	负债及所有者权益	金额
原材料	130 000	应交税费	20 000
库存商品	30 000	实收资本	250 000
固定资产	150 000	资本公积	30 000
生产成本	40 000	盈余公积	50 000
		主营业务收入	120 000
合计	530 000	合计	530 000

6）编制 ABC 公司 20××年 5 月总分类账本期发生额及期末余额试算平衡表，如表 2.6 所示。

表 2.6　总分类账本期发生额及期末余额试算平衡表

单位：元

会计科目	期初余额		本期发生额		期末余额	
	借方	贷方	借方	贷方	借方	贷方
银行存款	120 000		190 000	150 000	160 000	
应收账款	40 000			20 000	20 000	
原材料	60 000		100 000	30 000	130 000	
库存商品	30 000				30 000	
固定资产	150 000				150 000	
生产成本	10 000		30 000		40 000	
短期借款		80 000	50 000	20 000		50 000
应付账款		30 000	20 000			10 000
应交税费		20 000				20 000
实收资本		200 000		50 000		250 000
资本公积		30 000				30 000
盈余公积		50 000				50 000
主营业务收入				120 000		120 000
合计	410 000	410 000	390 000	390 000	530 000	530 000

第三节　总分类核算与明细分类核算

一、进行总分类核算与明细分类核算的意义

到目前为止，我们所涉及的会计核算账户还都是只能提供每项经济业务的基本内容，即只能提供经济业务的货币计量指标，而不能够反映经济业务的数量和单价等方面

的信息，我们把这种概括反映企业会计要素的基本情况的核算称之为总分类核算；在总分类核算的基础上进一步核算，以便提供较为详细的会计信息，则为明细分类核算。我们在会计工作过程中，既要进行总分类核算，又要进行明细分类核算，这样才能满足不同的会计信息使用者的需求，更好地实现会计的基本职能。

二、总分类核算

总分类核算是通过总分类账户进行的。总分类账户是指根据总分类科目设置的，用于对会计要素具体内容进行总括分类核算的账户，简称总账账户或总账。它是按照资产、负债、所有者权益、收入、费用和利润的类别来设置的，旨在提供总括的会计信息如“原材料”“应收账款”“固定资产”等。

为了保持会计信息的一致性、可比性，目前总分类账户一般根据国家所制定的有关会计准则设置。

总分类账户根据不同的标志，可以有不同的分类。根据账户所反映的经济内容，通常可将其分为资产类账户、负债类账户、所有者权益类账户、成本类账户、损益类账户五类，具体参见表2.2。

三、明细分类核算

明细分类核算是通过明细分类账户完成的。明细分类账户是根据明细分类科目设置的，用来对会计要素具体内容进行明细分类核算的账户，简称明细账。明细分类核算能够提供详细反映各项资产、负债，以及各有关收入、费用和所有者权益变动的具体信息。其中，有关财产物资的明细分类核算还可根据需要提供必要的实物数量、单价指标。

同会计科目一样，明细分类账也可再分为二级账户、三级账户等。

实际工作中，将总账账户称为一级账户，总账账户以下称为明细账户。账户的层次及其相互关系如表2.7所示。

表2.7　账户的层次及其相互关系表

总分类账户（总账、一级账户）	明细分类账户（明细账）	
	二级账户	三级账户
原材料	钢材	角钢
		钢筋
	木材	圆木
		板材
	水泥	500#
		600#

由于企业规模的不同，业务复杂程度有所差异，但账户设置并非越细越好，而要以既满足内部控制和信息使用者需要又简化核算为原则。

四、总分类账户与明细分类账户的平行登记

总分类账户对明细分类账户具有统驭控制作用；明细分类账户对总分类账户具有补充说明作用。但两者反映的是同一笔经济业务，区别只在于反映的详细程度的不同，因此总分类账户与其所属明细分类账户在总金额上应当一致，所以两者应该采用平行登记原则。

所谓平行登记是指对所发生的每项经济业务都要以会计凭证为依据，一方面计入有关总分类账户，另一方面计入有关总分类账户所属明细分类账户的方法。平行登记既可以满足管理上对总括会计信息和详细会计信息的需求，又可以检验账户记录的完整性和正确性。其要点主要包括以下四个方面，即“四同”。

第一，同依据。对发生的经济业务都要以相关的会计凭证为依据，既登记有关总分类账户，又登记其所属明细分类账户。

第二，同方向。将经济业务计入总分类账和明细分类账时，记账方向必须相同。即总分类账户记入借方，明细分类账户也记入借方；总分类账户记入贷方，明细分类账户也记入贷方。

第三，同期间。对每项经济业务在计入总分类账户和明细分类账户过程中，可以有先有后，但必须在同一会计期间（如同一个月、同一个季度、同一年度）全部登记入账。

第四，同金额。计入总分类账户的金额，应与计入其所属明细分类账户的金额合计相等。这里包含以下含义：总分类账户本期发生额与其所属明细分类账户本期发生额之合计相等；总分类账户期末余额与其所属明细分类账户期末余额之合计相等。

【例 2.3】 下面根据 ABC 公司 20××年 5 月“原材料”账户为例，说明总分类账户与明细分类账户平行登记法，假设该公司不进行二级核算，其 20××年 4 月 30 日“原材料”账户的期末余额如表 2.8 所示。

表 2.8　ABC 公司“原材料”账户期末余额表

20××年 4 月 30 日

金额单位：元

材料名称	计量单位	数量	单价	金额
甲材料	吨	1 000	200	200 000
乙材料	千克	2 000	50	100 000
合计				300 000

20××年 5 月该公司有关原材料采购及原材料收发业务如下：

1）2 日，向 A 公司购入材料一批，价款未付。具体情况见表 2.9。

表 2.9　材料采购明细表

供货单位：A 公司

金额单位：元

材料名称	计量单位	数量	单价	金额
甲材料	吨	500	200	100 000
乙材料	千克	1 000	50	50 000
合计				150 000

会计分录如下：

借：原材料——甲材料　100 000

——乙材料　50 000

贷：应付账款——A 公司　150 000

2）15 日，向 B 公司购入丙材料 400 千克，每千克 100 元，货款已用银行存款支付。会计分录为

借：原材料——丙材料　40 000

贷：银行存款　40 000

3）20 日，本月仓库发出甲材料 1 200 吨，每吨 200 元，计 240 000 元；发出乙材料 2 000 千克，每千克 50 元，计 100 000 元；发出丙材料 300 千克，每千克 100 元，计 30 000 元。合计 370 000 元，均用于产品生产。会计分录为

借：生产成本　370 000

贷：原材料——甲材料　240 000

——乙材料　100 000

——丙材料　30 000

将上述期初余额及本月发生额计入有关总分类账户及其明细分类账户。如账簿 2.2～账簿 2.5 所示。

账簿 2.2　总分类账户

账户名称：原材料　　　　金额单位：元

20××年		凭证编号	摘要	借方	贷方	借或贷	余额
月	日						
5	1		月初余额			借	300 000
	2	①	购入	150 000		借	450 000
	15	②	购入	40 000		借	490 000
	20	③	生产领用		370 000	借	120 000
5	31		本月合计	190 000	370 000	借	120 000

账簿 2.3　原材料明细分类账

账户名称：甲材料

20××年		凭证编号	摘要	收入			发出			结余		
月	日			数量/件	单价/元	金额/元	数量/件	单价/元	金额/元	数量/件	单价/元	金额/元
5	1		月初余额							1 000	200	200 000
	2	①	购入	500	200	100 000				1 500	200	300 000
	20	③	生产领用				1 200	200	240 000	300	200	60 000
5	31		本月合计	500	200	100 000	1 200	200	240 000	300	200	60 000

账簿 2.4　原材料明细分类账

账户名称：乙材料

20××年		凭证编号	摘要	收入			发出			结余		
月	日			数量/件	单价/元	金额/元	数量/件	单价/元	金额/元	数量/件	单价/元	金额/元
5	1		月初余额							2 000	50	100 000
	2	①	购入	1 000	50	50 000				3 000	50	150 000
	20	③	生产领用				2 000	50	100 000	1 000	50	50 000
5	31		本月合计	1 000	50	50 000	2 000	50	100 000	1 000	50	50 000

账簿 2.5　原材料明细分类账

账户名称：丙材料

20××年		凭证编号	摘要	收入			发出			结余		
月	日			数量/件	单价/元	金额/元	数量/件	单价/元	金额/元	数量/件	单价/元	金额/元
5	1		月初余额									
	15	②	购入	400	100	40 000				400	100	40 000
	20	③	生产领用				300	100	30 000	100	100	10 000
5	31		本月合计	400	100	40 000	300	100	30 000	100	100	10 000

从上述账簿可以看出，有关总分类账户及其明细分类账户实现了“依据相同、方向相同、期间相同、金额相等”的平行登记要求，如表 2.10 所示。

表 2.10　原材料总账与明细账本期发生额及余额表

20××年 5 月 31 日

单位：元

总账账户	明细账户	期初余额	借方发生额	贷方发生额	期末余额
原材料	甲材料	200 000	100 000	240 000	60 000
	乙材料	100 000	50 000	100 000	50 000
	丙材料		40 000	30 000	10 000
	合计	300 000	190 000	370 000	120 000

第四节　账户按用途和结构分类

账户的分类问题，我们在前面的章节有所涉及。如本章第二节介绍借贷记账法的账户结构时，是将账户按照其反映的经济内容即会计要素进行的分类，这也是因为会计账户是以会计科目为名称的，而《企业会计准则——应用指南》中规定的科目就是按照会计要素进行分类的；在本章第三节介绍总分类核算与明细分类核算中，就是按照账户提供会计信息的详细程度进行的分类。为了更详细地理解各账户的具体用途，以及如何提供经济管理上所需要的各种会计信息和核算指标，还需要对账户按用途和结构进行分类，因为按照会计要素划分为一类的账户，可能具有不同的用途和结构。

一、账户按用途和结构分类的含义

账户按用途和结构分类，是在账户按经济内容分类的基础上，对用途和结构基本相同的账户进行适当的归类。也就是说账户按经济内容分类是基本的、主要的分类，而账户按结构和用途分类也是必要的，并且是对按经济内容分类的补充。

所谓账户的用途，是指设置和运用账户的目的，即通过账户记录提供什么核算指标，如开设“原材料”账户的目的是为了提供库存原材料的收、发和结存情况，通过“原材料”账户的记录，可以提供一定期间内原材料的收、发和结存资料；所谓账户的结构是指在账户中如何登记经济业务，以取得所需要的各种核算指标。即账户借方登记什么，贷方登记什么，期末账户有无余额，如有余额在账户的哪一方，表示什么，如“原材料”账户的借方记录入库材料的实际成本，贷方记录发出材料的实际成本，借方余额表示结存材料的实际成本。

二、账户按用途和结构的具体分类

按《企业会计准则——应用指南》中规定的账户，在借贷记账法下，账户按其用途和结构的不同，可以分为盘存类账户、结算类账户、资本类账户、集合分配类账户、成本计算类账户、费用类账户、收入类账户、财务成果类账户、调整类账户和计价对比类账户。

（一）盘存类账户

盘存类账户是用来核算和监督各项实物资产和货币资金增减变动及其结存情况的账户。

盘存类账户登账规则是：借方登记各种实物资产和货币资金的增加数；贷方登记减少数；其余额都在借方，表示各种实物资产和货币资金的实际结存数额。

盘存类账户主要包括：“库存现金”“银行存款”“原材料”“库存商品”“固定资产”账户等，“生产成本”账户的期初、期末余额表示在产品时，也具有盘存账户的性质。

盘存类账户的结构如图 2.9 所示。

盘存类账户

借方	贷方
期初余额： 期初实物资产、货币资金实存额	
发生额： 本期实物资产、货币资金增加额	发生额： 本期实物资产、货币资金减少额
期末余额： 期末实物资产、货币资金结存额	

图 2.9　盘存类账户结构图

（二）结算类账户

1. 含义

结算类账户是用来核算和监督企业同其他单位或个人以及企业内部各单位之间债权（应收款项）、债务（应付款项）结算情况的账户。

2. 分类

按照结算的性质不同又可分为债权结算类账户、债务结算类账户和债权债务结算类账户三类。

1）债权结算类账户。又称资产结算账户，是用来核算和监督企业的债权增减变动及实有数的账户。

债权结算账户登账规则是：借方登记债权的增加额；贷方登记债权的减少额；余额在借方，表示期末尚未收回债权的实有数额。

该类账户主要包括“应收账款”“预付账款”“其他应收款”等。

债权结算类账户的结构如图 2.10 所示。

债权结算类账户

借方	贷方
期初余额： 期初尚未结算的应收及应付款项的实有额	
发生额： 本期应收及预付款项的增加额	发生额： 本期应收及预付款项的减少额
期末余额： 期末尚未结算的应收及预付款项的实有额	

图 2.10 债权结算类账户结构图

2）债务结算类账户。又称负债结算账户，是用来核算企业的债务增减变动后实有数的账户。

债务结算类账户登账规则是：贷方登记债务的增加额；借方登记债务的减少额；余额在贷方，表示债务实有数额。

该类账户主要包括“应付账款”“预收账款”“其他应付款”“应付职工薪酬”“应交税费”等。

债务结算类账户的结构如图 2.11 所示。

3）债权债务结算类账户。又称债权债务往来结算账户，是用来核算和监督企业与某一单位或个人之间发生的债权债务往来结算业务的账户。它主要是指企业在预收、预付货款情况不多时，可以将预收货款直接计入“应收账款”账户的贷方，将预付货款直接计入“应付账款”账户的借方，这样“应收账款”和“应付账款”账户就不完全是债权结算账户，同时肩负着债务结算使命，从而成为一个债权债务结算账户，具有双重性质。

债务结算类账户

借方	贷方
	期初余额： 期初尚未结算的应付及预收款项的实有额
发生额： 本期应付及预收款项的减少额	发生额： 本期应付及预收款项的增加额
	期末余额： 期末尚未结算的应付及预收款项的实有额

图 2.11　债务结算类账户结构图

债权债务结算类账户的登账规则是：借方登记债权增加额或债务减少额；贷方登记债务增加额或债权减少额；余额在借方的则为债权，余额在贷方的则为债务。

该类账户主要包括“应收账款”“应付账款”。若将该性质的账户统一设置成“往来账款”，则此时的“往来账款”也为债权债务账户。

债权债务结算类账户的结构如图 2.12 所示。

债权债务结算类账户

借方	贷方
期初余额： 期初债权大于债务的差额	期初余额： 期初债权小于债务的差额
发生额： 本期债权的增加额或债务的减少额	发生额： 本期债权的减少额或债务的增加额
期末余额： 期末债权大于债务的差额	期末余额： 期末债权小于债务的差额

图 2.12　债权债务结算类账户结构图

(三) 资本类账户

资本类账户又称所有者投资类账户，是用来核算和监督投资者权益的增减变动及其结存情况的账户。

资本类账户的登记规则是：贷方登记各项资本金的增加额；借方登记各项资本金的减少额；余额在贷方，表示期末投资者权益的实有数。

该类账户主要包括“实收资本”“资本公积”“盈余公积”“利润分配——未分配利润”等。

资本类账户的结构如图 2.13 所示。

(四) 集合分配类账户

集合分配类账户是用来归集和分配生产经营过程中某一阶段所发生的有关生产费用的账户。设置这类账户是便于将这些费用进行分配。

集合分配类账户的登记规则是：借方登记费用的发生额；贷方登记费用的分配额；期末一般无余额。

资本类账户

借方	贷方
	期初余额： 期初投资者权益的实有额
发生额： 本期投资者权益的减少额	发生额： 本期投资者权益的增加额
	期末余额： 期末投资者权益的实有额

图 2.13　资本类账户结构图

该类账户主要包括“制造费用”账户。

集合分配类账户的结构如图 2.14 所示。

集合分配类账户

借方	贷方
发生额： 归集本期某一方面费用的数额	发生额： 分配到有关成本计算对象上的数额

图 2.14　集合分配类账户结构图

（五）成本计算类账户

成本计算类账户是用来核算和监督生产经营过程中某一阶段所发生的全部费用，并据以计算、确定各个成本计算对象的实际成本的账户。

成本计算类账户的登记规则是：借方登记应计入成本的全部费用；贷方登记结转已完工产品的实际成本；期末如有借方余额，则表示尚未完工产品的实际成本。

该类账户主要包括“生产成本”“材料采购”“在建工程”等。

成本计算类账户的结构如图 2.15 所示。

成本计算类账户

借方	贷方
期初余额：期初尚未完成某一过程的成本计算对象的实际成本	
发生额：生产过程某一阶段发生的应计入成本的费用	发生额：结转已完成某一过程的成本计算对象的实际成本
期末余额：期末尚未完成某一过程的成本计算对象的实际成本	

图 2.15　成本计算类账户结构图

（六）费用类账户

费用类账户是用来核算和监督企业在一定会计期间内所发生的、应计入当期损益的各种费用、成本和支出的账户。

费用类账户的记账规则是：借方登记本期费用的增加额；贷方登记本期费用的减少额和期末转入“本年利润”账户的费用额；结转后该类账户应无余额。

该类账户主要包括“主营业务成本”“税金及附加”“管理费用”“销售费用”“财务费用”“其他业务成本”“营业外支出”“所得税费用”等。

费用类账户的结构如图 2.16 所示。

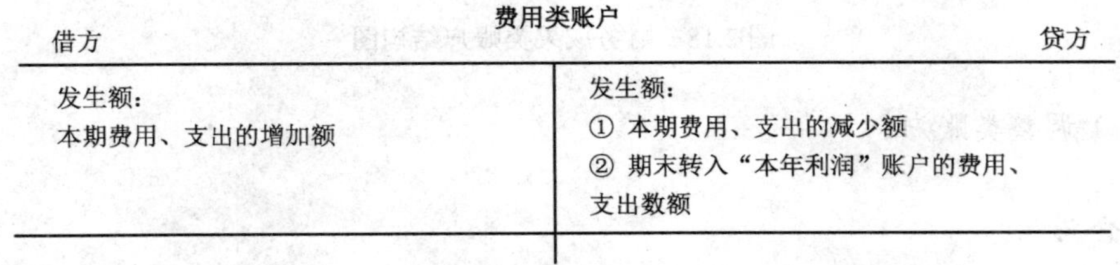

图 2.16　费用类账户结构图

（七）收入类账户

收入类账户是用来核算和监督企业在一定会计期间内所取得的各种收入（收益）的账户。

收入类账户的记账规则是：贷方登记本期收入的增加额；借方登记本期收入的减少额和期末转入“本年利润”账户的收入额；结转后该类账户应无余额。

该类账户主要包括“主营业务收入”“其他业务收入”“投资收益”“营业外收入”等。

收入类账户的结构如图 2.17 所示。

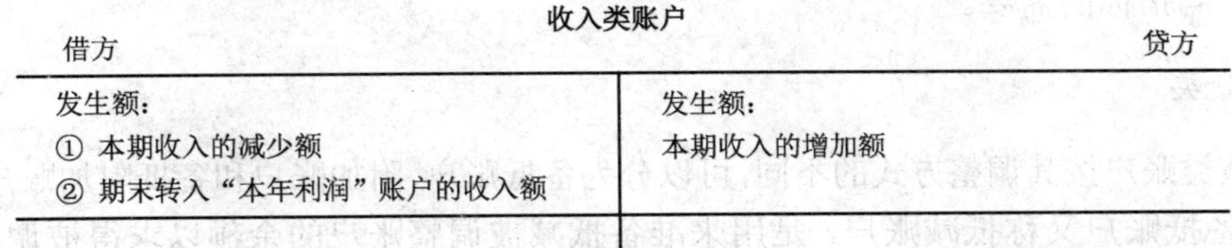

图 2.17　收入类账户结构图

（八）财务成果类账户

财务成果类账户是用来核算和监督企业在一定会计期间全部生产经营活动的最终财务成果（利润或亏损）的账户。

财务成果类账户的登记规则是：贷方登记一定会计期间内的收入、收益的转入数额及其借方余额的转出数额；借方登记一定会计期间内的费用、支出转入数及其贷方余额转入“利润分配”账户的数额；结转后本账户应无余额。

该类账户主要包括“本年利润”账户。

财务成果类账户的结构如图 2.18 所示。

财务成果类账户	
借方	贷方
发生额： 应计入本期损益的各项费用	发生额： 应计入本期损益的各项收入
期末余额： 本期发生的亏损额	期末余额： 本期实现的净利润

图 2.18　财务成果类账户结构图

（九）调整类账户

1. 含义

调整类账户是用来调整某个有关账户（称为被调整账户）的账面余额，以表示被调整账户所反映的会计要素的实际余额而设置的账户。

在会计核算中，由于管理上的需要，要求某些账户反映该项经济业务活动的原始数据，但在实际工作中，该项经济活动的原始数据又往往会发生增减变化。如企业的固定资产由于使用而价值不断减少，但其实物形态却保持不变，因此出于经济管理上的需要，一方面需要掌握其原始价值指标，另一方面还需掌握该项固定资产的实际价值数据。因此企业除设置“固定资产”账户外，还设置“累计折旧”账户，以便对“固定资产”账户进行调整。记录反映原始数字的账户称为被调整账户；记录反映调整数字的账户称为调整账户。将原始数字同调整数字相加或相减，就可以求得某项指标的现有实存数字。调整账户和被调整账户相互配合，既能全面、完整地反映同一个会计对象，又能满足管理上对不同指标的需要。

2. 分类

调整类账户按其调整方式的不同，可以分为备抵账户、附加账户和备抵附加账户三种。

1）备抵账户又称抵减账户，是用来准备抵减被调整账户的余额以求得被调整账户实际余额的账户。

备抵账户的调整方式是：以被调整账户余额减去备抵账户余额，求得被调整账户的实际余额。其关系式为

被调整账户余额－备抵账户余额＝被调整账户的实际余额

因此，被调整账户余额与备抵账户余额一定在相反的方向：如果被调整账户余额在借方，则备抵账户余额一定在贷方；反之亦然。

该类账户主要包括“累计折旧”“利润分配”“坏账准备”等。

现以“累计折旧”账户调整“固定资产”账户为例，以说明备抵的调整过程，如图 2.19 所示。

有的教材将备抵账户中的“利润分配”账户细分为“权益备抵”，其余细分为“资产备抵”，因篇幅所限，不再介绍。

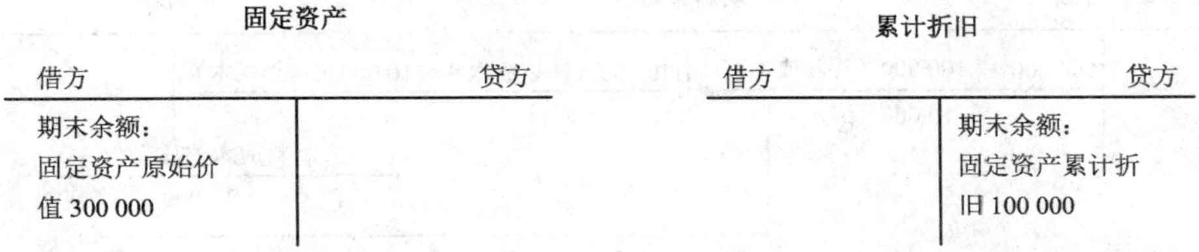

固定资产	
借方	贷方
期末余额： 固定资产原始价 值 300 000	

累计折旧	
借方	贷方
	期末余额： 固定资产累计折 旧 100 000

固定资产实际价值（200 000 元）＝固定资产原始价值（300 000 元）－固定资产累计折旧（100 000 元）

图 2.19　固定资产账户与累计折旧账户关系图

2）附加账户是用来增加被调整账户的余额，以求得被调整账户实际余额的账户。

附加账户的调整方式是：以被调整账户余额加上附加账户余额，求得被调整账户的实际余额。其关系式为

被调整账户余额＋附加账户余额＝被调整账户的实际余额

因此，被调整账户余额与附加账户余额一定在相同的方向：如果被调整账户余额在借方，则附加账户余额一定也在借方；反之亦然。

该类账户主要包括“应付债券——债券溢价”账户。“应付债券——债券溢价”账户是“应付债券——债券面值”账户的附加账户，两者期末贷方余额之和表示该项债券的实际余额。在实际工作中，很少运用该类账户。

3）备抵附加账户又称抵减附加账户，是同时具备抵减和附加两种调整职能的账户。

备抵附加账户的调整方式是：当其余额与被调整账户余额方向相同时，调整的方式与附加账户相同；当其余额与被调整账户余额方向相反时，调整的方式与备抵账户相同。其关系式为

$$\text{被调整账户的借方余额}\left\{\begin{array}{c}\text{＋备抵账户的借方余额}\\ \text{或}\\ \text{－备抵账户的贷方余额}\end{array}\right.\text{＝实际余额}$$

该类账户主要包括“材料成本差异”等。

例如，“材料成本差异”账户就是“原材料”账户的备抵附加账户。当企业的材料核算采用计划成本方式，将材料采购高于计划成本的差额登记“材料成本差异”账户的借方（即超支额），将材料采购低于计划成本的差额登记“材料成本差异”账户的贷方（即节约额）。当月末填制会计报表时，需将“原材料”账户反映的计划成本调整为实际成本。这时“材料成本差异”账户的期末余额如在借方，则与“原材料”账户的期末借方余额相加；如果“材料成本差异”账户的期末余额在贷方，则与“原材料”账户的期末借方余额相减，即可将材料计划成本调整为实际成本。

假设 ABC 公司某月购进材料一批价款为 100 000 元，计划 110 000 元，则账务结转如图 2.20 所示。

再假设 ABC 公司某月购进材料一批价款为 100 000 元，计划 80 000 元，则账务结转如图 2.21 所示。

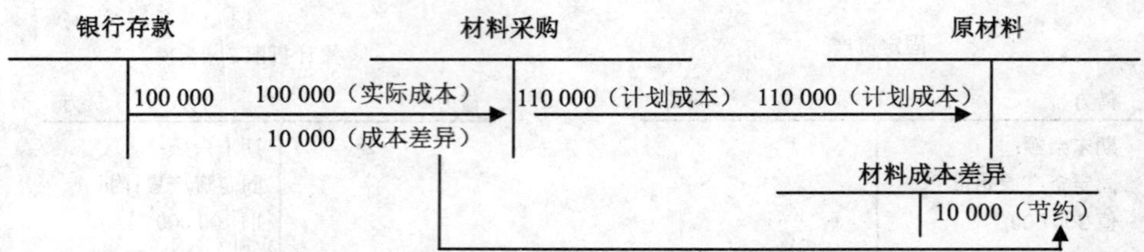

原材料的实际成本（100 000 元）＝原材料的计划成本（110 000 元）－材料成本差异（节约 10 000 元）

图 2.20　备抵附加账户贷方余额调整示意图

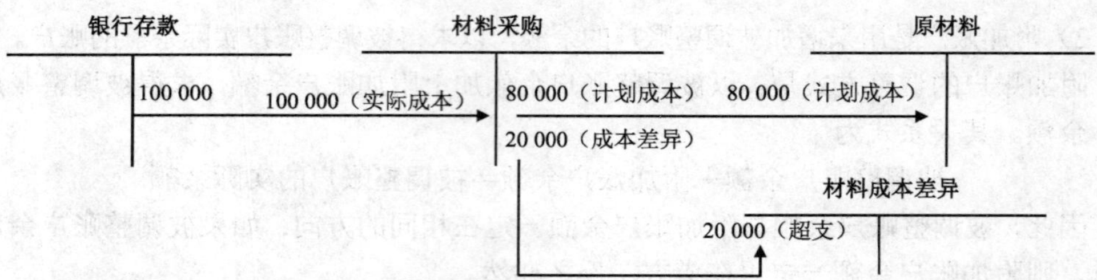

原材料的实际成本（100 000 元）＝原材料的计划成本（80 000 元）＋材料成本差异（超支 20 000 元）

图 2.21　备抵附加账户借方余额调整示意图

（十）计价对比类账户

企业按计划成本核算情况下，计价对比类账户是指企业为加强计划管理，对某项经济业务按照计划成本与实际成本两种不同的计价标准进行核算对比，以确定其业务成果的账户。

计价对比类账户的登记规则是：借方登记实际发生的成本（第一种成本）数额；贷方登记计划成本（第二种成本）数额；将借方数额与贷方数额进行对比，若借方数额超过贷方数额，即为超过计划数（超支），若借方数额小于贷方数额，即为低于计划数（节约），该账户的差异数额在该业务完成后，转入备抵附加账户。

该类账户主要包括“材料采购”“生产成本”账户。

计价对比类账户的结构如图 2.22 所示。

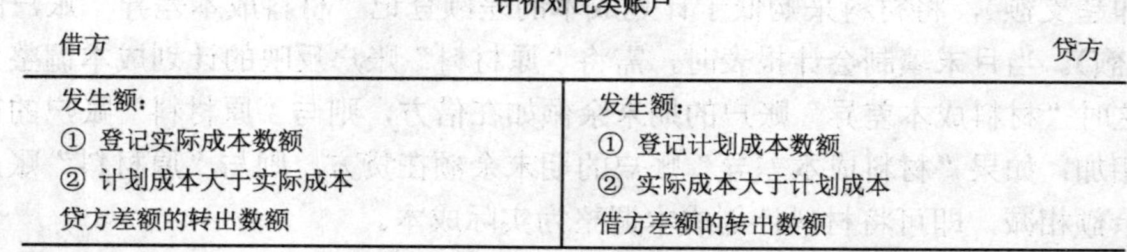

图 2.22　计价对比类账户结构图

为了更好地对账户按用途和结构分类，我们将账户按用途和结构分类绘制到一张图上，以便理顺它们的相互关系，如图 2.23 所示。

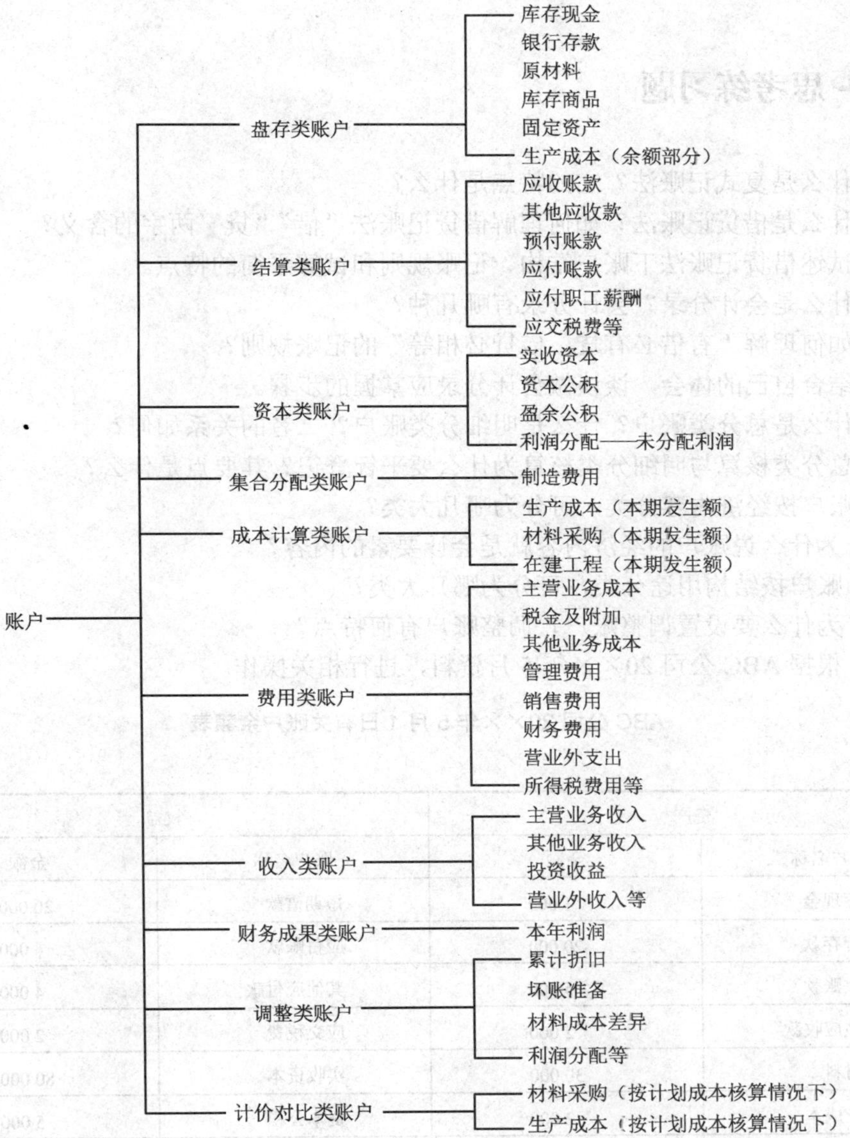

- 账户
  - 盘存类账户
    - 库存现金
    - 银行存款
    - 原材料
    - 库存商品
    - 固定资产
    - 生产成本（余额部分）
  - 结算类账户
    - 应收账款
    - 其他应收款
    - 预付账款
    - 应付账款
    - 应付职工薪酬
    - 应交税费等
  - 资本类账户
    - 实收资本
    - 资本公积
    - 盈余公积
    - 利润分配——未分配利润
  - 集合分配类账户
    - 制造费用
  - 成本计算类账户
    - 生产成本（本期发生额）
    - 材料采购（本期发生额）
    - 在建工程（本期发生额）
  - 费用类账户
    - 主营业务成本
    - 税金及附加
    - 其他业务成本
    - 管理费用
    - 销售费用
    - 财务费用
    - 营业外支出
    - 所得税费用等
  - 收入类账户
    - 主营业务收入
    - 其他业务收入
    - 投资收益
    - 营业外收入等
  - 财务成果类账户
    - 本年利润
  - 调整类账户
    - 累计折旧
    - 坏账准备
    - 材料成本差异
    - 利润分配等
  - 计价对比类账户
    - 材料采购（按计划成本核算情况下）
    - 生产成本（按计划成本核算情况下）

图 2.23　账户按用途和结构分类体系

本章小结

本章主要介绍了会计科目和账户、借贷记账法、总分类账和明细分类账，以及按用途和结构对账户的分类。通过本章的学习，重点掌握账户的设置、分类和借贷记账法的基本原理。

思考练习题

1．什么是复式记账法？它的特点是什么？

2．什么是借贷记账法？如何理解借贷记账法“借”“贷”两字的含义？

3．试述借贷记账法下账户结构、记账规则和试算平衡的特点。

4．什么是会计分录？会计分录有哪几种？

5．如何理解“有借必有贷，借贷必相等”的记账规则？

6．结合自己的体会，谈谈做会计分录应掌握的步骤。

7．什么是总分类账户？什么是明细分类账户？二者的关系如何？

8．总分类核算与明细分类核算为什么要平行登记？其要点是什么？

9．账户按经济内容分类，可分为哪几大类？

10．为什么说账户的经济内容就是会计要素的内容？

11．账户按结构用途分类，可分为哪几大类？

12．为什么要设置调整账户？调整账户有何特点？

13．根据 ABC 公司 20××年 5 月资料，进行相关操作。

ABC 公司 20××年 5 月 1 日有关账户余额表

单位：元

资产		权益	
账户名称	金额	账户名称	金额
库存现金	1 000	短期借款	20 000
银行存款	20 000	应付账款	6 000
应收账款	5 000	其他应付款	4 000
其他应收款	2 000	应交税费	2 000
原材料	30 000	实收资本	80 000
生产成本	2 000	资本公积	5 000
库存商品	10 000	盈余公积	3 000
固定资产	50 000		
资产合计	120 000	权益合计	120 000

20××年 5 月发生如下经济业务：

1）从银行提取现金 2 000 元，以备零用。

2）投资人投入资金 50 000 元，存入银行。

3）以银行存款 2 000 元缴纳应交税费。

4）购买原材料一批，价款 5 000 元，材料已入库，款未付。

5）以银行存款偿还前欠材料款 6 000 元。

6）收到购货单位偿付前欠货款 5 000 元，存入银行。

7）从银行取得短期借款 20 000 元，存入银行。

8）以银行存款 10 000 元购买设备一台。

9）将资本公积 4 000 元转增资本。

10）采购员预借差旅费 1 000 元，以现金付讫。

11）多余现金 1 000 元存入银行。

要求：

1）根据 ABC 公司 20××年 5 月 1 日有关账户余额开设账户，并登记期初余额。

2）根据 20××年 5 月发生的经济业务，采用借贷记账法编制会计分录。

3）根据所编会计分录登记账户。

4）结算每个账户的本期发生额和期末余额。

5）根据全部账户的期初余额、本期发生额和期末余额编制试算平衡表，进行试算平衡。

第三章　资金筹集业务的核算

思维导图

通过对第一章、第二章内容的学习，我们了解了会计等式、账户和借贷记账法。从本章开始，将结合企业实际情况，对会计主体主要经济业务进行会计核算。核算顺序按企业资金运动过程的几个阶段（即资金筹集业务、生产准备业务、产品生产业务、产品销售业务、对外投资业务、利润形成及分配业务等）分别进行。本章将介绍资金筹集过程的相关核算。

第一节　资本金的筹集

一、实收资本的核算

（一）资本金

资本金是指在公司登记机关登记的注册资金。股份有限公司的资本金被称为股本，股份有限公司以外的一般企业的资本金被称为实收资本。

（二）注册资本

注册资本亦称注册资金，是公司制企业章程规定的全体股东或发起人认缴的出资额或认购的股本总额，并在工商行政部门依法登记。

1. 有限责任公司的注册资本

有限责任公司的注册资本为在公司登记机关登记的全体股东认缴的出资额。

2. 股份有限公司的注册资本

股份有限公司采取发起设立方式设立的，注册资本为在公司登记机关登记的全体发起人认购的股本总额；股份有限公司采取募集方式设立的，注册资本为在公司登记机关登记的实收股本总额。

法律、行政法规以及国务院决定对有限责任公司、股份有限公司注册资本实缴、注册资本最低限额另有规定的，从其规定。

2018 年 10 月 26 日第四次修正的《中华人民共和国公司法》（以下简称《公司法》）规定，有限责任公司不再设法定最低注册资本，实收资本不再是公司登记的记载事项。但是需要注意的是，有限责任公司的股东需要按照其认缴的出资额承担有限责任，即注册资本的大小依然从某个方面决定了这家公司的资金实力和可以对外承担民事责任的能力。注册资本越大，股东在其认缴注册资本范围内承担的责任也越大。

（三）实收资本的构成

投入资本是所有者权益的基本组成部分，是企业得以设立开业的基本条件之一。按投资主体的不同身份及投入资本的不同物质形式，投入资本可作如下两种分类。

1. 按投资者主体划分

1）国家投入资本。它是指有权代表国家投资的政府部门或机构以国有资产投入企业的资本。

2）法人投入资本。它是指企业在横向经济联合中接受其他单位投入的资本，企业可以通过横向经济联合方式吸收其他单位的各种形式（如设备、场地、材料、资金、技术等）的投资。按照“谁投资，谁收益”的原则，企业接受其他单位投入的资本，一律作为法人资本入账，由投资单位分享收益，不得纳入国家资本。

3）个人投入资本。它是指（国内）社会个人或企业内部职工以个人财产投资而形成的资本。按照国家现行有关法律与政策的规定，一切城乡居民个人均可以其合法财产进行各种形式的投资：既可以直接投资兴办产业，也可以通过购买证券投资，企业职工还可以内部集资方式在本企业投资。

4）外商投入资本。它是指由外商投资而形成的资本。随着对外开放的进一步扩大，外商在国内投资的方式进一步多样化，不仅可以合资或独资方式投资兴办企业，而且可以直接购买股份制企业发行的股票（目前只可购买人民币特种股票，即 B 股），外商投入资本与国内资本享有同样的权益。

2. 按接受投资的资产形态划分

1）货币投资。即企业收到投资人直接以货币形式投入的资本。

2）实物投资。即企业收到投资人以设备、场地、材料、商品等实物资产形式投入的资本。

3）无形资产投资。即企业收到投资人以土地使用权、专利权、商标权等无形资产形式投入企业的资本。

（四）实收资本核算

为了反映和监督所有者投入资本的增减变动情况，企业应设置“实收资本”账户（股本），并按所有者设置明细账户，进行明细分类核算。现对该账户的核算内容、性质和结构进行简要介绍。

1. 设置“实收资本（股本）”账户

1）核算内容。核算投资人（股东）投入公司资本（股本）的增减变动及结余情况。

2）性质。所有者权益类账户。

3）结构。账户贷方登记所有者投资的增加额；借方登记所有者投资的减少额；期末余额在贷方，表示企业实有的资本数额，如图 3.1 所示。

实收资本（股本）	
减资退还的资本（股本）金	收到的资本（股本）金
	期末实有的资本（股本）金

图 3.1　实收资本账户结构示意图

该账户可按投资者设置明细账，进行明细分类核算。贷方登记实际收到的按股票面值计算的资本（股本）金；借方登记因减资退还的资本（股本）金；余额在贷方，表示实有的资本（股本）金。

4）本账户应按投资者（股东）设明细账。企业收到的投资者以货币资金投入的资本，应以实际收到或者存入企业开户银行的金额入账；如果收到的是非现金资产投入的资本，应按投资各方确认的价值入账。

2. 企业实收资本的核算相关规定

1）投资者以现金投入的资本，应当以实际收到或者存入企业开户银行的金额作为实收资本入账。实际收到或者存入企业开户银行的金额超过其在该企业注册资本中所占份额的部分，计入资本公积。

2）投资者以非现金资产投入的资本，对作为出资的非货币财产应当评估作价，核实财产，不得高估或者低估作价。

【例 3.1】 ABC 公司 20××年 5 月 4 日收到国家投入企业的资本 120 000 元，东方公司投入的资本 50 000 元，个人投入的资本 30 000 元，共计人民币 200 000 元，该款项全部存入企业银行存款账户。

该业务属于以货币资金形式投入的资本。企业收到所有者作为资本投入的人民币，应当在实际收到人民币或存入企业开户行时进行确认，按实际收到的金额计量。该业务涉及“银行存款”和“实收资本”两个账户，“银行存款”账户属于资产类账户，所以“银行存款”的增加记借方；“实收资本”账户属于所有者权益账户，所以“实收资本”的增加记贷方。另外，对于不同所有者投入的资金，应分别设账进行明细核算。其会计分录为

借：银行存款　　200 000
　　贷：实收资本——国家投资　　120 000
　　　　　　　——东方公司投资　　50 000
　　　　　　　——个人投资　　30 000

【例 3.2】 ABC 公司 20××年 5 月 4 日收到达利工厂作为资本投入的专利权一项，该专利权经评估确认的价值为 150 000 元。

该业务属于以无形资产方式投入的资本，企业收到以无形资产方式投入的资本，应当按照投资合同、协议或评估确认的价值计量。“无形资产”账户属于资产类账户，所以“无形资产”的增加记借方；“实收资本”账户属于所有者权益账户，所以“实收资本”的增加记贷方。其会计分录为

借：无形资产——专利权　　150 000
　　贷：实收资本——达利公司投资　　150 000

【例 3.3】 ABC 公司 20××年 5 月 4 日收到投资人作为资本投入的不需要安装的机

器设备一台，该设备在原投出单位固定资产原值为75 000元，投资各方确认该固定资产的价值为45 000元（等于其在ABC公司注册资本中享有的份额）。

“固定资产”账户属于资产类账户，所以“固定资产”的增加记借方；“实收资本”账户属于所有者权益账户，所以“实收资本”的增加记贷方。其会计分录为

借：固定资产　45 000

　　贷：实收资本——个人投资　45 000

企业实收资本核算账户相互关系如图3.2所示。

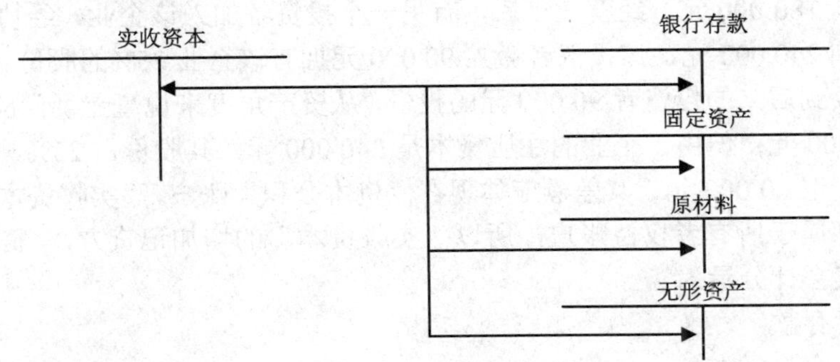

图3.2　实收资本账户相互关系示意图

二、资本公积的核算

资本公积是指企业收到投资者出资额超出其在注册资本或股本中所占份额的部分以及直接计入所有者权益的利得和损失。资本公积的用途主要是转增资本。

1. 设置“资本公积”账户

为了反映和监督资本公积的增减变动情况，企业应设置“资本公积”账户。现将该账户的核算内容、性质和结构作简要介绍。

1）核算内容。核算企业收到投资者出资额超出其在注册资本或股本中所占份额的部分。直接计入所有者权益的利得和损失，也通过本科目核算。

2）性质。所有者权益类账户。

3）结构。贷方登记资本公积的增加；借方登记资本公积的减少；余额在贷方，表示资本公积实有数额，如图3.3所示。

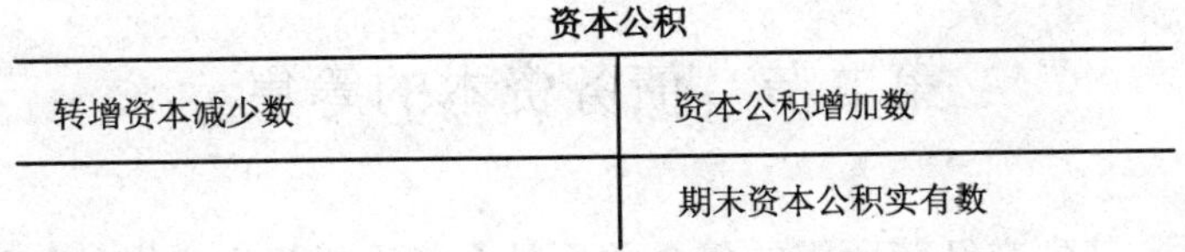

图3.3　资本公积账户结构示意图

4）本账户应当分别以“资本溢价（股本溢价）”“其他资本公积”进行明细核算。

2. 资本公积核算的账务处理

1）资本溢价（或股本溢价）的会计处理。有限责任公司收到新加入的股东的出资

额时，借记“银行存款”等科目，按股东在注册资本中所占份额贷记“实收资本”科目，按以上两者之差（即股东的出资额超出其在注册资本中所占份额的部分）贷记“资本公积——资本溢价”。

股份有限公司在收到认股款时应借记“银行存款”等科目，按照根据股票面值和核定的股份总额计算的金额，贷记“股本”科目，按前述两者之差额，贷记“资本公积——股本溢价”科目。

【例 3.4】 ABC 公司原来由三个所有者投资组成，每一个投资者各投资 60 000 元，共计实收资本 180 000 元。经营 3 年后，有另一个投资者加入该企业，经协商企业将注册资本增加到 240 000 元，该投资者缴入 90 000 元拥有该企业 25%的股份。

该企业收到后来的投资者 90 000 元的投资，从资产角度来说毫无疑问应当借记“银行存款”90 000 元；但由于企业的注册资本是 240 000 元，其股份占 25%，所以“实收资本”只能贷记 60 000 元，其差额应体现在“资本公积”账户，“实收资本”和“资本公积”账户都属于所有者权益账户，所以“实收资本”的增加记贷方，“资本公积”增加记贷方。其会计分录为

借：银行存款　　90 000
　　贷：实收资本　　60 000
　　　　资本公积——资本溢价　　30 000

2）资本公积转增资本的会计处理。《公司法》规定，资本公积可以用于转增公司资本。资本公积不得用于弥补公司的亏损，经股东大会（或股东会）决议变更资本并在公司登记机关办理变更登记后，应按转增额，借记“资本公积——股本溢价（或资本溢价）”科目，贷记“股本”（或“实收资本”）科目。

【例 3.5】 ABC 公司报经批准将资本公积 28 000 元转增资本。

按有关规定，企业报经批准可以将资本公积用于转增资本，企业将资本公积用于转增资本并不引起所有者权益总量的增加，而只是引起企业所有者权益结构的变化，实收资本与资本公积一增一减。企业将资本公积转增资本时，应当按照转增资本前的实收资本结构，将资本公积转增资本的数额记入实收资本账户之下的各所有者投资明细账，相应增加各所有者对企业的资本投资。本例应作会计分录为

借：资本公积　　28 000
　　贷：实收资本　　28 000

第二节　债务资本的筹集

企业设立时，其生产经营所需的资金并不是全部由投资人出缴的，投资人投入的资金构成企业的注册资本金，而企业生产经营所需的另一部分资金则可以通过向金融机构等筹借来解决，这就形成了借款。

借款按偿还时间的不同分为短期借款和长期借款。此外，企业在具备一定条件的前提下，还可以向社会公开发行债券来筹集资金，偿还期一般也在一年以上，形成应付债券，属于长期负债。

一、短期借款

1. 定义

短期借款是指企业向银行或其他金融机构等借入的期限在一年以下（含一年）的各种借款。短期借款通常是企业为维持正常生产经营的款项，与长期借款相比，短期借款具有借款期限相对较短、利息费用相对较低、借款手续相对简便等特点。

2. 设置账户

为了核算和监督企业向银行或其他金融机构等借入的短期借款，要设置“短期借款”账户和“应付利息”账户。

1）“短期借款”账户。

① 核算内容。核算企业短期借款的增减变动及结余情况。

② 性质。负债类账户。

③ 结构。贷方登记取得的短期借款本金；借方登记偿还的短期借款本金；期末余额在贷方，反映企业尚未偿还的短期借款的本金，如图 3.4 所示。

短期借款	
短期借款偿还额	短期借款增加额
	期末尚未偿还的短期借款数额

图 3.4　短期借款账户结构图

④ 该账户应按债权人设置明细账，并按借款种类进行明细核算。

2）“应付利息”账户。

① 核算内容。核算企业按照合同约定应支付的利息，包括吸收存款、分期付息到期还本的长期借款、企业债券等应支付的利息。

② 性质。负债类账户。

③ 结构。贷方登记期末应付的利息；借方登记实际支付利息的短期借款利息；期末贷方余额，反映企业应付未付的利息。

④ 本科目可按存款人或债权人进行明细核算。

【例 3.6】 ABC 公司 20××年 2 月 1 日向银行借入款项一笔 50 000 元，期限为 6 个月，年利率 7.2%，所得款项存入银行，借款到期一次还本付息。

该业务的发生导致企业银行存款的增加，应借记“银行存款”。银行存款增加的原因是企业取得了短期借款，于是企业负债增加了，负债增加应记贷方。由于该负债期限为 6 个月，故应使用“短期借款”账户。另外，按有关规定，短期负债的入账价值为到期值或面值，因此入账价值应为 50 000 元。其会计分录为

借：银行存款　　　　50 000

　　贷：短期借款　　　　50 000

【例 3.7】 续例 3.6，ABC 公司 2 月末计算本月应负担的借款利息。

该借款利息虽然是到期时支付，但 6 个月都使用了该项借款，根据权责发生制原则，从借款开始的每个月都应负担利息费用，因此从借款取得当月就应负担利息费用。其计算及会计分录为

2 月应负担的利息＝50 000×7.2%×1÷12＝300（元）

借：财务费用　　300

　　贷：应付利息　　300

3～7 月末做同样的分录。

【例 3.8】 ABC 公司 20××年 7 月 31 日以银行存款偿还借款并支付全部利息。

偿还借款会导致企业负债的减少，负债减少就应记“短期借款”账户的借方；同样支付应付利息就是应付利息的减少，由于应付利息也属负债性质，故减少也应记入其借方；偿还借款和支付利息动用的是银行存款，银行存款减少记贷方。其会计分录为

借：短期借款　　50 000

　　应付利息　　1 800

　　贷：银行存款　　51 800

以上短期借款核算过程如图 3.5 所示。

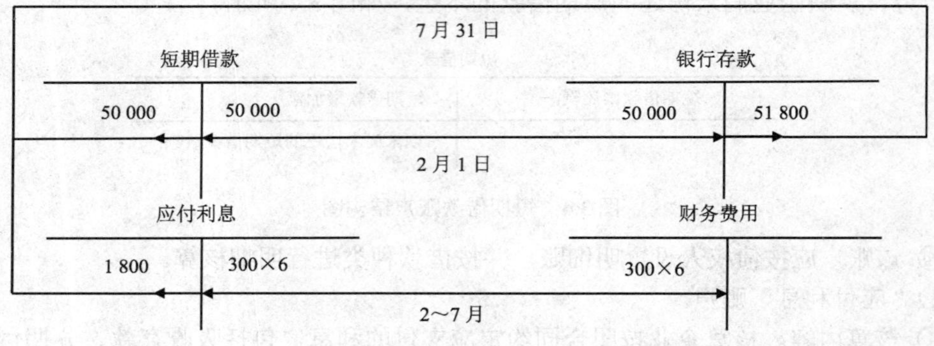

图 3.5　短期借款核算示意图

二、长期借款

1. 定义

企业为扩大经营规模，需要增加长期耐用的各种固定资产，如增添大型机械设备、购置地产、增建或扩建厂房。这些都需要企业投入大量的长期占用的资金。这些资金，仅靠企业本身的营运资本显然是难以满足的，即使能依靠企业内部的资本积累，也常常会因等待企业资本积累和形成，而丧失最佳的投资时机，给企业带来损失。一个企业要筹集长期资本，其途径不外乎两方面：一是增加投资者投入的资本；二是利用举借形式向债权人筹借长期借款，即长期负债。两种筹资途径，各有其利弊。从投资者角度看，取得长期借款则更为有利。一方面有利于投资者保持原有控制企业的能力，不会因企业筹措长期资金而影响投资者本身的利益；另一方面还可以为投资者带来获利的机会。举借长期借款，只需要按期偿还债权如按固定利率计算的利息。若企业经营所得的投资利润率高于固定利率，则投资者就可享有投资利润率高于固定利率的部分。和流动负债相比，

长期负债具有数额较大、偿还期较长等特点。

长期借款是指向银行或其他金融机构借入偿还期在一年以上（不含 1 年）的债务。

2. 设置账户

为了核算和监督企业向银行或其他金融机构借入的偿还期在一年以上的各种借款，要设置“长期借款”账户。

1）核算内容。企业从银行或金融机构等借入的、期限在一年以上的各项长期借款的取得、应计利息及偿还本金的情况。

2）性质。负债类账户。

3）结构。贷方登记取得的长期借款本金和预计的利息；借方登记偿还的长期借款本息；期末贷方余额反映企业尚未偿还的长期借款的本息，如图 3.6 所示。

长期借款	
长期借款偿还额	长期借款增加额
	期末尚未偿还的长期借款数额

图 3.6　长期借款账户结构图

4）本科目可按贷款单位和贷款种类进行明细核算。

3. 长期借款核算的账务处理

1）企业借入长期借款，应按实际收到的金额，借记“银行存款”科目，贷记本科目。

2）资产负债表日，计算确定的长期借款的利息费用，借记“在建工程”“制造费用”“财务费用”“研发支出”等科目，按合同利率计算确定的应付未付利息，贷记“应付利息”科目。

3）偿还的长期借款本金，借记本科目（本金），贷记“银行存款”科目。

【例 3.9】 ABC 公司 20××年 4 月 1 日向银行借入期限 3 年，年利率 6%的生产经营用借款 400 000 元。每季度支付一次利息，该款已转存银行存款账户。

借入款 400 000 元存入银行存款账户，这直接引起企业货币资金的增加，应记“银行存款”的借方；货币资金增加的原因是企业承担了长期负债，负债增加记贷方，贷记“长期借款”账户。其会计分录为

借：银行存款　　400 000

　　贷：长期借款——本金　　400 000

【例 3.10】 ABC 公司每月计算长期借款利息 2 000 元（400 000×6%×1/12）。

由于是生产经营用款，其利息处理与短期借款的利息核算一样，每个月末计提财务费用，其会计分录为

借：财务费用　　2 000

　　贷：应付利息　　2 000

每个季度支付利息时的会计分录为

借：应付利息　　6 000

　贷：银行存款　　6 000

【例 3.11】 ABC 公司在三年期满偿还该项借款，其会计分录为

借：长期借款——本金　　400 000

　贷：银行存款　　400 000

以上长期借款核算过程如图 3.7 所示。

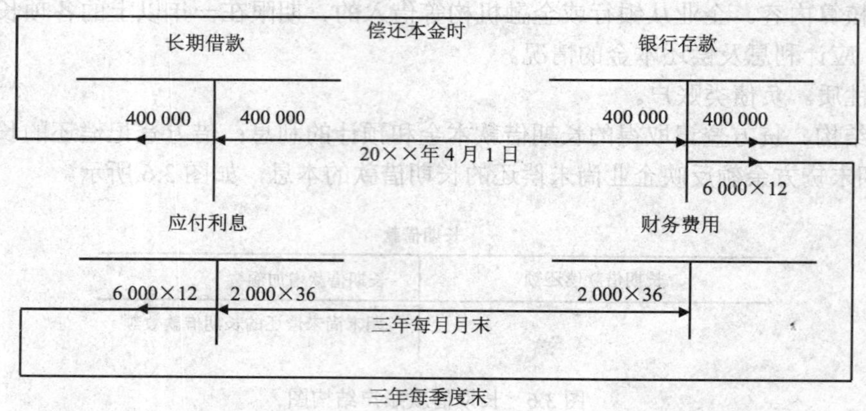

图 3.7　长期借款核算过程示意图

*三、应付债券的核算

债券是依照法定程序发行的、约定在一定期限内还本付息的一种有价证券。发行债券也是企业筹集债务资本的一个重要手段。应付债券是企业因发行债券而形成的长期负债。由于我国发行债券的审批手续过于复杂，因此企业一般很少发行低于一年（含一年）的短期债券，所以我们所说的债券都是指企业筹集长期使用资金而发行的一种有价证券。

债券按照付息方式可分为分期付息债券和到期一次付息债券；按照可否转换可分为可转换债券和不可转换债券。本章主要介绍一般应付债券的会计处理。

1. 设置账户

为了核算和监督企业为筹集（长期）资金而发行债券的本金和利息。

企业发行的可转换公司债券，应将负债和权益成分进行分拆，分拆后形成的负债成分在本科目核算。

1）核算内容。本账户核算企业为筹集长期资金而实际发行的债券及应付的利息。

2）性质。负债类账户。

3）结构。贷方登记应付债券的本金和利息；借方登记偿还的债券本金和利息；期末贷方余额表示企业尚未偿还的债券本金和利息，如图 3.8 所示。

*表示此内容为拓展知识，可供教师选讲或学生自学。下同。

应付债券

归还的债券本金、利息	收到的债券本金、提取的利息
	期末尚未归还的债券本金、利息

图 3.8　应付债券账户结构图

4）本科目可按“面值”“利息调整”“应计利息”等进行明细核算。

2. 应付债券的账务处理

1）企业发行债券，应按实际收到的金额，借记“银行存款”等科目，按债券票面金额，贷记本科目（面值）。存在差额的，还应借记或贷记本科目（利息调整）。

2）资产负债表日，对于分期付息、一次还本的债券，应按摊余成本和实际利率计算确定的债券利息费用，借记“在建工程”“制造费用”“财务费用”“研发支出”等科目，按票面利率计算确定的应付未付利息，贷记“应付利息”科目，按其差额，借记或贷记本科目（利息调整）。

对于一次还本付息的债券，应于资产负债表日按摊余成本和实际利率计算确定的债券利息费用，借记“在建工程”“制造费用”“财务费用”“研发支出”等科目，按票面利率计算确定的应付未付利息，贷记本科目（应计利息），按其差额，借记或贷记本科目（利息调整）。实际利率与票面利率差异较小的，也可以采用票面利率计算确定利息费用。

3）长期债券到期，支付债券本息，借记本科目（面值、应计利息）、“应付利息”等科目，贷记“银行存款”等科目。同时，存在利息调整余额的，借记或贷记本科目（利息调整），贷记或借记“在建工程”“制造费用”“财务费用”“研发支出”等科目。

3. 应付债券的备查登记

企业应当设置“企业债券备查簿”，详细登记企业债券的票面金额、债券票面利率、还本付息期限与方式、发行总额、发行日期和编号、委托代售单位、转换股份等资料。企业债券到期兑付，在备查簿中应予注销。

【例 3.12】 ABC 公司 20×3 年 12 月 31 日发行债券 10 000 张，每张面值 100 元，票面利率 8%，发行 5 年期一次还本，分期付息债券 100 万元，实际发行价格为 104.1 万元，债券利息在每年 12 月 31 日支付。

1）发行债券时。

借：银行存款　　1 041 000

　　贷：应付债券（面值）　　1 000 000

　　　　应付债券（利息调整）　　41 000

2）计息并进行利息调整时。

20×4 年 12 月 31 日，计算实际利率（假设实际利率用 i 表示）：

$$1\,000\,000\times(P/F,i,5)+1\,000\,000\times8\%\times(P/A,i,5)=1\,041\,000$$

用内插法求得实际利率 $i=7\%$。

借：财务费用　　72 870

　　应付债券（利息调整）　　7 130
　　　贷：应付利息　　80 000

以后各年分录相同而数据不同，略。

3）实际支付利息时（最后一年除外）。

借：应付利息　　80 000
　　贷：银行存款　　80 000

4）债券到期还本付息时。

借：应付债券（面值）　　1 000 000
　　应付利息　　80 000
　　贷：银行存款　　1 080 000

本章小结

资金筹集是企业经营活动的起点。作为独立核算、自负盈亏的生产经营性实体，企业必须拥有生产经营活动所必需的资金，有了资金才能购买固定资产和原材料等，才能开展生产活动。本章主要介绍了企业在筹资业务发生时需设置的账户及应做的账户记录。通过本章的学习，可对企业的资金筹集业务所引起的会计事项有一个全面系统的了解，能够熟练处理企业接受货币资金、实物资产和无形资产等形式投资的核算。

思考练习题

1. 我国实行资本金制度的主要内容是什么？
2. 短期借款与长期借款在预提利息的账务处理上有什么区别？
3. 资本金的筹集与债务资本的筹集对企业的影响是什么？
4. ABC 公司 20×3 年 1 月 1 日注册成立，20×5 年 5 月发生下列经济业务：

1）1 日，ABC 公司原来由三个所有者投资组成，每一投资者各投资 200 000 元，共计实收资本 600 000 元，另一投资者加入该企业，经协商企业将注册资本增加到 800 000 元，该投资者缴入 400 000 元，拥有该企业 25%的股份。

2）2 日，收到鸿达公司投入的货币资金 5 000 000 元存入银行。

3）3 日，收到甲公司投入的设备一套，原始价值 250 000 元，双方评估值为 200 000 元。

4）6 日，向银行借入三年期借款 1 000 000 元存入银行。

5）12 日，接受南光公司投入一项非专利技术，评估后双方确认价值为 50 000 元。

6）25 日，企业经批准，用资本公积 50 000 元转增资本金。

要求：

1）根据上述经济业务编制 ABC 公司 20×5 年 5 月会计分录。

2）该企业本月有关账户的期初余额为“实收资本”账户 600 000 元，开设“实收资本”的“T”型账户并根据会计分录进行登记，结出本期发生额及余额。

5. ABC 公司于 20×5 年年初向某商业银行申请期限为 6 个月、年利率为 5%，到期一次还本付息的流动资金借款 120 000 元，款已划入企业银行存款账户。

请根据上述资料编制会计分录。

1）借入短期借款时。

2）计算第 1 月末至第 6 月末借款利息。

3）借款到期，以银行存款偿还借款本息。

6. ABC 公司 20×3 年 5 月，从中国工商银行借入一笔利率为 12%、期限 3 年、金额为 500 000 元的借款，借款已转存开户银行。该借款利息按年支付，到期偿还本金。

请根据上述经济业务按下列要求编制会计分录。

1）取得借款时。

2）每年年末计算利息并偿还借款利息时。

3）第 3 年末偿还借款本金时。

第四章　生产准备业务的核算

思维导图

第一节　原材料的核算

原材料属于企业在生产过程中耗用的存货，是指企业在生产过程中经加工改变其形态或性质并构成产品主要实体的各种原料及主要材料、辅助材料、外购半成品（外购件）、修理用备件（备品备件）、包装材料、燃料等。

企业的存货除材料外还包括包装物、低值易耗品、库存商品等内容，这里主要介绍材料的核算。

一、原材料成本构成

（一）购入材料的实际成本

企业购入材料的实际成本由以下各项组成。

1）买价（采购价格）。采购价格是指企业购入材料的发票账单上列明的价款，但不包括按规定可以抵扣的增值税进项税额。

2）运杂费。运杂费是指企业购入材料过程中发生的相关费用，包括运输费、装卸费、保险费、包装费、仓储费等。

3）运输途中的合理损耗。

4）入库前的挑选整理费用。

5）按规定可以计入存货成本的借款利息费用。

6）购入材料负担的税金（如关税）和其他费用。

需要注意的是，采购入库后发生的仓储费用不计入材料成本，而应当计入当期费用；商品流通企业在采购过程中发生的运杂费、途中的合理损耗、入库前的挑选整理等费用，也应计入存货的采购成本；如果金额较小，也可直接计入当期费用。

材料的成本确定是否准确，直接关系到当期损益计算的正确性和当期资产计价的准确性。对于当期已经领用的材料成本应计入当期产品成本或当期费用，最终影响当期损益；未领用的材料和当期用材料生产但未销售的产品的价值最终反映在资产负债表的存货项目中，最终影响当期资产金额的大小。

（二）自制材料的实际成本

自制材料的实际成本包括耗用的原料、工资和有关费用等的实际支出。

（三）委托外单位加工完成材料的实际成本

委托外单位加工完成的材料的实际成本包括实际耗用的原材料或者半成品、加工费、装卸费、保险费、委托加工的往返运输费等。

材料的来源除上述各项外，还有接受投资投入材料等，在此不再赘述。

二、购入材料的增值税

在我国，货物的流转（主要体现为采购和销售）都会涉及增值税（免税的情形除外）。因此，熟练掌握增值税的基本知识是学习原材料的会计处理规则的前提。

增值税是对在中国境内销售商品和提供劳务的纳税人就其增值额征收的一种流转税。在现行税制下，企业在购入材料物资时所支付的款项中包含一部分增值税的税款。根据增值税的税收制度规定，不同的企业，对这部分增值税款的处理方法是不一样的。

（一）增值税的一般纳税人

一般纳税人是指年应征增值税的销售额达到规定标准的企业。财政部、税务总局《关于统一增值税小规模纳税人标准的通知〔2018〕33 号》，增值税一般纳税人标准为年应征增值税销售额 500 万元以上。增值税税率分 13%、9%、6%和 0%四个档次。

按照增值税的设计原理，企业向税务机关缴纳的增值税税额在理论上是按照其经济业务所实现的增值额乘以适用的税率计算而来的。但在实践中，由于购销之间可能存在较长的时间差，因此，不可能针对每一笔业务计算其增值额。于是，就发展出了分别汇总计算进项税额、销项税额，根据两者之差来确定增值税应纳税额的办法。通常情况下，企业买卖货物时，会在增值税专用发票上分别注明货物的“金额”和相应的“税额”，交易的总价款就是“价税合计”。发票上注明的“税额”对于卖方来讲就是“销项税额”，对于买方来讲就是“进项税额”。也就是说，增值税实行间接的征税办法，即纳税人在采购商品时除价款外另向销售方支付增值税，形成进项税额；纳税人销售商品或提供应税劳务时除价款外另向购买方收取增值税，形成增值税销项税额。纳税人用当期销项税额减去当期进项税额即为当期的应纳增值税额。增值税的计算公式为

企业应交增值税额＝销项税额－进项税额

本月销项税额＝本月销售额×适用税率

本月进项税额＝本月采购额×适用税率

若购进的材料中含增值税，则需要进行价、税分离。公式为

材料价款＝含税材料价款/（1＋适用税率）

增值税款＝[含税材料价款/（1＋适用税率）]×适用税率

【例 4.1】 ABC 公司为增值税一般纳税人，20××年 4 月销售额 1 000 万元，材料采购 800 万元，按 13%增值税率计算。

该企业应交增值税额＝1000×13%－800×13%

＝130－104

＝26（万元）

也相当于（1 000－800）×13%＝26（万元）。

应注意允许抵扣的进项税额必须保证以下两点：

其一，取得合法的扣税凭证，如增值税专用发票或关税完税凭证等；

其二，必须用于增值税应税项目。

（二）增值税的小规模纳税人

小规模纳税人是指年应征增值税的销售额在规定的标准（即 500 万元及以下）以下并且会计核算不健全，不能按规定报送会计资料，实行简易办法征收增值税的纳税人。所称会计核算不健全是指不能正确核算增值税的销项税额、进项税额和应纳税额。小规模纳税人适用简易计税方法，其应纳税额指按照销售额和增值税征收率计算的增值税额。

根据财政部、国家税务总局相关规定，小规模纳税人增值税征收率一般为 3%。销售自己使用过的固定资产的征收率为 2%；销售、出租不动产的征收率为 5%；提供劳务派遣服务以取得的全部价款和价外费用为销售额，按照简易计税方法依 3%的征收率计算缴纳增值税；也可以选择差额纳税，以取得的全部价款和价外费用，扣除代用工单位支付给劳务派遣员工的工资、福利和为其办理社会保险及住房公积金后的余额为销售额，依 5%的征收率计算缴纳增值税。

应纳税额的计算公式为

$$应纳税额=销售额\times征收率$$

小规模纳税人销售货物或应税劳务收取的价款中含增值税额，计算销售额的公式为

$$销售额=含税销售额\div（1+征收率）$$

【例 4.2】 A 公司为增值税小规模纳税人，增值税征收率为 3%。本月含税销售额 20 600 元，该小规模纳税人本月应纳税额为

$$销售额=20\,600\div（1+3\%）=20\,000（元）$$

$$应纳税额=20\,000\times3\%=600（元）$$

三、货款结算方式

根据中国人民银行有关结算办法规定，目前企业发生的货币资金收付业务可以采用以下几种结算方式，通过银行办理转账结算。

（一）支票

支票是出票人签发的、委托办理支票存款业务的银行在见票时无条件支付确定的金额给收款人或者持票人的票据。支票由银行统一印制。

1. 种类

1）现金支票。支票印有“现金”字样的为现金支票，现金支票只能用于支取现金。它可以由存款人签发用于到银行为本单位提取现金，也可以签发给其他单位和个人用来办理结算或者委托银行代为支付现金给收款人。

2）支票印有“转账”字样的为转账支票，转账支票只能用于转账。它适用于存款人给同城的收款单位划转款项，以办理商品交易、劳务供应、清偿债务和其他往来款项结算。

3）支票未印有“现金”或“转账”字样的为普通支票，普通支票既可以用于支取现金，也可以用于转账。

4）在普通支票左上角划两条平行线的为划线支票，划线支票只能用于转账，不得

支取现金。

2. 相关规定

1）支票结算无金额起点限制。

2）支票提示付款期为 10 日（从签发支票的当日起，到期日遇例假顺延）。

3）转账支票可以背书转让。

4）支票签发的日期、大小写金额和收款人名称不得更改，其他内容有误，可以划线更正，并加盖预留银行印鉴之一证明；支票发生遗失，可以向付款银行申请挂失；挂失前已经支付，银行不予受理。

5）签发空头支票，银行除退票外，还将按照票面金额处以 5%但不低于 1 000 元的罚款。持票人有权要求出票人赔偿支票金额 2%的赔偿金。

3. 适用范围

主要适用于商品交易、劳务供应和其他款项的结算，也是同城结算中最常用的一种方法。支票可以在全国范围内通用，其最高限额为 50 万元。

（二）银行本票

银行本票是银行签发的，承诺自己在见票时无条件支付确定的金额给收款人或持票人的票据。适用于在同一票据交换区域需要支付各种款项的单位和个人。

1. 特点

银行本票由银行签发并保证兑付，而且见票即付，具有信誉高、支付功能强等特点。

2. 种类

1）定额本票。定额本票面值分别为 1 000 元、5 000 元、10 000 元和 50 000 元。在票面划去转账字样的为现金本票。申请人或收款人为单位的，银行不予签发现金银行本票。

2）不定额本票。无金额起点限制。

3. 相关规定

1）银行本票的付款期限为自出票日起最长不超过 2 个月，在付款期内银行本票见票即付。

2）银行本票一律记名，允许背书转让。

4. 适用范围

适用于同城间的商品交易、劳务供应和其他款项的结算。

（三）银行汇票

银行汇票是出票银行签发的，由其在见票时按照实际结算金额无条件支付给收款人或者持票人款项的票据。适用于先收款后发货或钱货两清的商品交易，单位和个人均可使用。

1. 特点

银行汇票具有使用灵活、票随人到、兑现性强等特点。

2. 相关规定

1）银行汇票必须由银行签发和解付，一律记名。
2）银行汇票可以用于转账，填明“现金”字样的银行汇票也可以用于支取现金。
3）银行汇票的付款期限为自出票日起 1 个月内。
4）银行汇票在有效期内可分次支付或转汇，可以背书转让。

3. 适用范围

适用于单位、个人异地先收款后发货或钱货两清的商品交易。

（四）商业汇票

商业汇票是由收款人或付款人（或承兑申请人）签发，由承兑人承兑并于到期日向收款人或被背书人支付款项的票据。

1. 种类

1）按照承兑人不同，商业汇票可以分为以下两种。
① 商业承兑汇票。商业承兑汇票是由收款人（销货单位）签发，经付款人（购货单位）承兑，或由付款人签发并承兑的票据。
② 银行承兑汇票。是由银行承兑，由在承兑银行开立存款账户的存款人签发的商业汇票。承兑银行按票面金额向出票人收取万分之五的手续费。
2）按照票据是否带息，商业汇票可以分为带息和不带息汇票。

2. 相关规定

1）商业汇票一律记名，可以背书转让。
2）符合条件的商业汇票的持票人可持未到期的商业汇票连同贴现凭证，向银行申请贴现。
3）商业汇票的付款期限由交易双方商定，但最长不得超过 6 个月。

3. 特点

商业汇票为延期汇票，其他结算方式都是即期汇票。

4. 适用范围

同城或异地在银行开立存款账户的法人与其他组织之间具有真实的交易关系或债权债务关系，才能使用商业汇票。

（五）汇兑

汇兑是汇款人委托银行将其款项支付给收款人的结算方式。

1. 种类

1）信汇。信汇是指汇款人委托银行通过邮寄方式将款项划转给收款人。
2）电汇。电汇是指汇款人委托银行通过电报方式将款项划转给收款人。

2. 适用范围

汇兑结算方式适用于异地的单位或个人的各种款项结算。

（六）委托收款

委托收款是收款人委托银行向付款人收取款项的结算方式。

1. 种类

委托收款结算方式分为邮寄和电报两种。

2. 特点

1）灵活、简便；无金额起点限制。
2）不强调双方的经济合同，不以发运商品为托收前提。

3. 适用范围

同城与异地的单位或个人都可以通过委托收款结算方式办理款项收取，特别适用于收取电费等付款人众多、分散的公用事业费等有关款项。

（七）托收承付

托收承付是根据购销合同由收款人发货后委托银行向异地付款人收取款项，由付款人向银行承认付款的结算方式。

1. 种类

收款方式有邮寄划款（邮划）和电报划款（电划）两种；承付货款分为验单付款与验货付款两种，这需要在双方签订合同时进行约定。

2. 相关规定

1）使用托收承付结算方式的收款单位和付款单位必须是国有企业、供销合作社以及经营管理较好并经开户银行审查同意的城乡集体所有制工业企业。

2）办理托收承付结算的款项必须是商品交易，以及因商品交易而产生的劳务供应的款项，且要求必须签有交易合同。

3）托收承付结算每笔的金额起点为10 000元，新华书店系统每笔金额起点为1 000元。

4）采用托收承付结算方式的，购销双方必须签有符合合同法的购销合同，并在合同中订明使用托收承付结算方式。

3. 程序

1）销货企业按照购销合同发货后填写托收承付凭证，盖章后连同发运证件或其他有关证明和交易单证送交开户银行办理托收手续。

2）销货企业开户银行接受委托后，将有关凭证寄往购货单位开户银行，由购货单位开户银行通知购货单位付款。

3）购货单位收到托收承付结算凭证及有关凭证后，应立即审查。承付货款分为验单付款和验货付款两种，承付期分别为 3 天和 10 天。对于不符合规定的情况，付款人可以部分或全部拒付，但不得无理拒付。

4. 适用范围

适用于异地单位之间有购销合同的购销款项的结算。

（八）信用卡

信用卡是指商业银行向个人和单位发行的，凭以向特约单位购物、消费和向银行存取现金，且具有消费信用的特制载体卡片。

1. 种类

信用卡按使用对象分为单位卡和个人卡；按信誉等级分为金卡和普通卡等。单位卡一律不得用于 10 万元以上商品交易、劳务供应款项的结算，不得支取现金。

2. 相关规定

信用卡在规定的限额和期限内允许善意透支，透支额金卡最高不得超过 10 000 元，普通卡最高不得超过 5 000 元。透支期限最长为 60 天。具体规定如下：

1）单位账户的资金一律从基本存款账户转账存入，不得交存现金，不得将销货收入的款项存入其账户。

2）信用卡仅限于合法持卡人本人使用，持卡人不得出租或转借信用卡。

3）单位信用卡不得用于 10 万元以上的商品交易，劳务供应款项的结算。

4）持卡人带卡购物，消费时需将信用卡和身份证一并交特约单位并在签购单上签名确认。

5）特约单位不得通过压卡、签单和退货等方式支付持卡人现金。

6）单位卡一律不得支取现金。

7）持卡人不得恶意透支——指持卡人超过规定限额或规定期限，并经发卡银行催收无效的透支行为。

8）持卡人不需要继续使用信用卡的，应持信用卡主动到发卡银行办理销户。销户时，单位卡账户余额转入其基本存款账户，不得提取现金。

3. 适用范围

凡在中国境内金融机构开立基本存款账户的单位可申请领单位卡，单位卡可申领若干张，持卡人资格由申领单位法定代表人或其委托的代理人书面指定和注销。凡具有完全民事行为能力的公民可以申领个人卡。

（九）信用证

信用证结算是国际结算的一种主要方式。信用证是进口方银行向出口方开立的以出口方按规定提供单据和汇票为前提的支付一定金额的书面承诺，是一种有条件的付款凭证。

1. 相关规定

采用信用证结算方式的，收款单位收到信用证后，即备货装运，签发有关发票账单，连同运输单据和信用证，送交银行，根据退还的信用证等有关凭证编制收款凭证；付款单位在接到开证行的通知时，根据付款的有关单据编制付款凭证。

2. 适用范围

经中国人民银行批准经营结算业务的商业银行总行以及经商业银行总行批准开办信用证结算业务的分支机构，也可以办理国内企业之间商品交易的信用证结算业务。

四、实际成本法下的材料核算

材料的日常核算可以采用实际成本法核算，也可以采用计划成本法核算。

材料按实际成本法核算的特点是：从材料收发凭证到明细分类账和总分类账全部用实际成本计价。实际成本法一般适用于规模较小、材料品种简单、采购业务不多的企业。

（一）实际成本法下账户设置

在实际成本法下，应设置“原材料”和“在途物资”账户核算原材料。

1. 在途物资

1）核算内容。核算企业采用实际成本（即进价）进行日常核算的、货款已付但尚未验收入库的原材料、商品等物资的采购成本。

2）性质。资产类账户。

3）结构。借方登记在途物资的增加数；贷方登记在途物资的减少（验收入库）数；余额在借方，表示期末在途物资实有额，如图 4.1 所示。

在途物资	
在途物资的增加数	在途物资的减少（入库）数
期末在途物资实有额	

图 4.1　在途物资账户结构图

4）本账户按供货单位设置明细账，进行明细核算。

2. 原材料

1）核算内容。核算企业库存材料实际成本的增减变动及其结存情况，主要包括原料及主要材料、辅助材料、外购半成品（外购件）、修理用备件（备品备件）、包装材料、燃料等的成本。

2）性质。资产类账户。

3）结构。借方登记入库材料的实际成本的增加数；贷方登记出库材料的实际成本的减少数；余额在借方，表示期末库存材料的实际成本，如图 4.2 所示。

原材料

入库材料的实际成本的增加数	出库材料的实际成本的减少数
期末库存材料的实际成本	

图 4.2　原材料账户结构图

4）本账户按仓库、材料类别设置二级账户，按材料的品种或规格设置明细账，进行明细核算。

3. 应付账款

1）核算内容。核算企业因购买材料、商品和接受劳务供应等而应付给供货单位的款项。

2）性质。负债类账户。

3）结构。贷方登记因购买材料、商品和接受劳务供应而发生的应付未付的款项；借方登记已偿还的应付款项；余额在贷方，表示尚未偿还的应付账款的结余额。在实际工作中，为了客观反映企业所拥有的资产和应承担的义务，对于货物已到但发票未到情况，一般应于月末按估计价格确认应付账款，并于下月初用红字冲回，待收发票账单时，再根据实际金额入账。

4）本账户按供货单位设明细账。

4. 应付票据

1）核算内容。核算企业购买材料、商品和接受劳务供应等而开出、承兑的商业汇票，包括商业承兑汇票和银行承兑汇票。本节所讨论的应付票据仅指通过商业汇票结算而形成的负债。

2）性质。负债类账户。

3）结构。贷方登记开出、承兑的商业汇票；借方登记到期付款或转出的商业汇票（商业汇票到期无款支付，应转为应付账款或短期借款）；余额在贷方，表示尚未到期的商业汇票。

4）公司对本账户应设置“应付票据备查簿”，详细登记每一张应付票据的种类、编号、签发日期、到期日、票面金额、票面利率、合同交易号、收款人姓名或单位、付款日期和金额等资料。应付票据到期结算时，应在备查簿内逐笔注销。

5. 预付账款

1）核算内容。核算企业购买材料、商品或接受劳务按购货合同规定预付给供货单位的款项。

2）性质。资产类账户。

3）结构。借方登记预付或补付给供应单位的款项；贷方登记所购材料、商品或接受劳务的金额及退回多付的款项；余额在借方，表示实际预付的款项，如果出现贷方余额，则表示尚未补付的款项即为应付账款。

4）本账户按供货单位设明细账。预付款项业务不多的公司，也可以不设本账户，用“应付账款”账户核算预付的款项。

6. 应交税费

1）核算内容。核算企业依法应缴纳的增值税、消费税、所得税、资源税、土地增值税、城市维护建设税、房产税、土地使用税、车船税、教育费附加、矿产资源补偿费、代扣代缴的个人所得税等税费。

2）性质。负债类账户。

3）结构。贷方登记应交纳的税金和费用；借方登记实际交纳的各项税费；如余额在贷方，表示应交未交的税费，如余额在借方，则为多交或尚未抵扣的税费。

4）本账户按税费种类设明细账。

实际成本法下的材料核算账户相互关系如图 4.3 所示。

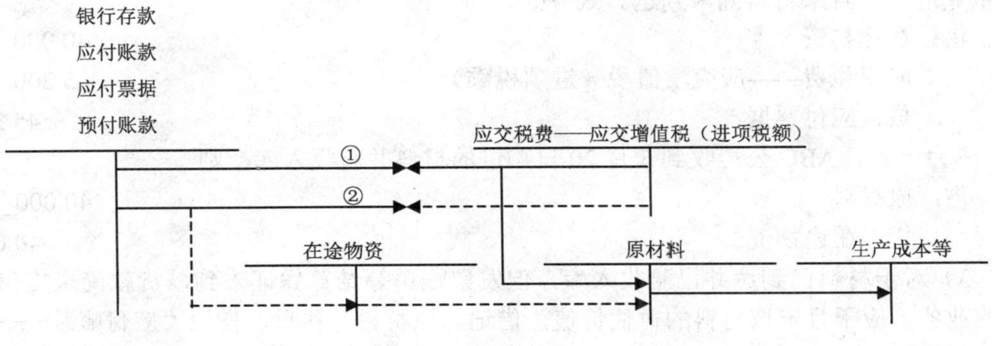

图 4.3　材料核算账户相互关系图

注：① 直接款货两清的材料采购。② 购入材料月末尚未到达企业，或到达企业但尚未验收入库。

（二）实际成本法下取得材料的核算

1. 外购材料的核算

企业外购材料时，由于结算方式和采购地点的不同，材料入库和货款的支付在时间上不一定完全同步，相应地其账务处理也有所不同。

1）对于发票账单与材料同时到达的采购业务。企业在支付货款或开出、承兑商业汇票，材料验收入库后，应根据发票账单等结算凭证确定的材料成本，借记“原材料”科目，根据取得的增值税专用发票上注明的（按规定可以抵扣不计入材料采购成本的）税额，借记“应交税费——应交增值税（进项税额）”（一般纳税人，下同）科目，按照实际支付的款项或应付票据面值，贷记“银行存款”或“应付票据”等科目。

【例 4.3】 ABC 公司为增值税一般纳税人，20××年 5 月 15 日购入原材料一批，取得增值税专用发票注明的价款为 30 000 元，增值税税额为 3 900 元，购进材料时支付的运杂费、装卸费、保险费等共计 1 500 元，发票等结算凭证已收到，款项已通过银行转账支付，材料已验收入库。账务处理如下：

材料成本＝30 000＋1 500＝31 500（元）

借：原材料　　31 500
　　应交税费——应交增值税（进项税额）　　3 900
　　贷：银行存款　　35 400

2）对于已经付款或已开出、承兑商业汇票，但材料尚未到达或尚未验收入库的采购业务，可暂不入账，等材料到达后再处理。如果月末材料仍未到达，根据发票账单等结算凭证，借记“在途物资”“应交税费——应交增值税（进项税额）”科目，贷记“银行存款”或“应付票据”等科目；待材料到达、验收入库后，再根据收料单，借记“原材料”科目，贷记“在途物资”科目。

【例 4.4】 ABC 公司 20××年 5 月 20 日购入原材料一批，取得增值税专用发票注明的价款为 40 000 元，增值税税额为 5 200 元，发票等结算凭证已收到，款项已开出银行承兑汇票，月末材料尚未到达。账务处理为

借：在途物资　　40 000
　　应交税费——应交增值税（进项税额）　　5 200
　　贷：应付票据　　45 200

6 月 5 日，ABC 公司收到 5 月 20 日购进的材料并验收入库，则

借：原材料　　40 000
　　贷：在途物资　　40 000

3）对于材料已到达并已验收入库，但发票账单等结算凭证未到，货款尚未支付的采购业务，应于月末按材料的暂估价值，借记“原材料”科目，贷记“应付账款——暂估应付账款”科目。下月初，做相反分录的记账凭证予以冲回，当发票账单等结算凭证到达后，按照正常程序，借记“原材料”“应交税费——应交增值税（进项税额）”，贷记“银行存款”“应付账款”等科目。

【例 4.5】 ABC 公司 20××年 5 月 25 日收到并验收入库原材料一批，但直到月末发票账单等凭证仍未收到，该批材料的暂估价值为 50 000 元。则在 5 月 31 日，企业应作如下账务处理：

借：原材料　　50 000
　　贷：应付账款——暂估应付账款　　50 000

6 月 1 日，ABC 公司应作如下账务处理：

借：应付账款——暂估应付账款　50 000
　　贷：原材料　50 000

假设 ABC 公司 6 月 8 日收到该批材料的发票账单等凭证，注明的价款为 60 000 元，增值税税额为 7 800 元。款项已转账支付。应作如下账务处理：

借：原材料　60 000
　　应交税费——应交增值税（进项税额）　7 800
　　贷：银行存款　67 800

2. 自制、委托加工材料的核算

1）自制并已验收入库的原材料，按实际成本，借记“原材料”科目，贷记“生产成本”科目。

2）委托加工材料的核算。委托加工业务在会计处理上主要包括拨付加工物资、支付加工费用和税金、收回加工物资和剩余物资等几个环节。委托加工物资通过设置“委托加工物资”科目核算。

① 拨付委托加工物资。企业发给外单位加工的物资，应将物资的实际成本由“原材料”“库存商品”等科目转入“委托加工物资”科目，借记“委托加工物资”科目，贷记“原材料”或“库存商品”科目。

② 支付加工费、增值税等。企业支付的加工费、应负担的运杂费、增值税等，借记“委托加工物资”“应交税费——应交增值税（进项税额）”科目，贷记“银行存款”等科目。

③ 加工完成收回加工物资。加工完成验收入库的物资和剩余物资，按加工收回物资的实际成本和剩余物资的实际成本，借记“原材料”“库存商品”等，贷记“委托加工物资”科目。

（三）实际成本法下发出材料的核算

1. 发出材料的计价方法

企业的经营性质、经营规模、材料收发的频繁程度、每次收发材料的数量等不同，其发出材料计价方法的选用也可以有所不同。在实际成本法下，如果本期生产车间领用的原材料是以前分批次以不同的价格采购而来的，那么，在计算生产过程所耗用的材料成本时也可以选择采用个别计价法、先进先出法、后进先出法、加权平均法或者移动平均法进行计算。

1）个别计价法。个别计价法又称个别认定法、具体辨认法、分批实际法。它是以每次（批）收入材料的实际成本作为计算该次（批）发出材料成本的依据。有关计算公式为

每次（批）材料发出成本＝该次（批）材料发出数量×该次（批）材料的单位成本

采用这种方法，计算发出材料的成本和期末材料的成本合理准确，但这种方法的前提是需要对发出和结存材料的批次进行具体认定，以确定其实际单价，适用于一般不能

替代使用的材料，以及为特定项目专门购入或制造的材料，如珠宝等材料数量少、单位价值大的贵重物品。

2）先进先出法。它是假定先收到的材料先发出，并根据这种假定的材料流转次序对发出材料和期末材料进行计价。具体做法是：接收有关材料时，逐笔登记每一批材料的数量、单价和金额；发出材料时，按照先进先出的原则计价，逐笔登记材料的发出和结存金额。

【例 4.6】 假设 ABC 公司 20××年 5 月甲材料按先进先出法进行明细核算，其结果如账簿 4.1 所示。

账簿 4.1　明细分类账

材料名称：甲材料

20××年		摘要	收入			发出			结存		
月	日		数量/件	单价/元	金额/元	数量/件	单价/元	金额/元	数量/件	单价/元	金额/元
5	1	期初							3 000	50	150 000
	5	购入	9 000	60	540 000				3 000 9 000	50 60	150 000 540 000
	10	发出				3 000 5 000	50 60	150 000 300 000	4 000	60	240 000
	16	购入	6 000	70	420 000				4 000 6 000	60 70	240 000 420 000
	20	发出				4 000 5 000	60 70	240 000 350 000	1 000	70	70 000
	25	购入	2 000	80	160 000				1 000 2 000	70 80	70 000 160 000
5	31	合计	17 000		1 120 000	17 000		1 040 000	1 000 2 000	70 80	70 000 160 000

采用先进先出法，本期发出材料的成本按照早期单价确定，期末材料成本接近现行的市场价值，该种计价方法的缺点是工作量较大，而且在物价上涨时会高估当期利润和期末库存材料的价值，不符合谨慎性原则。

3）后进先出法。它是假定后收到的材料先发出，并根据这种假定的材料流转次序对发出材料和期末材料进行计价的一种方法。这一计价方法的假设，与先进先出法正相反。在这种方法下，期末结存材料的实际成本是反映最早进货的成本，而发出材料的成本则接近材料近期的成本水平。

【例 4.7】 假设 ABC 公司 20××年 5 月甲材料按后进先出法进行明细核算，并仍以例 4.6 为例，其计算结果如账簿 4.2 所示。

采用后进先出法的优点是，在物价持续上涨时，本期发出材料成本按照最近购货的单价计算，从而使当期发出材料成本加大、利润减少，可以减少通货膨胀带来的不利影响，符合谨慎性原则的要求。

账簿 4.2 明细分类账

材料名称：甲材料

20××年		摘要	收入			发出			结存		
月	日		数量/件	单价/元	金额/元	数量/件	单价/元	金额/元	数量/件	单价/元	金额/元
5	1	期初							3 000	50	150 000
	5	购入	9 000	60	540 000				3 000 9 000	50 60	150 000 540 000
	10	发出				8 000	60	480 000	3 000 1 000	50 60	150 000 60 000
	16	购入	6 000	70	420 000				3 000 1 000 6 000	50 60 70	150 000 60 000 420 000
	20	发出				6 000 1 000 2 000	70 60 50	420 000 60 000 100 000	1 000	50	50 000
	25	购入	2 000	80	160 000				1 000 2 000	50 80	50 000 160 000
5	31	合计	17 000		1 120 000	17 000		1 060 000	1 000 2 000	50 80	50 000 160 000

4）加权平均法。它是根据期初结存材料和本期收入材料的数量和实际成本，期末一次计算材料的本月加权平均单价，作为计算本期发出材料成本和期末结存材料成本的单价，以求得本期发出材料成本和期末结存材料成本的一种方法。有关计算公式为

$$加权平均单价=\frac{期初库存材料实际成本+本期增加材料实际成本}{期初库存材料数量+本期增加材料数量}$$

$$本期发出材料成本=本期发出材料数量\times加权平均单价$$

$$期末结存材料成本=期末结存材料数量\times加权平均单价$$

【例 4.8】 假设 ABC 公司 20××年 5 月甲材料按加权平均法进行明细核算，并仍以例 4.6 为例，其计算结果为

$$加权平均单价=\frac{150\,000+540\,000+420\,000+160\,000}{3\,000+9\,000+6\,000+2\,000}=63.5（元）$$

$$本月发出材料成本=17\,000\times63.5=1\,079\,500（元）$$

$$期末结存材料成本=3\,000\times63.5=190\,500（元）$$

采用加权平均法，平时只登记发出的数量，不登记金额，比较简单；在月末一次计算加权平均单价，确定本期发出材料和期末库存材料的成本，月末工作量较大。在市场价格波动时，对材料成本的分摊比较折中。但是其缺点是，平时企业无法掌握库存材料的单价和金额，不利于加强材料的管理。

5）移动平均法。移动平均法也称移动加权平均法。它是指每次（批）收货以后，立即根据库存材料数量和成本，计算出新的移动平均单价的一种方法。移动平均法与上面所讲的加权平均法的计算原理基本相同，只是要求在每次（批）收入材料时重新计算加权平均单价。有关计算公式为

$$移动平均单价=\frac{以前库存材料实际成本+本次（批）增加材料实际成本}{以前库存材料数量+本次（批）增加材料数量}$$

本次发出材料成本＝本次发出材料数量×本次发货前材料的单位成本

月末库存材料成本＝月末库存材料数量×月末材料单位成本

【例 4.9】 假设 ABC 公司 20××年 5 月甲材料按移动平均法进行明细核算，并仍以例 4.6 为例，其计算结果如下：

① 20××年 5 月 5 日购入材料后的平均单价为

（150 000＋540 000）/（3 000＋9 000）＝57.5（元）

② 20××年 5 月 10 日发出材料成本为

8 000×57.5＝460 000（元）

③ 发出材料后，结存材料成本为

4 000×57.5＝230 000（元）

④ 20××年 5 月 16 日购入材料后的平均单价为

（230 000＋420 000）/（4 000＋6 000）＝65（元）

⑤ 20××年年 5 月 20 日发出材料成本为

9 000×65＝585 000（元）

⑥ 发出材料后，结存材料成本为

1 000×65＝65 000（元）

⑦ 20××年 5 月 25 日购入材料后的平均单价为

（65 000＋160 000）/（1 000＋2 000）＝75（元）

⑧ 期末材料成本为

3 000×75＝225 000（元）

移动平均法实际上是对加权平均法的改进，其优点在于能随时掌握库存材料的金额和单价，便于管理，而且计算的材料成本也比较客观。但是，每购进一次材料，均要重新计算一次加权平均单价，计算工作量较大，对材料收发频繁的企业不适用。

上述几种方法属于企业按实际成本计价时材料发出的计价方法，企业可以根据自己的具体情况选用（我国 2006 年发布的企业会计准则不允许使用后进先出法），但计价方法一经确定，不得随意变更。

发出材料的计价方法不同，对企业当期的财务状况、经营成果会产生不同的影响，具体表现如下：

第一，发出材料的计价对企业期末的资产数额有直接影响。因为以不同材料发出的计价方法计算的期末材料的成本不同，因此会影响期末资产负债表存货项目的金额。

第二，发出材料的计价对企业当期损益有直接影响。因为以不同材料发出的计价方法计算的本期发出材料的成本不同，因此以此计算的净利润也会不同。

第三，发出材料的计价对当期企业应缴纳的所得税的数额有影响。

2. 发出材料的总分类核算

由于企业材料的日常领发业务频繁，为了简化日常核算工作，平时一般只登记材料明细分类账，反映各种材料的收发和结存金额，月末根据按实际成本计价的发料凭证，按领用部门和用途汇总编制“发料凭证汇总表”，据以登记总分类账，进行材料发出的总分类核算。

根据“发料凭证汇总表”，按照发出材料的实际成本，借记“生产成本”“制造费用”“管理费用”“在建工程”等科目，贷记“原材料”科目。

【例4.10】 假设ABC公司20××年5月31日，根据“发料凭证汇总表”的记录，生产产品领用200 000元，车间管理部门领用60 000元，企业行政管理部门领用5 000元。

借：生产成本　200 000
　　制造费用　60 000
　　管理费用　5 000
　　贷：原材料　265 000

*五、计划成本法下的材料核算

（一）计划成本法的含义

计划成本法，就是企业对将要购进的各种材料事先根据市场行情或预测，按照材料的类别分别制定计划单价，采购入库时采购的材料按照计划成本入库，同时将实际成本与计划成本（即计划单价乘以采购数量）的差额（节约或超支）单独记入材料成本差异账户，平时领用材料时按计划成本核算，月末按一定方法将当期发出材料和期末库存材料的计划成本调整为实际成本的一种核算方法。计划成本法一般适用于材料品种繁多、收发频繁的企业。

其基本程序如下：

事先确定材料的计划单位成本，并编制材料的计划成本目录，在年度内一般不作调整。

平时收到材料，应按照计划成本入库，增加“原材料”账户；同时将计划成本与实际成本的差额在“材料成本差异”科目中进行明细核算。为简化会计工作，平时可只登记材料明细账，月末一次汇总入库，登记总账。

平时发出材料按照计划成本计算，月末再将本月发出材料应负担的成本差异分摊，随同本月发出材料计划成本一并记入有关账户，将发出材料的计划成本调整为实际成本。

（二）计划成本法下账户设置

计划成本法下一般应设置“材料采购”“原材料”“材料成本差异”等会计科目，不再设置“在途物资”科目。

1. 材料采购

1）核算内容。核算企业购入尚未到达或已到达但尚未验收入库的各种材料物资的实际成本与计划成本对比情况。需要注意的是，计划成本法下所有外购材料必须都通过本科目核算，不同于实际成本法下的“在途物资”科目。

2）性质。资产类账户。

3）结构。借方登记采购材料的实际成本以及材料入库时结转的节约差异；贷方登记入库材料的计划成本以及材料入库时结转的超支差异；期末余额在借方，表示已采购但尚未验收入库材料的实际成本，如图4.4所示。

材料采购

① 登记采购材料的实际成本 ② 结转的入库材料的节约差异	① 登记入库材料的计划成本 ② 结转的入库材料的超支差异
期末未入库材料的实际成本	

图 4.4　材料采购账户结构图

4）本账户按供货单位和品种设置明细账，进行明细核算。

2. 原材料

1）核算内容。核算企业库存材料计划成本的增减变动及其结存情况。

2）性质。资产类账户。

3）结构。借方登记入库材料的计划成本；贷方登记出库材料的计划成本；余额在借方，表示期末库存材料的计划成本，如图 4.5 所示。

原材料

入库材料的计划成本	出库材料的计划成本
期末库存材料的计划成本	

图 4.5　原材料账户结构图

4）本账户按仓库、材料类别设置二级账户，按材料的品种或规格设置明细账，进行明细核算。

3. 材料成本差异

1）核算内容。核算企业已入库各种材料的实际成本与计划成本对比的差异，是“原材料”科目的备抵科目。

2）性质。资产类账户。

3）结构。借方登记入库材料形成的超支差异以及转出的发出材料应负担的节约差异；贷方登记入库材料形成的节约差异以及月末转出的发出材料应负担的超支差异；期末如为借方余额，表示企业库存材料的超支差额；如为贷方余额，表示企业库存材料的节约差额，如图 4.6 所示。

材料成本差异

① 登记入库材料形成的超支差异 ② 月末分配转出的节约差异	① 登记入库材料形成的节约差异 ② 月末分配转出的超支差异
期末库存材料的超支差额	期末库存材料的节约差额

图 4.6　材料成本差异账户结构图

4）本账户按供货单位和品种设置明细账，进行明细核算。

发出材料应负担的差异必须按月分摊，不得在季末或年末一次分摊。

（三）计划成本法取得材料的核算

假设ABC公司为增值税一般纳税人（材料在月末一次汇总入库），20××年5月发生的材料采购业务如下。

1. 货款已经支付，同时材料验收入库

【例4.11】 7日购入材料一批，取得增值税专用发票上注明的价款为300 000元，增值税税额39 000元，发票账单等结算凭证已到达，货款已通过银行转账支付，材料已验收入库，该批材料计划成本为320 000元。有关会计分录为

借：材料采购	300 000	
应交税费——应交增值税（进项税额）	39 000	
贷：银行存款		339 000

2. 货款已经支付，材料尚未验收入库

【例4.12】 18日购入材料一批，取得增值税专用发票上注明的价款为20 000元，增值税税额2 600元，发票账单等结算凭证已到达，款项已转账支付，材料尚未验收入库，该批材料计划成本为18 000元。有关会计分录为

借：材料采购	20 000	
应交税费——应交增值税（进项税额）	2 600	
贷：银行存款		22 600

3. 货款尚未支付，材料验收入库

【例4.13】 24日采用商业承兑汇票支付方式购入材料一批，取得增值税专用发票上注明的价款为50 000元，增值税税额6 500元，发票账单等结算凭证已到达，材料已验收入库，该批材料计划成本为52 000元。有关会计分录为

借：材料采购	50 000	
应交税费——应交增值税（进项税额）	6 500	
贷：应付票据		56 500

4. 发票账单未到，材料已经到达

【例4.14】 26日购入材料一批，材料已验收入库，发票账单尚未收到。该批材料计划成本为60 000元。企业应于月末按计划成本暂估入账。有关会计分录为

借：原材料	60 000	
贷：应付账款——暂估应付账款		60 000

下月初，编制相反的会计分录冲销，待发票账单等结算凭证到达后，按照正常程序处理。

借：应付账款——暂估应付账款	60 000	
贷：原材料		60 000

【例 4.15】 月末汇总本月已付款或已开出并承兑商业汇票的入库材料的计划成本，并结转本月采购已经入库材料（不包括发票账单未到而暂估入库的材料）的成本差异。

本月入库材料实际成本＝300 000＋50 000＝350 000（元）

本月入库材料计划成本＝320 000＋52 000＝372 000（元）

本月入库材料成本差异＝350 000－372 000＝－22 000（元）（节约差异）

借：原材料　　372 000

　　贷：材料成本差异　　22 000

　　　　材料采购　　350 000

（四）计划成本法发出材料的核算

1. 结转发出材料的计划成本

采用计划成本法对材料核算的，平时发出材料时为简化核算工作量，可以只登记材料明细账的数量栏，按照计划成本登记金额栏。

【例 4.16】 ABC 公司月末根据领料单等编制“发出材料汇总表”，并根据该表的记录，结转发出材料的计划成本。该企业原材料发出（消耗）情况如下（计划成本）：生产产品领用 200 000 元；车间管理部门领用 60 000 元；企业行政管理部门领用 5 000 元。

借：生产成本　　200 000

　　制造费用　　60 000

　　管理费用　　5 000

　　贷：原材料　　265 000

2. 结转发出材料应负担的成本差异

月末计算材料成本差异分配率对材料成本差异进行分配，以便将发出材料的计划成本调整为实际成本。具体方法为

$$\text{材料成本差异分配率}=\frac{\text{月初结存材料成本差异}\pm\text{本月收入材料成本差异}}{\text{月初结存材料的计划成本}+\text{本月收入材料的计划成本}}\times 100\%$$

本月发出材料应负担的材料成本差异＝发出材料的计划成本×材料成本差异分配率

【例 4.17】 ABC 公司月初结存原材料的计划成本为 100 000 元，材料成本差异为超支 3 000 元；本月收入原材料的计划成本为 372 000 元，材料成本差异为节约 22 000 元，则

$$\text{材料成本差异分配率}=\frac{3\,000-22\,000}{100\,000+372\,000}\times 100\%=-4.03\%$$

本月生产产品领用材料应负担差异＝200 000×（－4.03%）＝－8 060（元）

本月车间一般耗用材料应负担差异＝60 000×（－4.03%）＝－2 418（元）

本月管理部门领用材料应负担差异＝5 000×（－4.03%）＝－201.5（元）

月末分配材料成本差异时：

借：材料成本差异　　10 679.5

　　贷：生产成本　　8 060.0

　　　　制造费用　　2 418.0

管理费用　　201.5

采用计划成本法的优点是可以简化会计核算工作量，可以考核采购部门的业绩，有利于降低材料采购成本，提高经济效益。

计划成本法核算账户的相互关系如图 4.7 所示。

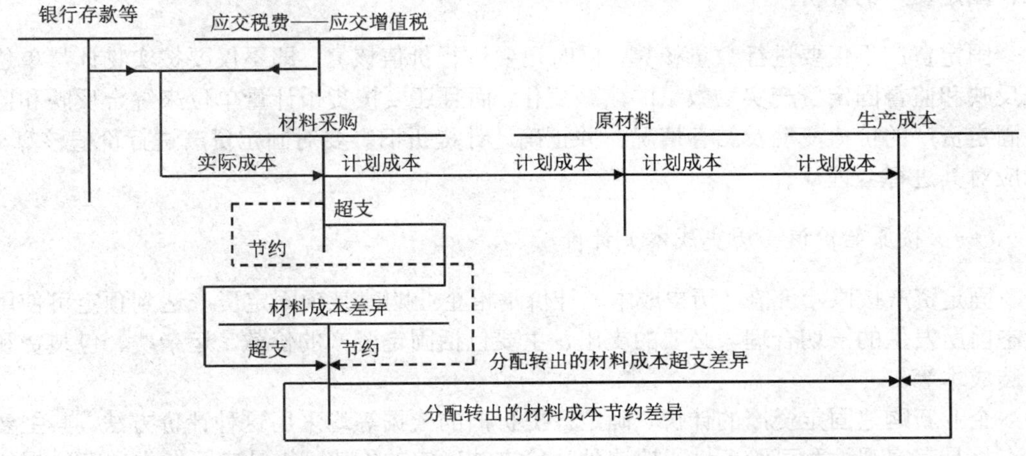

图 4.7　计划成本法核算示意图

第二节　固定资产的核算

固定资产是企业重要的生产资料，是企业生产经营活动必备的物质条件，也是生产准备过程中重要的工作内容。

一、固定资产的含义

固定资产是指同时具有下列特征的有形资产：

1）为生产商品、提供劳务、出租或经营管理而持有的。

2）使用寿命超过一个会计年度。

也就是说，固定资产通常是指为生产经营活动而持有的、使用期限较长、单位价值较高，并且在使用过程中保持原有实物形态的资产。包括房屋及建筑物、机器设备、运输设备、工具器具等。它与低值易耗品、劳动对象、流动资产等概念的相互关系如图 4.8 所示。

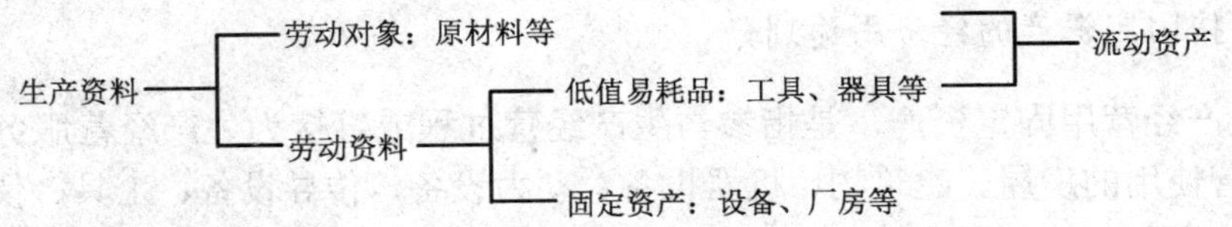

图 4.8　固定资产与低值易耗品等概念相互关系图

固定资产是一种资本性支出，会在相当长的时间内影响企业的资产和经营成果。如果将不应当资本化的支出计入固定资产的价值，就会虚增资产价值和当期利润，导致固定资产计提折旧的未来期间计提折旧的增加和利润的减少；反之，如果将应当资本化的支出计入当期损益而没有资本化，就会低估当期资产价值和当期利润，导致固定资产计提折旧的未来期间计提折旧的减少和利润的虚增。这些都会导致会计信息不真实。

二、固定资产的计价

固定资产不仅要进行数量核算，同时还要进行价值核算。即不仅要按实物计量单位来反映和监督固定资产实物数量的增减变化，而且还要按货币计量单位来综合反映和监督固定资产的价值变动及结存情况，并正确地计提折旧。要对固定资产进行价值核算，就应对其进行合理计价。

（一）按原始价值（历史成本）计价

固定资产按原始价值（历史成本）计价是指企业购建某项固定资产达到预定可使用状态前所发生的一切合理、必要的支出，主要包括固定资产的价款、运杂费、包装费和安装成本等。

企业新购建固定资产的计价、确定计提折旧的依据等均采用这种计价方法。其主要优点是具有客观性和可验证性，按这种计价方法确定的价值，均是实际发生并有凭据的支出，它成为固定资产的基本计价标准。

（二）按重置完全价值计价

固定资产按重置完全价值计价是指在现时的生产技术条件下，重新购建同样的固定资产所需要的全部支出。按重置完全价值计价，虽然可以比较真实地反映固定资产的现实价值，但也带来一系列的其他问题，会计实务操作比较复杂。因此，这种方法仅在清查财产中确定盘盈、接受捐赠固定资产的价值时使用，或在对报表进行补充、附注说明时采用。

（三）按折余价值（净值）计价

固定资产按折余价值（净值）计价是指固定资产原始价值减去已计提折旧后的余额。它可以反映企业在一定时期固定资产尚未损耗的价值和实际占用在固定资产上的资金数额。将固定资产的原始价值与净值对比，可以了解固定资产的新旧程度。这种方法主要用于计算盘亏、毁损固定资产的损失。

三、固定资产的分类

（一）按固定资产的经济用途划分

1）生产经营用固定资产，是指参与生产经营过程或直接为生产经营服务的资产，如生产经营使用的房屋、建筑物、机器设备、动力设备、传导设备、工具、仪器、生产工具、运输设备、管理用具等。

2）非生产经营用固定资产，是指不直接参加或服务于生产经营过程的各种固定资产，如职工宿舍、招待所、学校、幼儿园、食堂、医院、俱乐部、浴室、理发室等使用的房屋、设备和其他固定资产。

固定资产按经济用途分类，可以归类反映和监督企业生产经营用固定资产和非生产经营用固定资产的构成及变化情况，促使企业合理配置固定资产，充分发挥固定资产的效能。

（二）按固定资产的使用情况划分

1）使用中的固定资产，是指企业正在使用的生产经营用固定资产和非生产经营用固定资产。由于季节性经营或大修理等原因暂时停止使用的固定资产，以及企业出租给其他单位使用或内部替换使用的固定资产，应视为使用中的固定资产。

2）未使用的固定资产，是指企业已完工或已购建的尚未交付使用的新增固定资产，进行改建、扩建的固定资产以及经批准停止使用的固定资产。如企业购建的尚待安装的固定资产、经营任务变更停止使用的固定资产。

3）不需用的固定资产，是指本企业现在和今后都不需用或多余的、需要处理的固定资产。

固定资产按使用情况分类，有利于考核和监督企业固定资产的利用情况，促使企业挖掘固定资产的潜力，合理地使用固定资产，以提高现有固定资产的利用效率。这种分类方法，也便于企业正确、合理地计提固定资产折旧。

（三）按固定资产的所有权划分

1）自有固定资产，是指企业具有所有权的固定资产，包括自用固定资产和租出固定资产。租出固定资产是指企业在经营租赁方式下出租给其他单位使用的固定资产。

2）租入固定资产，是指企业不具有所有权，而是根据租赁合同向其他单位租入的固定资产。

固定资产按所有权分类，有利于考核和监督企业在用固定资产的产权结构，促使企业挖掘自有固定资产的潜力，节约租金支出，同时也便于企业采用不同的管理方法，对固定资产进行管理。

（四）按经济用途和使用情况进行综合划分

按经济用途和使用情况进行综合分类，固定资产可以分为生产经营用固定资产、非生产经营用固定资产、租出固定资产、不需用固定资产、未使用固定资产、土地、融资租入固定资产等。

其中，土地主要是指由于历史遗留原因，已经估价单独入账的土地。因征地而支付的补偿费，应计入与土地有关的房屋、建筑物的价值内，不单独作为土地价值入账；企业取得的土地使用权通常应确认为无形资产，不能作为固定资产核算。

四、固定资产增加的核算

固定资产同时满足下列条件的，才能予以确认：第一，与该资产有关的经济利益很可能流入企业；第二，该固定资产的成本能够可靠地计量。

同时应注意，一方面，如果某类资产能够间接为企业带来未来经济利益，如企业购置的安全设备和防护设施等，这些资产虽然不能直接为企业带来经济利益，但是能够有助于其他资产更好地为企业创造价值，从这个层面上讲，它们也为企业经济利益做出了贡献。

因此，这些资产的购置成本在能够可靠计量的情况下，也应将其确认为企业的固定资产；另一方面，如果固定资产的各个组成部分具有不同使用寿命或者以不同的方式为企业提供经济利益，使用不同折旧率或折旧方法，应当分别将各组成部分确认为单项固定资产。

（一）设置账户

1. 设置“固定资产”账户

1）核算内容。核算企业固定资产原价的增减变动及结存情况。

2）性质。资产类账户。

3）结构。借方登记各种原因增加的固定资产原价；贷方登记各种原因减少的固定资产原价；余额在借方，表示公司现有固定资产的原价，如图 4.9 所示。

固定资产	
固定资产原价的增加	固定资产原价的减少
期末固定资产的原价	

图 4.9　固定资产账户结构图

4）本账户按固定资产的类别设二级账，按固定资产项目设明细账，并采用卡片账形式。

2. 设置“在建工程”账户

1）核算内容。核算企业进行基建工程、安装工程、技术改造工程等发生的实际支出，包括需要安装设备的价值。

2）性质。资产类账户。

3）结构。借方登记各种在建工程项目的增加数额；贷方登记在建工程完工转入固定资产数额；期末余额在借方，表示企业尚未完工的基建工程发生的各项实际支出，如图 4.10 所示。

在建工程	
在建工程的增加数额	转入固定资产的减少数额
期末尚未完工的在建工程实际支出	

图 4.10　在建工程账户结构图

4）本账户应按在建工程项目设置明细账户进行明细核算。

（二）固定资产增加核算

1. 外购增加固定资产的核算

增值税一般纳税人购进（接受捐赠、实物投资）或者自制（改扩建、安装）固定资产发生的进项税额，可根据《中华人民共和国增值税暂行条例》和《中华人民共和国增值税暂行条例实施细则》的有关规定，凭增值税专用发票、海关进口增值税专用缴款书和运输费用结算单据从销项税额中抵扣。

购入固定资产的初始成本，包括购买价款、进口关税和其他税费，使固定资产达到预定可使用状态前所发生的可归属于该项资产的场地整理费、运输费、装卸费、安装费和专业人员服务费等。

以一笔款项购入多项没有单独标价的固定资产，应当按照各项固定资产公允价值比例对总成本进行分配，分别确定各项固定资产的成本。

企业购入的固定资产如不需安装，直接以购入固定资产时实际支付的价款作为依据，借记“固定资产”“应交税费”等科目，贷记“银行存款”科目；如购入的固定资产需要安装，从支付价款、设备运抵企业，到设备正式投入使用，尚需经过设备安装过程，并发生各种安装成本等，应先记入“在建工程”等科目，待设备安装完成后，一并由“在建工程”科目转入“固定资产”科目。

1）购入不需要安装的固定资产。

【例 4.18】 ABC 公司 20××年 5 月 4 日购入一台不需要安装的办公设备，发票价格 100 000 元，增值税额 13 000 元；发生的铁路运费 2 000 元，增值税 180 元；其他费用 1 000 元，以上款项均以银行存款支付。假设进项税额经税务机关认证允许抵扣。

借：固定资产（100 000＋2 000＋1 000）　103 000
　　应交税费——应交增值税（进项税额）（13 000＋180）　13 180
　　贷：银行存款　116 180

2）购入需要安装的固定资产。该项资产达到预定可使用状态前所发生的全部支出，通过在“在建工程”科目核算，然后转入“固定资产”科目。

【例 4.19】 ABC 公司 20××年 5 月 8 日购入一台需要安装的生产车间用机器，增值税发票价格为 500 000 元，增值税 65 000 元；运杂费 6 000 元，上述款项通过银行转账支付；机器到达后，支付安装费 5 000 元，安装完毕交付使用。有关会计分录如下：

① 购入固定资产时：

借：在建工程（500 000＋6 000）　506 000
　　应交税费——应交增值税（进项税额）　65 000
　　贷：银行存款　571 000

② 支付安装费用时：

借：在建工程　5 000
　　贷：银行存款　5 000

③ 固定资产交付使用时：

借：固定资产　511 000
　　贷：在建工程（506 000＋5 000）　511 000

2. 自行建造增加固定资产的核算

【例 4.20】 ABC 公司于 20××年 5 月 20 日自建一条生产线，购入各种工程物资，支付价款 250 000 元，支付增值税 32 500 元。实际领用工程物资 233 000 元，领用原材料一批，实际成本 30 000 元。

① 购入为工程准备的物资：

借：工程物资　250 000
　应交税费——应交增值税（进项税额）　32 500
　贷：银行存款　282 500

② 工程领用物资和原材料：

借：在建工程　263 000
　贷：工程物资　233 000
　　原材料　30 000

【例 4.21】20××年 4 月 ABC 公司自行建造仓库一座，以银行存款购入工程用材料 226 000 元（含税）；购入需要安装的设备一台，买价 452 000 元（含税）；领用工程用材料 150 000 元；领用需安装设备 400 000 元；该工程应负担职工工资 30 000 元。根据上述业务应编制会计分录如下：

① 购入材料时：

借：工程物资——工程材料　200 000
　应交税费——应交增值税（进项税额）　26 000
　贷：银行存款　226 000

② 购入设备时：

借：工程物资——设备　400 000
　应交税费——应交增值税（进项税额）　52 000
　贷：银行存款　452 000

③ 领用工程用材料和设备时：

借：在建工程——仓库（150 000＋400 000）　550 000
　贷：工程物资——工程材料　150 000
　　——设备　400 000

④ 负担职工工资：

借：在建工程——仓库　30 000
　贷：应付职工薪酬——工资　30 000

⑤ 工程完工交付使用时，将固定资产的建造成本 580 000 元（550 000＋30 000）从“在建工程”账户转入“固定资产”账户，即：

借：固定资产　580 000
　贷：在建工程——仓库　580 000

⑥ 将建造仓库剩余工程材料（200 000－150 000=50 000）转入原材料：

借：原材料　50 000
　贷：工程物资——工程材料　50 000

3. 投资者投入增加固定资产的核算

投资者投入的固定资产按照投资合同或约定的价值确定入账，按照投资方在被投资方实收资本中享有的份额增加实收资本，如有差额计入资本公积。

【例 4.22】 20××年 5 月 1 日，D 股东以一座厂房作为投资投入 ABC 公司，将评估确认价值作为厂房的入账价值。该厂房经评估确认价值为 5 600 000 元，按协议可折换成每股面值为 1 元、数量为 3 000 000 股的股权。其账务处理如下：

借：固定资产　　5 600 000
　贷：实收资本——D 股东　　3 000 000
　　　资本公积——资本溢价　　2 600 000

五、固定资产折旧的核算

（一）固定资产折旧的含义

固定资产折旧是指一定时期内为弥补固定资产损耗，按照规定的固定资产折旧率提取的固定资产折旧，它反映了固定资产在当期生产中的转移价值。

（二）固定资产折旧的范围

在空间范围上，企业除下列情况不计提折旧外，应对所有固定资产计提折旧：

1）提足折旧继续使用的固定资产。

2）按规定单独估价作为固定资产入账的土地。

3）提前报废的固定资产。

4）融资租出的固定资产。

在时间范围上，企业应当按月计提固定资产折旧，当月增加的固定资产，当月不计提折旧，从下月起计提折旧；当月减少的固定资产，当月仍计提折旧，从下月起停止计提折旧。

（三）影响固定资产折旧的因素

1. 固定资产原价

企业在具体折旧时，应以月初应计提折旧的固定资产账面原始价值为依据。

2. 固定资产的预计净残值

固定资产的预计净残值，是指预计在固定资产报废处置中获得的残值收入扣除清理费用后的金额。预计净残值除以该项固定资产原价即为净残值率。

3. 固定资产的预计使用年限

固定资产的预计使用年限的长短会影响每期固定资产折旧数额的大小，与折旧额呈反向变动关系。企业在预计固定资产的使用寿命时，应考虑以下因素：

1）该固定资产的预计生产能力或实物产量。

2）该固定资产的有形损耗。如因设备使用中发生磨损、房屋建筑物受到自然侵蚀等。

3）该固定资产的无形损耗。如因新技术的进步而使现有的资产技术水平相对陈旧、市场需求变化使产品过时等。

4）有关固定资产使用的法律或者类似的限制。

（四）计提固定资产折旧的方法

企业计提固定资产折旧的方法有多种，基本上可以分为两类，即直线法（包括平均年限法和工作量法）和加速折旧法（包括双倍余额递减法和年数总和法），企业应当根据不同的理财目标选择不同的方法。每种折旧方法对企业的资产和利润的影响是不同的，可以根据国家的折旧政策进行选择，但折旧方法一经确定，不得随意变更。

1. 直线法

1）平均年限法。平均年限法是将固定资产的折旧均衡地分摊到各期成本费用中的一种方法。采用这种方法计算的每期折旧额均是等额的。假设设备入账账面价值为 X，预计使用 N 年，残值为 Y，则每年计提折旧为（$X-Y$）/N。每年计提的折旧额除以入账价值，即为年折旧率。其计算公式为

$$年折旧率=\frac{1-预计净残值率}{预计使用年限}\times 100\%$$

$$月折旧率=年折旧率\div 12$$

$$月折旧额=固定资产原价\times 月折旧率$$

【例 4.23】 ABC 公司有一厂房，原价为 500 000 元，预计可使用 20 年，按有关规定，该厂房报废时的预计净残值率为 5%。该厂房的折旧率和折旧额的计算如下：

$$年折旧率=（1-5\%）\div 20\times 100\%=4.75\%$$

$$月折旧率=4.75\%\div 12=0.395\ 8\%$$

$$月折旧额=500\ 000\times 0.395\ 8\%=1\ 979.17（元）$$

采用平均年限法计算固定资产折旧的方法，其优点是比较简便且易于理解，但它存在着一些明显的不合理之处。首先，固定资产在不同使用年限提供的经济效益是不同的。一般来讲，固定资产在其使用前期工作效率相对较高，所带来的经济利益也较多；而在其使用后期，工作效率呈下降趋势，因而所带来的经济利益也就逐渐减少。平均年限法不考虑这一事实，明显是不合理的。其次，固定资产在不同的使用年限发生的维修费用也不一样。固定资产的维修费用随着其使用时间的延长而不断增大，而平均年限法也没有考虑这一因素，从而会导致固定资产后期的使用成本过高。

2）工作量法。工作量法是根据实际工作量计提折旧额的一种方法，假设设备入账账面价值为 X，工作量为 H（小时、里程），残值为 Y，则单位工作量计提折旧为（$X-Y$）/H。其基本计算公式为

$$单位工作量折旧额=\frac{固定资产原值\times（1-净残值率）}{预计总工作量}$$

$$某项固定资产月折旧额=该项固定资产的当月工作量\times 单位工作量折旧额$$

【例 4.24】 ABC 公司有一辆卡车，原始价值 150 000 元，预计残值率 5%，预计行驶里程 400 000 公里，本月行驶里程为 3 000 公里。月折旧额计算如下：

$$单位里程折旧额=150\ 000\times（1-5\%）\div 400\ 000=0.356\ 3（元）$$

月折旧额＝3 000×0.356 3＝1 068.9（元）

工作量法很好地体现了固定资产使用强度与折旧的关系，主要适用于在使用期内提供效益不均衡的固定资产的折旧计算。

2. 加速折旧法

1）双倍余额递减法。双倍余额递减法是在先不考虑固定资产残值的情况下，根据每期期初固定资产账面净值和双倍直线法折旧率计算固定资产折旧的一种方法。计算公式为

$$年折旧率=\frac{2}{预计使用年限}\times 100\%$$

$$月折旧率=年折旧率\div 12$$

$$月折旧额=年初固定资产账面净值\times 月折旧率$$

企业在选用双倍余额递减法计提折旧时，由于先不考虑固定资产的残值，有可能使固定资产的折余价值低于净残值。因此，当使用双倍余额递减法计算的折旧额小于采用直线法计算的折旧额时，应该改用直线法计提折旧。为方便操作，一般在固定资产折旧年限到期前两年内，将固定资产账面净值扣除预计净残值后的余额在最后两年内平均摊销。

【例 4.25】 ABC 公司某项设备的原值为 100 000 元，预计净残值为 4 000 元，预计使用年限为 5 年。采用双倍余额递减法计算折旧额如表 4.1 所示。

$$年折旧率=2\div 5\times 100\%=40\%$$

该固定资产从第四年起改用直线法计提折旧，其应提折旧额为

$$（21\ 600-4\ 000）\div 2=8\ 800（元）$$

表 4.1　ABC 公司固定资产折旧额

（双倍余额递减法）　　　金额单位：元

年份	期初账面余值	年折旧率/%	折旧额	累计折旧额	期末账面余值
1	100 000	40	40 000	40 000	60 000
2	60 000	40	24 000	64 000	36 000
3	36 000	40	14 400	78 400	21 600
4	21 600	—	8 800	87 200	12 800
5	12 800	—	8 800	96 000	4 000

2）年数总和法。年数总和法又称合计年限法，是将固定资产的原价减去残值后的净额乘以一个逐年递减的分数计算每年的折旧额，这个分数的分子为固定资产尚可使用的年数，分母为预计可使用年数的年数序数总和。计算公式为

$$年折旧率=\frac{尚可使用年限}{预计使用年限的年数总和}\times 100\%$$

$$=\frac{预计使用年限-已使用年限}{预计使用年限\times（预计使用年限+1）\div 2}\times 100\%$$

$$月折旧率＝年折旧率÷12$$

$$月折旧额＝（固定资产原价－预计净残值）×月折旧率$$

【例 4.26】 根据例 4.25 的有关资料，ABC 公司采用年数总和法计算的折旧额如表 4.2 所示。

表 4.2　ABC 公司固定资产折旧额

（年数总和法）

金额单位：元

年份	原值－残值	剩余折旧年限	折旧率/%	折旧额	累计折旧
1	96 000	5	5/15	32 000	32 000
2	96 000	4	4/15	25 600	57 600
3	96 000	3	3/15	19 200	76 800
4	96 000	2	2/15	12 800	89 600
5	96 000	1	1/15	6 400	96 000

采用加速折旧法，在固定资产使用先期计提较多的折旧，后期计提较少的折旧，符合资产早期效率高应多负担折旧的实际情况，而且可以加快折旧回收的速度，能使资产价值在使用年限内尽早得到补偿。但是由于早期计提的折旧多，晚期计提的折旧少，必然导致资产使用早期利润的减少，晚期的利润增多，从而导致企业缴纳所得税的推迟，会受到税法的制约。

（五）固定资产折旧的会计处理

设置“累计折旧”账户：

1）核算内容。核算企业所提取的固定资产折旧及处置固定资产时转出的累计折旧。

2）性质。资产类账户，是“固定资产”的备抵账户。

3）结构。贷方登记按期计提的折旧额；借方登记减少固定资产时冲减的折旧额；余额在贷方。累计提取的折旧额如图 4.11 所示。

累计折旧	
减少固定资产时冲减的折旧额	按期计提的折旧额
	期末累计提取的折旧额

图 4.11　累计折旧账户结构图

4）本账户只进行总分类核算。

在实际工作中，折旧的计算是通过编制折旧表进行的。在上月应计提折旧额的基础上考虑上月份固定资产变动情况进行调整，其计算公式为

$$当月应计提折旧额＝\frac{上月固定资产}{计提的折旧额}+\frac{上月增加固定资产}{应计提的折旧额}-\frac{上月减少固定资产}{应计提的折旧额}$$

企业根据“固定资产折旧计算表”按月计算出固定资产折旧额后，应根据固定资产的具体用途分别借记“制造费用”“管理费用”“其他业务成本”等账户，贷记“累计折旧”账户。

【例 4.27】 ABC 公司 20××年 5 月固定资产折旧计算表如表 4.3 所示。

表 4.3　ABC 公司固定资产折旧计算表

单位：元

使用部门	固定资产项目	上月折旧额	上月增加固定资产		上月减少固定资产		本月折旧额
			原价	折旧额	原价	折旧额	
车间	厂房	5 000					5 000
	机器设备	8 000	60 000	1 200			9 200
	小计	13 000	60 000	1 200			14 200
管理部门	房屋建筑	4 000			30 000	500	3 500
	小计	4 000			30 000	500	3 500
合计		17 000	60 000	1 200	30 000	500	17 700

根据计算表编制会计分录：

借：制造费用　14 200
　　管理费用　3 500
　　贷：累计折旧　17 700

*六、固定资产处置的核算

1. 设置“固定资产清理”账户

1）核算内容。企业因出售、报废、毁损等原因减少的固定资产。

2）性质。资产类账户。

3）结构。借方登记转入清理的固定资产的净值、清理过程中发生的各项支出；贷方登记清理过程中取得的各项清理收入（包括出售固定资产的价款、赔偿损失、变价收入）；余额如果在借方表示该资产发生清理损失，从贷方转入“营业外支出”账户，余额如果在贷方表示该资产发生清理收益，从借方转入“营业外收入”账户；结转后固定资产清理账户应没有余额，如图 4.12 所示。

4）本账户按被清理的固定资产分别进行明细核算。

固定资产清理

借方	贷方
① 转入清理的固定资产的净值	① 出售固定资产的价款
② 清理过程中发生的各项支出	② 保险公司、责任人赔偿损失
③ 转入“营业外收入”数额	③ 变价收入
	④ 转入“营业外支出”数额

图 4.12　固定资产清理账户结构图

2. 企业因出售、报废和毁损等原因减少的固定资产账务处理程序

1）转入清理。按被清理固定资产的账面价值，借记“固定资产清理”科目；按已计提的折旧，借记“累计折旧”科目；按已计提的减值准备，借记“固定资产减值准备”科目；按固定资产原价，贷记“固定资产”科目。

2）支付费用、增值税。按实际发生额，借记“固定资产清理”科目，贷记“银行存款”“应交税费——应交增值税”科目。

一般纳税人转让其 2016 年 4 月 30 日前自建的不动产，选择适用一般计税方法计税的，以取得的全部价款和价外费用为销售额计算应纳税额。纳税人应以取得的全部价款和价外费用，按照 5%的预征率向不动产所在地主管税务机关预缴税款，向机构所在地主管税务机关申报纳税。

3）收回价款。按实际收到的价款及残料变价收入、赔偿款等，借记“银行存款”“其他应收款”“原材料”等科目，贷记“固定资产清理”科目。

4）计算损益。发生收益，属于生产经营期间的计入当期损益，借记“固定资产清理”科目，贷记“营业外收入”科目；发生清理损失，属于生产经营期间的，借记“营业外支出”科目，贷记“固定资产清理”科目。

【例 4.28】 ABC 公司 20××年 1 月出售一间厂房，原始价值 3 000 000 元，已计提折旧 500 000 元，该厂房已计提固定资产减值准备 100 000 元，支付清理费用 40 000 元，出售收入为 2 900 000 元。编制会计分录如下：

1）将出售厂房转入清理，注销其原价和已提折旧：

	借方	贷方
借：固定资产清理	2 500 000	
累计折旧	500 000	
贷：固定资产		3 000 000

2）结转固定资产减值准备：

	借方	贷方
借：固定资产减值准备	100 000	
贷：固定资产清理		100 000

3）支付清理费用：

	借方	贷方
借：固定资产清理	40 000	
贷：银行存款		40 000

4）收回出售的价款：

	借方	贷方
借：银行存款	2 900 000	
贷：固定资产清理		2 900 000

5）以取得的全部价款和价外费用为销售额，按照 5%的征收率计算应纳增值税额，2 900 000×5%＝145 000（元）：

	借方	贷方
借：固定资产清理	145 000	
贷：应交税费——应交增值税		145 000

6）结转出售固定资产发生的净收益：

	借方	贷方
借：固定资产清理	315 000	
贷：营业外收入——处置非流动资产利得		315 000

第三节　无 形 资 产

一、无形资产概述

（一）无形资产的概念

无形资产是指企业拥有或控制的没有实物形态的可辨认非货币性资产。

无形资产的可辨认是指具备以下条件之一：

第一，能够从企业中分离或者划分出来，并能单独或者与相关合同、资产或负债一起，用于出售、转移、授权许可、租赁或交换。

第二，源自合同性权利或其他法定权利，无论这些权利是否可以从企业或其他权利和义务中转移或分离。

无形资产具有如下特征：

1）没有实物形态。不具有实物形态是无形资产区别于有形资产的主要标志。

2）能在较长的时期内使企业获得经济效益。无形资产能在多个生产经营期内使用，使企业长期受益，因此无形资产属于一项长期资产，企业为取得无形资产所发生的支出属于资本性支出。

3）持有的主要目的是为企业使用而非出售。企业持有无形资产的目的是用于生产商品或提供劳务、出租给他人，或为企业经营管理服务，而不是为了对外销售。

4）在创造经济利益方面具有较大的不确定性。无形资产创造经济利益的能力较多地受企业内部和外部因素的影响，因此要求在对无形资产进行核算时持谨慎的态度。

5）通常是企业有偿取得的。一般情况下，只有实际发生支出的无形资产，才能作为无形资产入账。

（二）无形资产的内容

无形资产虽不具实物形态，但能带来经济利益，包括技术、商标权、著作权、商誉、自然资源使用权、土地使用权和其他权益性无形资产。

1. 技术

技术包括专利技术和非专利技术：

1）专利技术。专利技术又称专利权，是指专利权人在法定期限内对某一发明创造所拥有的独占权和专有权。由于并不是所有的专利技术都能给持有者带来经济利益，有的专利可能没有经济价值或具有很小的经济价值，因此企业不能将所拥有的专利技术都作为无形资产核算。只有那些能够给企业带来较大经济价值，并且企业为此花费了支出的专利才能作为无形资产核算。

2）非专利技术。非专利技术也称专有技术，是指发明人垄断的、不公开的、具有实用价值的先进技术、资料、技能、知识等。非专利技术一般包括工业专有技术、商业贸易专有技术、管理专有技术等。

2. 商标权

商标权是指企业专门在某种指定的商品上使用特定的名称、图案、标记的权利。

3. 著作权

著作权（或称版权）是指作者对其创作的文学、科学和艺术作品依法享有的某些特殊权利。

4. 商誉

商誉是指能在未来期间为企业经营带来超额利润的潜在经济价值，或一家企业预期的获利能力超过可辨认资产正常获利能力（如社会平均投资回报率）的资本化价值。商誉是企业整体价值的组成部分。在企业合并时，它是购买企业投资成本超过被合并企业净资产公允价值的差额。

5. 自然资源使用权

自然资源使用权是指土地使用权、海域使用权、探矿权、采矿权、取水权和其他自然资源使用权。

6. 土地使用权

土地使用权是指国家机关、企事业单位、农民集体和公民个人，以及三资企业，凡具备法定条件者，依照法定程序或依约定对国有土地或农民集体土地所享有的占有、利用、收益和有限处分的权利。

7. 其他权益性无形资产

其他权益性无形资产是指基础设施资产经营权、公共事业特许权、配额、经营权（包括特许经营权、连锁经营权、其他经营权）、经销权、分销权、代理权、会员权、席位权、网络游戏虚拟道具、域名、名称权、肖像权、冠名权、转会费等。

（三）无形资产的分类

1）按取得方式分类。无形资产可分为企业自创的无形资产、投资者投入的无形资产、外购的无形资产和接收捐赠的无形资产。

2）按经济寿命期限分类。无形资产可分为使用寿命有限的无形资产和使用寿命不确定的无形资产。

二、无形资产入账价值

无形资产增加的形式主要包括外购、内部研发、投资者投入、接受捐赠、非货币性资产交换、债务重组和企业合并等方式。营改增前，取得无形资产支付的相关税费直接计入无形资产成本；营改增后，一般纳税人企业取得无形资产支付的增值税可以抵扣销项税额。

企业的无形资产在取得时，应按取得时的实际成本计量。取得时的实际成本应按以下规定确定：

1. 购入的无形资产

外购取得的无形资产，按购买价款、相关税费以及可直接归属于使该项资产达到预定用途所发生的其他支出。

2. 投资者投入的无形资产

投资者投入的无形资产，应当按照投资合同或协议约定的价值确定，但合同或协议约定的价值不公允的除外。

3. 自行开发并按法律程序申请取得的无形资产

自行开发并按照法律程序申请取得的无形资产，应以符合资本化条件的开发阶段支出作为入账价值。

企业内部和无形资产有关的研究开发项目支出，应当区分研究阶段支出与开发阶段支出。研究是指为获取并理解新的科学或技术知识而进行的独创性的有计划调查。开发是指进行商业性生产或使用前，将研究成果或其他知识应用于某项计划或设计，以生产出新的或具有实质性改进的材料、装置、产品。

三、无形资产的核算

（一）科目的设置

1. 设置“无形资产”账户

1）核算内容。核算公司无形资产的增减变动及结余情况。

2）性质。资产类账户。

3）结构。借方登记无形资产的增加；贷方登记无形资产的减少；余额在借方，表示无形资产实有数额，如图 4.13 所示。

无形资产

无形资产的增加	无形资产的减少
期末无形资产余额	

图 4.13　无形资产账户结构图

4）本账户按无形资产项目设明细账。

2. 设置“累计摊销”账户

1）核算内容。核算无形资产的摊销金额以及处置无形资产时转出的累计摊销金额。

2）性质。资产类账户，是无形资产科目的备抵账户。

3）结构。贷方登记摊销的无形资产金额；借方登记处置无形资产时减少的累计摊销金额；余额在贷方，表示企业无形资产的累计摊销金额，如图 4.14 所示。

累计摊销

处置无形资产时转出的摊销额	当期摊销的无形资产金额
	无形资产的累计摊销额

图 4.14　累计摊销账户结构图

3. 设置“研发支出”科目

1）核算内容。核算企业自行研发无形资产发生的各项费用。

2）性质。成本类账户。

3）账户结构。借方归集企业自行研发无形资产发生的各项费用；贷方核算符合资本化条件转入无形资产的研发支出以及不符合资本化条件转入当期损益的研发支出；期末余额在借方，表示企业正在进行的无形资产研究开发项目满足资本化条件的支出金额。如图 4.15 所示。

研发支出

归集企业研发无形资产发生的各项支出	① 期末转入当期损益的不符合资本化条件的研发支出 ② 研发结束后，转入无形资产的可以资本化的研发支出
企业正在进行的无形资产研发项目符合资本化条件的支出	

图 4.15　研发支出账户结构图

4）应设置“资本化支出”和“费用化支出”两个明细科目进行核算。

（二）无形资产账务处理

1. 无形资产增加的核算

1）企业购入的无形资产。企业外购无形资产时，应按购入时取得的增值税专用发票注明的金额借记“无形资产”“应交税费——应交增值税（进项税额）”科目，贷记“银行存款”等科目。

【例 4.29】 ABC 公司于 20××年 5 月 2 日向乙公司购买一项经销权，增值税专用发票注明价款 240 000 元，增值税 14 400 元，款项 254 400 元通过银行转账支付。甲公司该笔业务的账务处理为：

借：无形资产——经销权　　240 000

　　应交税费——应交增值税（进项税额）　　14 400

　　贷：银行存款　　254 400

2）接受投资增加的无形资产，应当按照投资合同或协议约定的价值，借记“无形资产”“应交税费——应交增值税（进项税额）”科目，按照投资方在企业注册资本中所占份额，贷记“实收资本（股本）”，按照两者之间的差额贷记或借记“资本公积”

科目。

【例 4.30】 丙公司于20××年6月1日以一项商标权向ABC公司投资，丙公司开具的增值税专用发票注明价款500 000元，增值税30 000元，双方约定总价款530 000元中的400 000元为股本，130 000元为股本溢价。ABC公司该笔业务的账务处理为：

借：无形资产——商标权　500 000
　　应交税费——应交增值税（进项税额）　30 000
　贷：实收资本——丙公司　400 000
　　　资本公积——资本溢价　130 000

3）自行研发的无形资产。企业应将研发过程划分为研究阶段和开发阶段两个部分。《企业会计准则》规定，企业研究阶段的支出全部费用化，计入当期损益（管理费用）；开发阶段的支出符合条件的才能资本化，不符合资本化条件的计入当期损益（管理费用）。如果确实无法区分研究阶段的支出和开发阶段的支出，应将其所发生的研发支出全部费用化，计入当期损益（管理费用）。

企业发生的无形资产研发支出，满足资本化条件的，借记“研发支出——资本化支出”，不满足资本化条件的借记“研发支出——费用化支出”，贷记“原材料”“银行存款”“应付职工薪酬”等科目。期末，将不满足资本化条件的支出，转入当期损益，借记“管理费用”，贷记“研发支出——费用化支出”。当无形资产的研发达到预定用途时，将可以资本化的支出转入无形资产成本，借记“无形资产”，贷记“研发支出——资本化支出”。

自行研发取得无形资产分为免增值税项目和非免增值税项目，根据《财政部、国家税务总局关于全面推开营业税改征增值税试点的通知》（财税〔2016〕36号）相关规定，纳税人提供技术转让、技术开发和与之相关的技术咨询、技术服务免征增值税。

【例 4.31】 ABC公司自行开发一项新产品非专利技术。在研发过程中，发生材料费200 000元，开发研究人员薪酬80 000元，另用银行存款支付其他费用120 000元。20××年4月30日该非专利技术开发取得成功投入使用。ABC公司的账务处理为：

① 领用材料、支付费用时：

借：研发支出　400 000
　贷：原材料　200 000
　　　应付职工薪酬　80 000
　　　银行存款　120 000

② 由于ABC公司研发的非专利技术属于免征增值税范围，因此ABC公司账务处理为：

借：研发支出（200 000×13%）　26 000
　贷：应交税费——应交增值税（进项税额转出）　26 000

③ 假设20××年4月30日经确认有350 000元符合资本化条件，则ABC公司的账务处理为：

借：无形资产——非专利技术　350 000
　　管理费用——研发费用　76 000
　贷：研发支出　426 000

2. 无形资产摊销的核算

企业应当于取得无形资产时分析判断其使用寿命。无形资产的使用寿命是有限的，应当估计该使用寿命的年限或者构成使用寿命的产量或类似计量单位数量；无法预见无形资产为企业带来经济利益期限的，应当视为使用寿命不确定的无形资产。

使用寿命有限的无形资产，其应摊销金额应当在使用寿命内系统、合理地摊销。企业摊销无形资产，应当自无形资产可供使用时至不再作为无形资产确认时止。企业选择的无形资产摊销方法，应当反映与该无形资产有关的经济利益的预期实现方式；无法可靠确定预期实现方式的，应当采用直线法。摊销金额一般应当计入当期损益（管理费用），另有规定的除外。无形资产的摊销金额为其成本扣除预计净残值后的金额。已计提减值准备的无形资产，还应扣除已计提的无形资产减值准备累计金额。使用寿命有限的无形资产，其残值一般应当视为零。

企业应当至少在每年年度终了时，对使用寿命有限的无形资产的使用寿命及摊销方法进行复核。通常情况下，对于使用寿命有限的无形资产，只有会计期末出现减值迹象时，才需要对其进行复核。无形资产发生减值时，借记“资产减值损失”科目，贷记“无形资产减值准备”科目。无形资产的使用寿命及摊销方法与以前估计不同的，应当改变摊销期限和摊销方法。

无形资产摊销时应按计算的摊销额，对于企业自己使用的无形资产，借记“管理费用——无形资产摊销”等科目，贷记“累计摊销”科目；对于出租的无形资产，借记“其他业务成本”科目，贷记“累计摊销”科目。

【例 4.32】 续例 4.29，ABC 公司将 20××年 5 月 2 日向乙公司购入的经销权自本月开始摊销，摊销期限 5 年。每月摊销时账务处理如下：

每月摊销额＝240 000÷5÷12＝4 000（元）

借：管理费用——经销权摊销	4 000	
贷：累计摊销		4 000

3. 无形资产转让的核算

企业所拥有的无形资产可以依法转让。应按实际取得的转让收入，借记“银行存款”等科目；按该无形资产已计提的减值准备，借记“无形资产减值准备”科目；按无形资产的账面余额，贷记“无形资产”科目；按应支付的相关税费，贷记“银行存款”“应交税费”等科目；按其差额，贷记“营业外收入——处置非流动资产利得”科目或借记“营业外支出——处置非流动资产损失”科目。

【例 4.33】 20××年 4 月 5 日，ABC 公司出售持有的一项产品类商标，该产品类商标的账面余额为 500 000 元，累计摊销额为 120 000 元，已提减值准备 6 000 元。增值税专用发票注明价格 400 000 元，应交增值税 24 000 元，款项 424 000 元收到并存入银行。其账务处理如下：

借：银行存款	424 000
累计摊销	120 000
无形资产减值准备	6 000

贷：无形资产——商标权　500 000
应交税费——应交增值税（销项税额）　24 000
营业外收入——处置非流动资产利得　26 000

4. 无形资产出租的核算

企业拥有的无形资产，可以依法出租给其他企业使用。出租取得的收入借记“银行存款”等科目，贷记“其他业务收入”；出租无形资产应摊销的价值和出租过程中发生的其他费用，借记“其他业务成本”，贷记“累计摊销”“银行存款”等科目；出租过程中应缴纳的增值税，借记“税金及附加”，贷记“应交税费——应交增值税”。

【例 4.34】 20××年 5 月 1 日，ABC 公司将一项专利技术出租给 D 企业使用，根据双方协议，租期 5 年，年租金 300 000 元，按月支付。该项专利技术的账面余额为 1 800 000 元，摊销期限为 10 年。适用的增值税税率为 6%。

假定不考虑其他因素，ABC 公司账务处理如下：

1）收取该项专利技术的月租金时：

借：银行存款　26 500
贷：其他业务收入　25 000
应交税费——应交增值税（销项税额）　1 500

2）每月对该项专利技术进行摊销时：

借：其他业务成本　15 000
贷：累计摊销　15 000

5. 无形资产报废的核算

无形资产报废，是指无形资产预期不能为企业带来经济利益时对其进行的处置。企业报废无形资产时，应当将其账面价值予以转销。按已计提的累计摊销额，借记“累计摊销”科目；按已计提的减值准备，借记“无形资产减值准备”科目；按其账面余额，贷记“无形资产”科目；按其差额，借记“营业外支出”科目。

本章小结

企业要进行生产经营活动就必须进行生产准备。本章主要阐述企业生产准备过程中涉及经济业务的核算，主要包括原材料、固定资产及无形资产的核算。在原材料核算过程中，主要涉及内容包括：购入材料的实际成本、购入材料的增值税问题、购入材料货款支付结算方式及实际成本法和计划成本法核算；固定资产核算主要包括以下内容：固定资产的含义与计价、固定资产增加与减少核算及固定资产折旧计算；无形资产核算主要涉及无形资产的摊销及处置的账务处理。通过本章的学习，可以掌握企业生产经营过程中材料、固定资产和无形资产核算的方法，可以提高未来管理者判断、分析的能力，在多种可选择的方法中寻找有利于企业利益最大化的会计处理方法。

思考练习题

1. 材料入账价值包括哪些部分？

2. 材料按实际成本核算时，发出成本的计价方法主要有几种？各自对企业的资产和损益有何影响？

3.“材料采购”账户和“在途物资”账户的适用范围是什么？

4. 固定资产有哪些特点？

5. 固定资产的原始价值如何确定？

6. 影响固定资产折旧的因素有哪些？

7. 计提固定资产折旧的方法有哪些？比较它们对企业经营成果的影响有何不同。

8. 加速折旧法对企业的资产和损益有什么影响？

9. 什么是无形资产？它有什么特点？自行研发的无形资产如何入账？

10．如何进行无形资产的摊销？如何确定无形资产的摊销年限？

11. 资料：ABC 公司为增值税一般纳税人，材料按实际成本计价核算。该企业 20×× 年 5 月发生的经济业务如下：

1）5 日，上月已付款的在途 A 材料已验收入库，A 材料成本为 500 000 元。

2）8 日，从长虹公司购入 A 材料 100 千克，每千克 30 元；B 材料 50 千克，每千克 20 元；两种材料增值税 520 元，共发生运费 300 元；货款、增值税及运费尚未支付，材料已验收入库。

3）10 日，预付盛龙公司购买 C 材料款 3 000 元。

4）12 日，开出支票一张，从本市光远公司购入 C 材料 40 千克，每千克 50 元，增值税率 13%，买价及增值税 2 260 元，材料已入库。

5）13 日，通过银行偿还前欠长虹公司的货款及运费 4 940 元。

6）16 日，收到盛龙公司发来的 C 材料 40 千克及增值税发票，其中 C 材料的价款为 2 000 元，代垫运费 100 元，增值税 260 元，材料已验收入库。

7）18 日，从京昌公司购入 B 材料 120 千克，每千克 20 元，运杂费 400 元，增值税 312 元，企业开出并承兑了期限为 4 个月的商业汇票一张，但材料尚未到达企业。

8）20 日，接到银行通知，收到盛龙公司退回的剩余预付款。

9）公司购入材料甲 4 000 千克，每千克 2 元，总价款为 8 000 元，增值税税额为 1 040 元，已通过银行付款，材料验收入库时，合理损耗 10 千克。

10）30 日，向东光公司购买 D 材料，材料已验收入库，结算单据等仍未到达，按暂估价 60 000 元入账。

11）购入不需安装设备一台，买价 58 000 元，增值税率 13%，包装费 2 100 元，运费 4 900 元，运费增值税率 9%，全部款项以银行存款付清，设备交付生产车间使用。

12）购入需要安装机器一台，买价 48 000 元，增值税率 13%，包装费 500 元，运费 500 元，运费增值税率 9%，以银行存款付清全部款项，将机器交付安装公司进行安装调试，安装调试费 1 000 元，以转账支票付讫。机器安装完毕，交付生产车间使用。

要求：计算并编制有关会计分录。

12. ABC 公司 20××年 5 月的甲材料的收入、发出数据资料如下：

1）1 日，期初结存数量 900 件，单价 100 元。

2）5 日，发出材料 600 件。

3）10 日，购进材料 600 件，单价 120 元。

4）15 日，发出材料 600 件。

5）20 日，购进材料 900 件，单价 110 元。

6）28 日，发出材料 900 件。

根据上述资料，分别采用“先进先出法”“后进先出法”“加权平均法”计算发出材料和月末结存材料的成本。假设你是该公司的财务总监，你将如何选择发出材料的方法？其选择理由是什么？

13. 20×3 年 4 月 ABC 公司购入一台需要安装的设备，增值税专用发票上注明的设备货款 120 000 元，增值税款 15 600 元。发生的运杂费 3 000 元（因未取得铁路部门专门运费发票，故不考虑增值税抵扣），安装费 5 000 元，全部款项已用银行存款支付。该设备当月安装完毕并交付使用。该设备的预计残值 8 500 元，预计清理费用 500 元，预计使用年限 5 年。请进行如下操作：

1）计算该设备的入账价值，并编制会计分录。

2）分别采用平均年限法、双倍余额递减法计算该设备 20×3 年年和 20×5 年年的折旧额。

3）比较两种折旧方法对企业的影响。

4）假设你是该公司的财务总监，你将如何选择折旧的方法？其选择理由是什么？

14. 20××年 1 月 5 日 ABC 公司购入一项专利技术，取得增值税专用发票，支付的价款为 56 000 元，增值税 3 360 元（假设不享受税收优惠政策），合同规定的受益年限为 8 年。下一年 1 月 3 日，ABC 公司决定将该项专利技术对外转让，实际取得转让收入 50 000 元。适用的增值税率为 6%。请进行如下操作：

1）编制有关会计分录。

2）计算转让无形资产的净收入。

第五章　生产业务的核算

第一节　概　　述

一、成本费用的含义

1. 费用

费用是指企业在日常活动中发生的、会导致所有者权益减少的、与向所有者分配利润无关的经济利益的总流出。

费用只有在经济利益很可能流出从而导致企业资产减少或者负债增加，且经济利益的流出额能够可靠计量时才能予以确认。

2. 成本

费用当中那些为生产一定种类和数量的产品所发生的支出就是成本，即直接材料、直接人工和制造费用的总和。费用当中除此之外的支出称为期间费用，包括企业为组织和管理生产经营活动等发生的管理费用；筹集生产经营所需资金等所发生的财务费用；以及销售商品或提供劳务过程中所发生的销售费用。期间费用不计入成本，直接计入当期损益。

成本与费用的关系如图 5.1 所示。

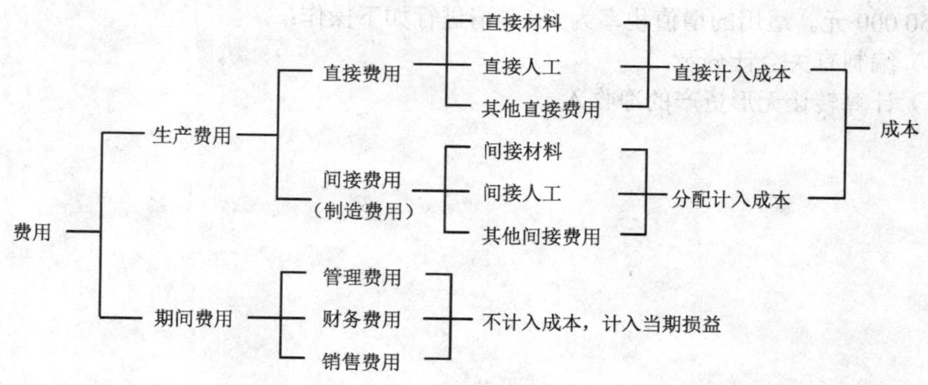

图 5.1　成本与费用关系示意图

我们将以生产型企业为例，向大家介绍企业成本核算的一般程序和常用的方法。

二、费用及其分类

从图 5.1 可以看出，成本是对象化的费用，核算成本就要首先划分费用。

（一）按经济内容的分类

内容上的不同就是实质上的不同。比如，实际生活中我们接触到的很多工业产品的原材料，我们看得见、摸得着。但是它作为商品所蕴含的人工消耗，我们是看不见、摸不着的。这就是材料费用和工资费用在经济内容上的不同。

工业企业一定期间的生产经营管理费用，按其经济内容分类，可划分为：外购材料、外购燃料、外购动力、工资、福利费、折旧费、利息支出、税金及其他支出。按照经济内容划分的费用项目称为费用要素。

（二）按经济用途的分类

所谓经济用途，就是指费用用到了哪些方面，费用按照经济用途通常可以划分为生产费用和期间费用两类。

1. 生产费用

它是指用于产品生产而发生的费用，具体可以进行如下划分。

1）直接材料。即指构成产品实体的原料和有助于产品形成的辅料、燃料及动力。

2）直接人工。即指直接参加生产的生产工人的工资及福利费。

3）制造费用。即指除上述费用以外，生产车间发生的机物料消耗、车间管理人员工资等职工薪酬、生产车间计提的固定资产折旧费、生产车间支付的办公费、水电费、发生季节性的停工损失等。

2. 期间费用

它是指按期间核算，不能计入产品或劳务成本的费用，包括销售费用、管理费用和财务费用。

该部分核算将在本章第三节详细介绍。

费用按照经济用途进行分类的优点在于：可以分清楚费用的具体去向，便于分析费用支出是否合理，同时这种分类的思路就是实际工作当中核算产品成本的具体操作方法，具有很强的实用价值。

三、费用界限的划分

为了正确地进行成本核算，正确地计算产品成本和期间费用，必须划分清楚以下四个方面的费用界限。

1. 正确划分产品生产费用与期间费用

生产型企业日常生产经营中所发生的各项耗费，其用途和计入损益的时间是有所不同的。用于产品生产的费用最终形成产品成本（即对象化），并在产品销售后作为产品销售成本与当期销售收入相配比，计算当期利润；但是当月投产的产品当月不一定能完工，当月完工的产品当月也不一定能销售出去，因而当月的生产费用不一定就是计入当月损益的产品销售成本。而本月归集的期间费用要全部冲减当期利润，计入当月损益。

所以，要正确计算产品成本就必须正确划分产品生产费用与期间费用的界限，防止人为调节各月成本和损益或调节某月成本和费用的做法。

2. 正确划分各个月份的费用

正确划分各个月份的费用界限就是要严格按照权责发生制原则来处理业务，这是保证成本核算正确性的重要环节。在实务当中应当避免任意摊提，人为地调节各月成本和各月损益的错误做法。

3. 正确划分各种产品的费用

生产两种及两种以上产品的企业，必须将应计入本月产品成本的生产费用在各种产品之间正确地进行划分。这样做的目的是为了正确地计算各种产品的成本，为企业管理当局经营决策提供准确的会计信息。凡属于某种产品单独发生的费用，均应直接计入该种产品成本；凡属于几种产品共同发生，不能直接计入某种产品的费用，则应采用适当的分配方法，分配计入对应产品的成本。在实际工作中，应该防止利用改换费用分配标准或其他办法在盈利产品与亏损产品之间、可比产品与不可比产品之间任意转移生产费用，借以掩盖成本超支或以盈补亏的错误做法。

4. 正确划分完工产品与在产品的费用

在月末计算产品成本时，如果某种产品已全部完工，那么为生产这种产品而发生的各项生产费用之和就是这种产品的完工产品成本；如果某种产品未完工，那么这种产品的各项生产费用之和就是这种产品的月末在产品成本；如果某种产品既有完工产品，又有月末在产品，则应将这种产品的各项累计生产费用，采用适当的分配方法在完工产品与月末在产品之间进行分配，分别计算出完工产品成本和月末在产品成本。应该防止任意提高或降低月末在产品成本，人为地调节完工产品成本的错误做法。

上述四个方面费用界限的划分过程，其实也就是产品成本的计算和本期费用的归集过程，也就是工业企业成本核算的基本过程。在这一过程中，应贯彻受益原则，即何者受益、何者负担费用，何时受益、何时负担费用；负担费用的多少应与受益程度的大小呈正比。

第二节　生产成本的核算

一、成本核算的一般程序

成本核算的一般程序是指按照工业企业成本会计对象和成本核算的要求，对企业在生产经营过程中发生的各项生产经营管理费用，逐步进行归集和分配，计算出各种产品的成本和各项期间费用的基本过程。根据前述的费用分类及划分费用界限的内容，我们可以将工业企业成本核算的一般程序归纳如下：

1. 确定成本计算对象

成本计算对象是指成本的负担者，就工业企业而言，产品成本计算对象可以是产品品种、产品批别、产品生产步骤、产品类别以及产品或劳务的生产部门等。

2. 对企业的各项费用进行严格的审核和控制

确定其应否计入生产经营管理费用，以及应计入产品成本还是期间费用。

3. 将各种共同费用在各种产品之间进行分配和归集

将应计入本月产品成本的各项生产费用，在各种产品之间进行分配和归集，计算出按成本项目反映的各种产品的成本，这是本月生产费用在各种产品之间横向的分配和归集。

4. 在完工产品与月末在产品之间进行费用分配

对于月末既有完工产品又有在产品的企业，将该种产品的生产费用累计数在完工产品与月末在产品之间进行分配，计算出该种产品的完工产品成本和月末在产品成本。

二、账户设置

为了核算和监督生产费用的发生并进行合理归集，一般要设置归集生产费用的“生产成本”“制造费用”两个主要账户，此外还要涉及核算工资和福利费的“应付职工薪酬”以及“原材料”、“累计折旧”等资产账户。此外，“管理费用”账户虽不直接核算生产过程的费用，但管理费用的发生常常与生产费用相交叉，故也放在本节介绍。

1. 生产成本

1）核算内容。核算企业进行工业性生产发生的各项生产费用，包括生产各种产品（包括产成品、自制半成品等）、自制材料、自制工具、自制设备等。

2）性质。成本类账户。

3）结构。借方归集全部生产费用；贷方登记转出完工产品的生产成本；如有余额在借方，表示月末在产品（存货）的生产成本，如图 5.2 所示。

生产成本

归集全部生产费用	完工产品生产成本转出
期末在产品生产成本	

图 5.2　生产成本账户结构图

4）本账户按基本生产和辅助生产设置二级账户，再按产品品种等设置三级账户（成本计算单），如账簿 5.1 所示。

账簿 5.1　成本明细账（计算单）

产品名称：　　　　　　　　　　　　年　　月

完工产品数量：　　　　　　在产品数量：　　　　　　加工进度：　　　　　　单位：元

月	日	项目	直接材料	直接人工	其他直接费用	制造费用	合计
		月初在产品成本					
		本月生产费用					
		生产费用合计					
		转出完工产品成本					
		月末在产品成本					

2. 制造费用

1）核算内容。核算企业生产车间、部门为生产产品和提供劳务而发生的各项间接费用。一般是车间或分厂发生的组织和管理生产的费用，包括车间管理人员的工资和福利费、车间固定资产折旧费、办公费、水电费、机物料消耗、季节性和修理期间的停工损失等。

2）性质。成本类账户。

3）结构。借方登记发生的制造费用；贷方登记月末分配转入生产成本的制造费用；除季节性生产公司外，本账户月末转账后应无余额，如图 5.3 所示。

制造费用	
归集发生的制造费用	转入生产成本的制造费用
一般情况下结转后无余额	

图 5.3　制造费用账户结构图

4）本账户按车间设明细账，如账簿 5.2 所示。

账簿 5.2　制造费用明细账

生产车间：　　　　　　　　　　　　年　　月　　　　　　　　　　　　单位：元

摘要	低值易耗品	机物料消耗	水电费	工资及福利费	折旧费	借方合计	转出
材料费用分配表							
水电费分配表							
工资、福利费表							
折旧计算表							
辅助费用分配表							
制造费用分配表							
合计							

3. 应付职工薪酬

1）核算内容。核算企业为获得职工提供的服务或解除劳动关系而给予的各种形式的报酬或补偿，包括职工在职期间和离职后提供给职工的全部货币性薪酬和非货币性薪酬。企业提供给职工配偶、子女或其他被赡养人的福利等，也属于职工薪酬的内容。具体内容包括各种职工工资、奖金、津贴和补贴、职工福利费、社会保险费（包括医疗保险费、养老保险费、失业保险费、工伤保险费和生育保险费等）、住房公积金、工会经费、职工教育经费、解除职工劳动关系补偿、非货币性福利、其他与获得职工提供的服务相关的支出等应付职工薪酬项目。

2）性质。负债类账户。

3）结构。贷方登记应发给职工的职工薪酬总额；借方登记实际发放支付的职工薪酬；期末一般应无余额。

4）本账户应依据核算内容设置“应付职工薪酬明细账”，根据“工资单”或“工资汇总表”进行登记。

4. 库存商品

1）核算内容。核算企业库存的各种商品的实际成本（或进价），包括库存产成品、外购商品、存放在门市部准备出售的商品、发出展览的商品以及寄存在外的商品等。

接受来料加工制造的代制品和为外单位加工修理的代修品，在制造和修理完成验收入库后，视同企业的产成品，也通过本科目核算。

2）性质。资产类账户。

3）结构。借方登记库存商品的增加；贷方登记库存商品的减少；期末余额在借方，表示期末实际库存数（或进价）。

4）本账户应依据种类设置“库存商品明细账”。

三、生产费用发生和归集的核算

ABC 公司 20××年 5 月发生如下经济业务：

（一）材料费用的核算

【例 5.1】 根据“ABC 公司发出材料汇总表”编制会计分录。领用材料情况如表 5.1 所示。

ABC 公司平时根据领料凭证（领料单、限额领料单）进行汇总处理，编制出“发出材料汇总表”之后，根据汇总表编制记账凭证，进行账务处理。根据表 5.1 提供的资料，公司 5 月的库存材料减少 750 000 元，应记入“原材料”账户的贷方；生产车间领用材料，形成生产费用，其中直接用于产品生产的应记入“生产成本”账户的借方，A 产品耗用 450 000 元，B 产品耗用 250 000 元；车间一般耗用的 40 000 元则应记入“制造费用”账户的借方；公司管理耗用材料 10 000 元，应记入“管理费用”账户借方。编制会计分录：

借：生产成本——A 产品 450 000
——B 产品 250 000
制造费用——材料费 40 000
管理费用 10 000
贷：原材料——甲材料 300 000
——乙材料 150 000
——丙材料 300 000

表 5.1 ABC 公司发出材料汇总表

20××年 5 月 31 日 单位：元

材料名称	用途				领用金额
	A 产品	B 产品	车间耗用	公司耗用	
甲材料	200 000	100 000			300 000
乙材料	100 000	50 000			150 000
丙材料	150 000	100 000	40 000	10 000	300 000
合计	450 000	250 000	40 000	10 000	750 000

（二）人工费用的核算

【例 5.2】 根据“ABC 公司工资汇总表”，5 月应付职工工资 200 000 元，其中 A 产品生产工人工资 50 000 元，B 产品生产工人工资 100 000 元，车间管理人员工资 10 000 元，公司管理人员工资 40 000 元，如表 5.2 所示。

表 5.2 ABC 公司工资汇总表

20××年 5 月 31 日 单位：元

项目	基本生产工人工资		车间管理人员工资	公司管理人员工资	合计
	A 产品	B 产品			
金额	50 000	100 000	10 000	40 000	200 000

这项业务发生，使公司的负债应付工资增加 200 000 元，应计入“应付职工薪酬”账户的贷方；同时，车间生产费用增加 150 000 元，根据用途，生产工人工资应计入“生产成本”账户的借方，其中 A 产品 50 000 元，B 产品 100 000 元；车间管理人员的工资属于间接费用 10 000 元，应计入“制造费用”账户借方；公司管理人员工资 40 000 元，应计入“管理费用”账户借方，编制会计分录：

借：生产成本——A 产品 50 000
——B 产品 100 000
制造费用——工资 10 000
管理费用 40 000
贷：应付职工薪酬——工资 200 000

【例 5.3】 5 月 26 日，ABC 公司从银行提取现金 200 000 元，用于发放工资。这项业务使公司的现金资产增加，而银行存款资产同时减少 200 000 元，应记入“库存现金”

账户借方和“银行存款”账户贷方。编制会计分录：

借：库存现金　200 000

　　贷：银行存款　200 000

【例 5.4】 5 月 26 日，ABC 公司以现金 200 000 元发放职工工资。这项业务，使公司的负债应付职工薪酬减少 200 000 元，应记入“应付职工薪酬”账户借方；同时使现金资产减少 200 000 元，应记入“库存现金”账户贷方。编制会计分录：

借：应付职工薪酬——工资　200 000

　　贷：库存现金　200 000

【例 5.5】 5 月 31 日，ABC 公司根据实际需要，按工资总额的 14%计提职工福利费 28 000 元，其中生产 A 产品工人的福利费 7 000 元，生产 B 产品工人的福利费 14 000 元，车间管理人员的福利费 1 400 元，公司管理人员的福利费 5 600 元。

提取的职工福利费记入成本费用账户基本与工资相同。因此编制会计分录：

借：生产成本——A 产品　7 000

　　　　　　——B 产品　14 000

　　制造费用——福利费　1 400

　　管理费用　5 600

　　贷：应付职工薪酬——福利费　28 000

（三）固定资产折旧及修理费的核算

【例 5.6】 根据“ABC 公司固定资产折旧计算表”，5 月车间固定资产折旧 80 000 元，公司管理用固定资产折旧 20 000 元。

车间的固定资产均直接用于生产产品，但因无法直接确认每种产品负担的折旧数额，故应将车间固定资产的折旧记入“制造费用”账户借方，与其他制造费用一起分配计入产品生产成本；管理部门折旧费记入“管理费用”账户借方。固定资产价值减少即累计折旧的增加，应记入“累计折旧”账户贷方。编制会计分录：

借：制造费用——折旧费　80 000

　　管理费用——折旧费　20 000

　　贷：累计折旧　100 000

【例 5.7】 5 月 18 日，ABC 公司以银行存款支付生产车间季节性停工损失 5 000 元，公司生产车间及行政办公用房维修费 8 000 元。

生产车间季节性停工损失使公司的制造费用增加 5 000 元，应记入“制造费用”账户借方；公司生产车间及行政办公用房维修使公司管理费用增加 8 000 元，应记入“管理费用”账户借方；银行存款减少 13 000 元，应记入“银行存款”账户贷方。编制会计分录：

借：制造费用——修理费　5 000

　　管理费用——修理费　8 000

　　贷：银行存款　13 000

（四）制造费用的核算

【例 5.8】 5 月 30 日，ABC 公司以银行存款支付水电费，按电表显示生产车间应负担 10 000 元，公司管理部门应负担 15 000 元。

这项业务增加制造费用和管理费用，同时减少银行存款，应分别计入“制造费用”和“管理费用”账户借方及“银行存款”账户贷方。编制会计分录：

借：制造费用——水电费　　10 000
　　管理费用——水电费　　15 000
　　贷：银行存款　　25 000

四、产品生产成本计算步骤

ABC 公司生产车间只生产 A、B 两种产品，该企业采用“品种法”计算产品生产成本，成本计算对象就是这两种产品，按两种产品设置生产成本明细账，定期（按月）计算成本。成本计算的具体步骤如下。

（一）归集生产费用

经过前面对生产费用的归集与核算，A、B 两种产品的直接生产费用——直接材料和直接人工已分别归集计入了两种产品的“生产成本”明细账，A 产品为 507 000 元，B 产品为 364 000 元。

（二）间接费用的分配

间接费用的分配不仅是指制造费用的分配，也包括材料、工资等要素费用的分配。比如，生产两种以上产品，共同领用一批原材料；或者一批工人同时生产两种以上的产品，这种情况下的材料费和人工费都必须通过分配才能计入各种产品的成本，即将分配结果间接计入各该产品的“生产成本”明细账。

间接费用的分配要计算费用分配率，因此正确选择分配标准是至关重要的。其分配公式为

$$费用分配率=\frac{待分配费用总额}{分配标准总数}$$

某产品应分配的费用＝该产品的分配标准数×费用分配率

会计实务中，常选择的分配标准有生产工人工时、生产工人工资、机器工时、有关消耗定额等。在选用分配标准时，要注意其科学性、合理性和可操作性。

5 月 ABC 公司的直接材料和直接人工费用均无须进行分配，只需要对制造费用在 A、B 两种产品之间进行分配。

【例 5.9】 5 月 31 日，按前面提供的相关资料，ABC 公司以生产工人工资为分配标准，将全月发生的制造费用总额进行分配。根据“ABC 公司制造费用明细账”已知，ABC 公司 5 月共汇集了制造费用 146 400 元，如账簿 5.3 所示。

制造费用分配率＝146 400÷150 000＝0.976

A 产品应分配制造费用＝50 000×0.976＝48 800（元）

B 产品应分配制造费用＝100 000×0.976＝97 600（元）

根据分配结果，编制会计分录：

借：生产成本——A 产品　48 800

　　　　　　——B 产品　97 600

　贷：制造费用　146 400

账簿 5.3　ABC 公司制造费用明细账

生产车间：　20××年 5 月　单位：元

摘要	材料费用	水电费	工资及福利费	折旧费	修理费	借方合计	转出
材料费用分配表	40 000					40 000	
水电费分配表		10 000				10 000	
工资、福利费表			11 400			11 400	
折旧计算表				80 000		80 000	
修理费用分配表					5 000	5 000	
制造费用分配表							146 400
合计	40 000	10 000	11 400	80 000	5 000	146 400	0

（三）生产费用在完工产品和在产品之间的分配

所谓完工产品，是指已经加工完成，可以入库并对外销售的产品。所谓在产品，是指尚未加工完成（或正在加工），不能作为成品对外销售的产品。当全部生产费用都计入产品的“生产成本”明细分类账之后，就可以计算完工产品的成本了。这项工作实际上就是在完工产品与期末在产品之间分配费用。已完工产品要入库，费用要转走；未完工产品需要留在车间继续加工，其费用不做结转。这就需要我们把各种产品的总成本在其完工产品和期末在产品之间进行分配，以求出完工产品和在产品的成本。这一过程在每一种产品内部都要进行。

完工产品与期末在产品之间的关系可表述为下列公式：

月初在产品数量＋本月投产数量＝完工产品数量＋月末在产品数量

月初在产品成本＋本月投入成本＝完工产品成本＋月末在产品成本

就费用等式来看，“月初在产品成本＋本月投入成本”实际上就是账簿 5.4 与账簿 5.5 中的纵向“合计”栏数，我们要做的工作就是把等号左边的合计数，在等号右边的完工产品和在产品之间进行分配。如果月末没有在产品，则全部生产费用就是完工产品的总成本；如果有月末在产品，则必须采用一定的方法，在完工产品和月末在产品之间进行费用分配。

账簿 5.4　生产成本明细分类账

产品名称：A 产品　单位：元

20××年		凭证编号	摘要	借方			合计
月	日			直接材料	直接人工	制造费用	
5	1		月初在产品成本	150 000			150 000
略	略	略	材料费用	450 000			450 000

续表

20××年		凭证编号	摘要	借方			合计
月	日			直接材料	直接人工	制造费用	
略	略	略	工资		50 000		50 000
			福利费		7 000		7 000
			分配制造费用			48 800	48 800
			月末生产费用合计	600 000	57 000	48 800	705 800
			转出完工产品成本	600 000	57 000	48 800	705 800

注：月初在产品 100 件，本月投入 300 件，本月完工产品 400 件，本月在产品 0 件。

账簿 5.5　生产成本明细分类账

产品名称：B 产品　　单位：元

20××年		凭证编号	摘要	借方			合计
月	日			直接材料	直接人工	制造费用	
5	1		月初在产品成本	0			0
略	略	略	材料费用	250 000			250 000
			工资		100 000		100 000
			福利费		14 000		14 000
			分配制造费用			97 600	97 600
			月末生产费用合计	250 000	114 000	97 600	461 600
			转出完工产品成本	225 000	114 000	97 600	436 600
			月末在产品成本	25 000			25 000

注：月初在产品 0 件，本月投入 200 件，本月完工产品 180 件，本月在产品 20 件。

【例 5.10】 ABC 公司生产车间生产的 A、B 两种产品，两种产品的月初、月末情况如下：A 产品月初有在产品 100 件，月初在产品成本（直接材料）150 000 元。A 产品月末没有在产品，因此月初在产品成本加上本月发生的生产费用，全部都是完工产品的成本，共计 705 800 元。B 产品月初没有在产品，本月投产 200 件，完工 180 件，月末尚有 20 件未完工的在产品，因此本月合计生产费用 461 600 元，需要在完工产品与在产品之间进行分配。该公司成本核算制度规定，月末在产品只负担材料费用，由于材料是开工时一次投入，因此每件在产品与完工产品应同等负担材料费用。

对 B 产品的材料费用 250 000 元分配如下：

本月生产费用分配率＝250 000÷（180＋20）＝1 250（元/件）

本月完工 B 产品应负担材料费用＝180×1 250＝225 000（元）

月末在产品应负担的材料费用＝20×1 250＝25 000（元）

此项业务使公司库存商品增加，生产费用减少，应记入“库存商品”账户借方和“生产成本”账户贷方。因此，ABC 公司 5 月 31 日应编制完工产品入库会计分录：

借：库存商品——A 产品　　705 800

——B 产品　436 600

贷：生产成本——A 产品　705 800

——B 产品　436 600

ABC 公司 A、B 产品生产成本明细账如账簿 5.4 与账簿 5.5 所示。

费用分配完毕，计算出完工产品的总成本之后，还要编制“产品生产成本汇总计算表”，计算出产品单位成本，如表 5.3 所示。

表 5.3　产品生产成本汇总计算表

单位：元

项目	A 产品（400 件）		B 产品（180 件）	
	总成本	单位成本	总成本	单位成本
直接材料	600 000	1 500	225 000	1 250
直接人工	57 000	142.5	114 000	633.3
制造费用	48 800	122	97 600	542.2
合计	705 800	1 764.5	436 600	2 425.5

产品生产成本费用核算总分类账户相互关系如图 5.4 所示。

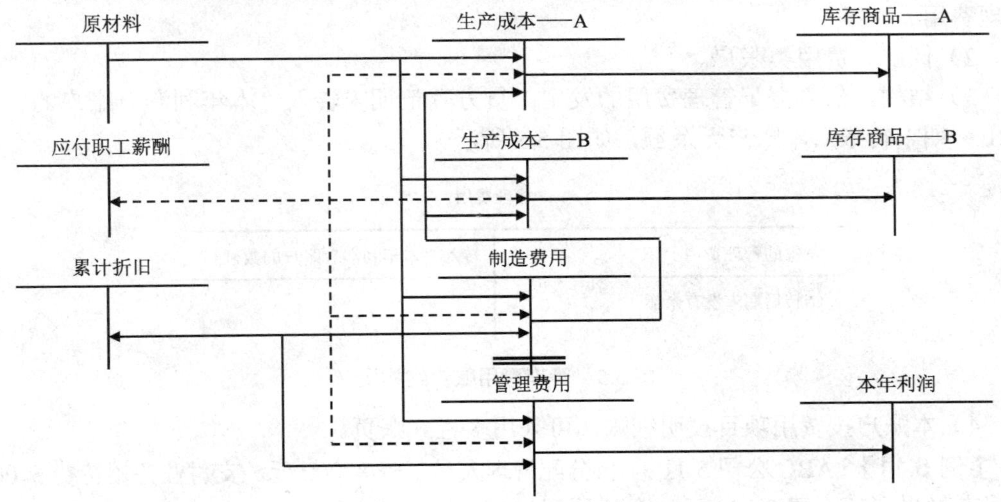

图 5.4　成本费用核算账户关系示意图

第三节　期间费用的核算

期间费用是指企业在生产以及经营过程中发生的，与产品生产活动没有直接联系而直接计入当期损益的费用。期间费用包括：企业行政管理部门为组织和管理生产经营活动而发生的各项管理费用；企业在产品销售过程中发生的各项费用，以及专设销售机构的各项经费；企业为筹集生产经营所需资金而发生的财务费用。期间费用的核算就是指销售费用、管理费用和财务费用的核算。

目前，我国成本核算方法总体上是制造成本法，期间费用不计入产品的生产成本，不参与产品成本计算，也不存在分配问题，而是直接计入当期损益，所以期间费用的核算是归集和结转。

一、管理费用的核算

1. 管理费用的概念及其内容

管理费用是指企业为组织和管理企业生产经营所发生的管理费用，包括筹建期间的开办费、董事会和行政管理部门在企业的经营管理中发生的或者应由企业统一负担的公司经费（包括行政管理部门职工薪酬、修理费、物料消耗、低值易耗品摊销、办公费和差旅费等）、工会经费、董事会费（包括董事会成员津贴、会议费和差旅费等）、聘请中介机构费、咨询费（含顾问费）、诉讼费、业务招待费、技术转让费、矿产资源补偿费、研究费用、排污费等。

2. 设置“管理费用”账户

1）核算内容。核算公司为组织和管理整个公司生产经营活动及其他活动所发生的管理费用。

2）性质。费用类账户。

3）结构。借方登记管理费用的发生；贷方登记期末转入“本年利润”账户的管理费用；期末转账后本账户无余额，如图 5.5 所示。

管理费用	
发生的管理费用	转入“本年利润”账户的数额
结转后期末没有余额	

图 5.5　管理费用账户结构图

4）本账户按费用项目设明细账，可采用多栏式账页。

【例 5.11】 ABC 公司 5 月 31 日分配管理人员工资 8 000 元，支付业务招待费 5 000 元，支付报刊订阅费 2 000 元。会计处理如下：

借：管理费用——工资　　8 000
　　贷：应付职工薪酬——工资　　8 000
借：管理费用——业务招待费　　5 000
　　　　　　——报刊费　　2 000
　　贷：银行存款　　7 000

月末结转管理费用，直接转入“本年利润”科目。编制会计分录如下：

借：本年利润　　15 000
　　贷：管理费用　　15 000

二、销售费用的核算

1. 销售费用的概念及其内容

销售费用是指企业销售商品和材料、提供劳务的过程中发生的各种费用，包括保险费、包装费、展览费和广告费、商品维修费、预计产品质量保证损失、运输费、装卸费等以及为销售本企业商品而专设的销售机构（含销售网点、售后服务网点等）的职工薪酬、业务费、折旧费、固定资产修理费等。

2. 设置“销售费用”账户

1）核算内容。核算企业在产品销售过程中发生的各项费用，以及专设销售机构的各项经费。

2）性质。费用类账户。

3）结构。借方登记营业费用的发生；贷方登记期末转入“本年利润”账户的营业费用；期末转账后本账户无余额，如图 5.6 所示。

销售费用	
发生的销售费用	转入“本年利润”账户的数额
结转后期末没有余额	

图 5.6　销售费用账户结构图

4）本账户按费用项目设明细账，可采用多栏式账页。

【例 5.12】 ABC 公司 5 月 10 日发生广告费 5 000 元、专设销售机构支付修理费 5 000 元。会计处理如下：

借：销售费用——广告费	5 000	
——修理费	5 000	
贷：银行存款		10 000

月末结转销售费用，直接转入“本年利润”科目。编制会计分录如下：

借：本年利润	10 000	
贷：销售费用		10 000

三、财务费用的核算

1. 财务费用的概念及其内容

财务费用是指企业为筹集生产经营所需资金等而发生的筹资费用，包括利息支出（减利息收入）、汇兑差额以及相关的手续费、企业发生的现金折扣或收到的现金折扣等。

2. 设置“财务费用”账户

1）核算内容。核算企业在筹资过程中发生的各项费用，支付给银行的利息、手续费及银行存款利息。

2）性质。费用类账户。

3）结构。借方登记发生的各项财务费用；贷方登记应冲减财务费用的利息收入、汇兑收益以及期末转入“本年利润”账户的财务费用；期末转账后本账户无余额，如图 5.7 所示。

财务费用

发生的各项财务费用	转入“本年利润”账户的数额
结转后期末没有余额	

图 5.7　财务费用账户结构图

4）本账户按费用项目设明细账，可采用多栏式账页。

【例 5.13】 ABC 公司 5 月计提（预提）利息费用 8 000 元，收到银行存款利息 100 元。编制会计分录如下：

借：财务费用——利息支出　　8 000
　　贷：应付利息——利息　　8 000
借：银行存款　　100
　　贷：财务费用——利息收入　　100

月末结转财务费用，直接转入“本年利润”科目。编制会计分录如下：

借：本年利润　　7 900
　　贷：财务费用　　7 900

期间费用核算账户相互关系如图 5.8 所示。

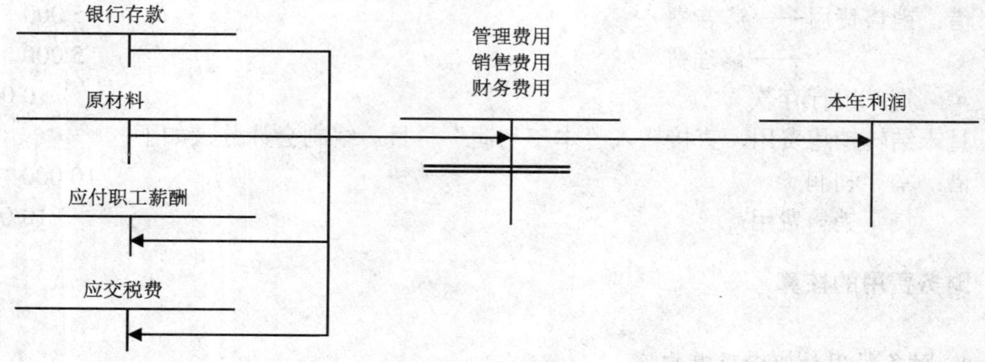

图 5.8　期间费用核算账户相互关系图

本章小结

一个企业，要加工出合格的产品，就要耗用原材料、人工、燃料动力费用和制造费用等，生产的产品要卖出去，就要为此发生广告费、运输费等，这些耗用的原材料、支付的人工费、发生的销货费用等，就是我们通常所说的成本费用。这些生产费用，有的是直接为生产产品而发生的，有的是间接为生产产品而发生的。对这些费用按一定的程序和方法进行归集、分配，以便计算出产品的生产成本（或制造成本），这就是生产成本的核算。

通过本章内容学习，可以掌握企业成本和费用核算的一般程序、基本要求和常用方法，这些内容都是概括性的共性的东西，没有具体结合哪种企业实际情况，所以以上的成本费用核算程序是企业通用的。只有大家能理解一般程序和原理，实际工作中能结合各企业情况，举一反三，才能正确核算产品成本，为企业的经营管理服务。

思考练习题

1. 成本与费用的关系是什么？
2. 产品成本计算中应正确划分哪些费用界限？
3. 产品成本核算的一般程序是什么？
4. 如何进行间接费用的分配？
5. 某企业基本生产车间生产甲、乙、丙三种产品。本月归集的制造费用合计为 21 670 元。甲产品生产工时为 3 260 小时，乙产品生产工时为 2 750 小时，丙产品生产工时为 2 658 小时。

请按照生产工人工时比例分配甲、乙、丙三种产品应负担的制造费用。

6. 根据下列资料，计算 ABC 公司 20××年 5 月甲产品生产成本。

1）月初在产品成本见 ABC 公司产品成本计算单。

2）本月生产甲产品发生的费用：材料费用 34 000 元，工资及福利费用 21 000 元，分配制造费用 8 000 元。

3）甲产品月末全部完工，数量 180 件。

ABC 公司产品成本计算单

产品名称:　　　　20××年 5 月　　　　产量:　　　件　　　　单位：元

日期	凭证编号	摘要	成本项目			
			直接材料	直接人工	制造费用	合计
		月初在产品成本	9 000			9 000
		材料费用				
		工资及福利费用				
		制造费用				
		生产费用合计				
		转出完工产品成本				
		月末在产品成本				

第六章　销售业务的核算

思维导图

第一节　概　述

一、收入的含义

收入，是指企业在日常活动中形成的、会导致所有者权益增加的、与所有者投入资本无关的经济利益的总流入。其中，日常活动，是指企业为完成其经营目标所从事的经常性活动以及与之相关的活动。例如，工业企业制造并销售产品、商品流通企业销售商品、咨询公司提供咨询服务、软件公司为客户开发软件、安装公司提供安装服务、建筑企业提供建造服务等，均属于企业的日常活动。日常活动所形成的经济利益的流入应当确认为收入。

二、收入的确认与计量

财政部〔2017〕财会22号“关于修订印发《企业会计准则第14号——收入》通知”规定了收入的确认原则，企业应当在履行了合同中的履约义务，即在客户取得相关商品控制权时确认收入。

当企业与客户之间的合同同时满足下列条件时，视为客户取得相关商品控制权：

第一，合同各方已批准该合同并承诺将履行各自义务。

第二，该合同明确了合同各方与所转让商品或提供劳务（以下简称“转让商品”）相关的权利和义务。

第三，该合同有明确的与所转让商品相关的支付条款。

第四，该合同具有商业实质，即履行该合同将改变企业未来现金流量的风险、时间分布或金额。

第五，企业因向客户转让商品而有权取得的对价很可能收回。

第二节　商品销售的核算

一、账户设置

1.“主营业务收入”账户

1）核算内容。主要核算企业销售商品、提供劳务等主营业务所取得的收入。

2）性质。损益类账户。

3）结构。借方登记期末转入“本年利润”账户数额及销售退回数；贷方登记确认的主营业务收入；结转后没有余额，如图 6.1 所示。

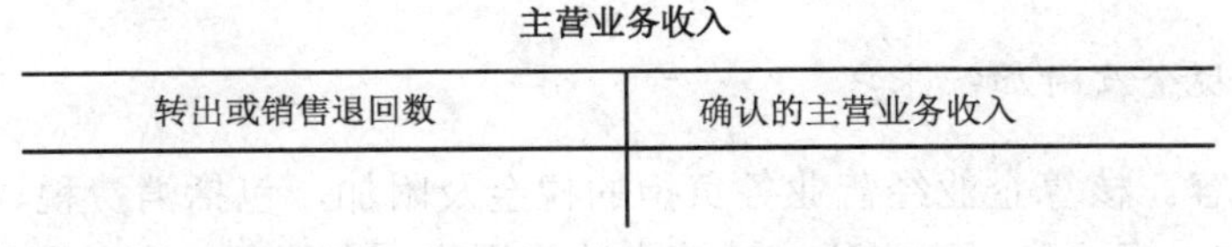

主营业务收入	
转出或销售退回数	确认的主营业务收入

图 6.1　主营业务收入账户结构图

4）本账户按主营业务的种类设置二级账户，产品销售按品种设置明细账。

2. “主营业务成本”账户

1）核算内容。核算企业确认销售商品、提供服务等主营业务收入时应结转的成本。

2）性质。损益类账户。

3）结构。借方登记已确认收入的主营业务的实际成本；贷方登记销售退回的商品产品成本及期末结转数；本账户月末应将借方余额全数转入“本年利润”账户，结转后本账户无余额，如图 6.2 所示。

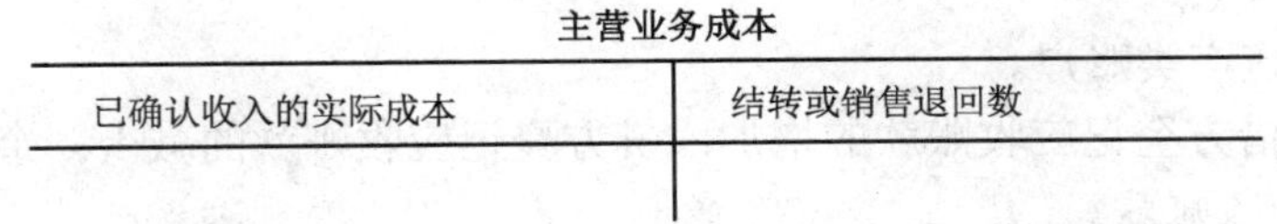

主营业务成本	
已确认收入的实际成本	结转或销售退回数

图 6.2　主营业务成本账户结构图

4）本账户可按主营业务的种类，与“主营业务收入”对应进行明细核算。

3. “其他业务收入”账户

1）核算内容。核算企业确认的除主营业务活动以外的其他经营活动实现的收入，包括出租固定资产、出租无形资产、出租包装物和商品、销售材料、用材料进行非货币性交换（非货币性资产交换具有商业实质且公允价值能够可靠计量）或债务重组等实现的收入。企业（保险）经营受托管理业务收取的管理费收入，也通过本账户核算。

2）性质。损益类账户。

3）结构。借方登记期末转入“本年利润”账户数额及销售退回数；贷方登记确认的其他业务收入；结转后没有余额。

4）本账户按其他业务种类进行明细核算。

4. “其他业务成本”账户

1）核算内容。核算企业确认的除主营业务活动以外的其他经营活动所发生的支出，包括销售材料的成本、出租固定资产的折旧额、出租无形资产的摊销额、出租包装物的成本或摊销额等。

2）性质。损益类账户。

3）结构。借方登记其他业务发生的支出；贷方登记期末转销数；本账户月末应将借方余额全数转入“本年利润”账户，结转后本账户无余额。

4）本账户按其他业务的种类设置明细账。

5. 设置“税金及附加”账户

1）核算内容。核算企业经营业务负担的税金及附加，包括消费税、城市维护建设税、教育费附加、资源税、房产税、城镇土地使用税、车船税、印花税等。

2）性质。损益类账户。

3）结构。借方登记按税法规定计算出应由营业活动（包括主营业务和其他业务）负担的税金及附加；贷方登记冲销数；本账户月末应将借方余额全数转入“本年利润”账户，结转后本账户无余额。

4）按税种及附加项目设多栏式明细账。

6. “应收账款”账户

1）核算内容。核算因销售商品、产品、提供劳务等，应向购货单位或接受劳务单位收取的款项，包括应收的货款或劳务价款、应收的增值税销项税额、代垫的包装费、运杂费等。

2）性质。资产类账户。

3）结构。借方登记应收账款的增加；贷方登记应收账款的减少；余额在借方，表示尚未收回的应收账款。

4）本账户按客户名称设置明细账。

7. “应收票据”账户

1）核算内容。核算因销售商品、产品、提供劳务而收到的商业汇票，包括银行承兑汇票和商业承兑汇票。

2）性质。资产类账户。

3）结构。借方登记收到的商业汇票；贷方登记汇票到期收回货款或因到期对方无能力现款支付而转入应收账款数额；余额在借方，表示尚未到期兑现的商业汇票。

4）本账户按商业汇票种类进行明细核算，并应设置“应收票据备查簿”记录相关内容。

8. “预收账款”账户

1）核算内容。主要核算企业按照合同规定或交易双方之约定，而向购买单位或接受劳务的单位在未发出商品或提供劳务时预收的款项。一般包括预收的货款、预收购货定金等。

2）性质。负债类账户。

3）结构。借方登记销售实现时回偿的预收款项及退回多收的款项；贷方登记收到的预收款项；余额在贷方为收到的预收款项，余额在借方则为购货单位应补付的款项，形成应收账款。

4）本账户按客户名称设置明细账。如果企业的预收账款业务不多，也可以直接在应收账款的贷方核算。

二、商品销售业务的核算

在实务中，不同的销售方式及收款方式下，销售收入的核算也不相同。

（一）收取货币资金条件下销售收入的核算

实际业务中，收到库存现金、转账支票、银行汇票、银行本票等均相当于已经收到货币资金。

【例 6.1】 ABC 公司为一般纳税人。20××年 5 月 5 日向 A 公司销售产品 100 件，每件售价 500 元，单位成本 300 元。双方约定款到后发货。ABC 公司在货款收到后按合同发货。该产品增值税税率为 13%，消费税税率为 8%，应交城市维护建设税 500 元，应交教育费附加 200 元。ABC 公司已开出增值税专用发票。编制会计分录如下：

1）确认主营业务收入：

借：银行存款　　56 500
　　贷：主营业务收入（500×100）　　50 000
　　　　应交税费——应交增值税（销项税额）　　6 500

2）结转主营业务成本：

借：主营业务成本（300×100）　　30 000
　　贷：库存商品　　30 000

3）计算税金及附加。应交消费税＝50 000×8%＝4 000（元），其余已知。

借：税金及附加　　4 700
　　贷：应交税费——应交消费税　　4 000
　　　　　　　　——应交城市维护建设税　　500
　　　　　　　　——应交教育费附加　　200

（二）收到商业汇票条件下销售收入的核算

1. 到期商业汇票

企业收到商业汇票时，按票面金额借记“应收票据”科目，按实现的营业收入，贷记“主营业务收入”科目，按专用发票上注明的增值税额，贷记“应交税费——应交增值税（销项税额）”科目。

【例 6.2】 20××年 5 月 7 日，ABC 公司销售一批产品给 B 公司，货已发出，货款 500 000 元，增值税款为 80 000 元。按合同约定 3 个月后付款，B 公司交给 ABC 公司一张不带息 3 个月到期的商业承兑汇票，面额 565 000 元。该批产品生产成本为 350 000 元。

ABC 公司确认收入时应作如下账务处理：

借：应收票据 565 000

　贷：主营业务收入 500 000

　　应交税费——应交增值税（销项税额） 65 000

商品出库时应作如下账务处理：

借：主营业务成本 350 000

　贷：库存商品 350 000

汇票的期限可以按月计算，也可按天计算。在按月计算时，到期日为到期月份与出票日相同的那一天，如出票日为5月7日、期限为3个月的商业汇票，其到期日为8月7日。在按天计算时，通常出票日和中期期末（或年度末）只能计算其中一天，即“算头不算尾”或“算尾不算头”，如出票日为11月20日，期限为90天的票据，到期日为2月17日。

商业承兑汇票到期，承兑人违约拒付或无力支付票款，企业应将应收票据的账面价值转入“应收账款”科目。

2. 未到期商业汇票

如果持票人急需资金，可将未到期的商业汇票背书后转让给银行，银行受理后，从票据到期金额（不带息票据的到期金额就是面值）中扣除按银行的贴现率计算确定的贴现息后，将余额付给贴现企业。在贴现中，企业付给银行的利息称为贴现利息，银行计算贴现利息的利率称为贴现率，企业从银行获得的票据到期金额扣除贴现利息后的货币收入，称为贴现净额。

票据贴现根据是否承担连带责任，可以分为两种：

1）承担连带责任的。其实质上属于以应收债权为质押取得的借款，申请贴现的企业应按照以应收债权为质押取得借款的规定进行会计处理。企业按照实际收到的款项即贴现净额，借记“银行存款”科目；按实际支付的手续费，借记“财务费用”科目；按银行贷款本金，贷记“短期借款”科目。

【例6.3】 ABC公司20××年6月22日将持有的一张该票据出票日为20××年4月30日，面值200 000元，期限为5个月的不带息商业汇票向银行贴现，银行贴现率9%。

$$贴现天数=9+31+31+30-1=100（天）$$

$$票据到期值=200\ 000（元）$$

$$贴现息=200\ 000\times 9\%\times 100\div 360=5\ 000（元）$$

$$贴现净额=200\ 000-5\ 000=195\ 000（元）$$

借：银行存款 195 000

　　财务费用 5 000

　贷：短期借款 200 000

2）不承担连带责任的。其实质上相当于将票据出售，应按照出售处理。企业按照实际收到的款项即贴现净额，借记“银行存款”科目；按实际支付的手续费，借记“财务费用”科目；按银行贷款本金，贷记“应收票据”科目。

（三）赊销方式下销售收入的核算

为了扩大销售额，拓展市场，企业可能经常采取赊销方式，从而形成应收账款。企业必须合理地制定赊销政策，使之既能起到扩大销量的作用，又不至于让大量资金占用在应收账款上，影响企业的正常生产经营。

1. 赊销时的会计核算

应收账款是指企业因销售商品、产品、提供劳务等业务，应向购货单位或接受劳务单位收取的价款、增值税销项税额以及代垫的运杂费等。

应收账款通常应按实际发生额计价入账。计价时还需要考虑商业折扣、现金折扣、销售折让等因素。

1）商业折扣。它是企业最常用的促销手段。商业折扣一般在交易发生时即已确定，它仅仅是确定实际销售价格的一种手段，不需在买卖双方任何一方的账上反映，所以商业折扣对应收账款的入账价值没有影响。

2）现金折扣。在赊销方式下企业为了鼓励客户提前偿付货款，通常与债务人达成协议，债务人在不同期限内付款可享受不同比例的折扣。

现金折扣一般用符号“折扣/付款期限”表示。例如买方在 10 天内付款可按售价给予 2%的折扣，用符号“2/10”表示；在 20 天内付款按售价给予 1%的折扣，用符号“1/20”表示；在 30 天内付款，则不给折扣，用符号“*n*/30”表示。现金折扣的核算，有总价法和净价法两种。我国企业会计制度规定现金折扣采用总价法核算，即在现金折扣的情况下，应收账款应以不扣减现金折扣的金额作为入账价值。实际发生的现金折扣，作为一种理财费用，计入发生当期的财务费用。

企业销售商品或提供劳务发生应收账款时，按应收的全部金额（包括货款、增值税进项税额和代垫的各种费用），借记“应收账款”科目；按实现的营业收入，贷记“主营业务收入”等科目；按专用发票上注明的增值税额，贷记“应交税费——应交增值税（销项税额）”等科目；按代购货单位垫付的包装费、运杂费，贷记“银行存款”等科目。

【例 6.4】 ABC 公司向 A 公司销售一批产品，按照价目表上标明的价格计算，其售价金额为 200 000 元，由于是批量销售，ABC 公司给予 A 公司 10%的商业折扣，金额为 20 000 元，适用的增值税率为 13%。

有关账务处理如下：

借：应收账款——A 公司　　203 400
　　贷：主营业务收入（200 000－20 000）　　180 000
　　　　应交税费——应交增值税（销项税额）（180 000×13%）　　23 400

3）销售折让。指的是由于商品的质量、规格等不符合要求，销售单位同意在商品价格上给予的减让。在核算时，由于销售折让不具备费用的属性，因此，应当将其作为收入的抵减数处理。应当注意的是，销售折让不冲减主营业务成本，因为并未退回货物，区别于销售退回；销售折让允许冲减增值税销项税额。

【例 6.5】 ABC 公司 20××年 4 月 20 日销售给 G 公司一批商品，增值税发票注明的售价为 400 000 元，增值税为 52 000 元，该批产品的成本为 350 000 元。货到后 G 公司发现商品质量与合同要求不一致，要求给予价款 5%的折让，ABC 公司同意折让。为此 ABC 公司所做的会计分录如下：

4 月 20 日销售实现时：

借：应收账款——G 公司　　452 000
　贷：主营业务收入　　400 000
　　应交税费——应交增值税（销项税额）　　52 000
借：主营业务成本　　350 000
　贷：库存商品　　350 000
发生销售折让时：
借：主营业务收入　　20 000
　应交税费——应交增值税（销项税额）　　2 600
　贷：应收账款——G 公司　　22 600
实际收款时：
借：银行存款　　429 400
　贷：应收账款——G 公司　　429 400

2. 收到货款时的会计核算

应收账款到期收回时，按实收金额，借记“银行存款”等科目，贷记“应收账款”科目。如果应收账款改用商业汇票结算，在收到承兑的商业汇票时，按照票面金额，借记“应收票据”科目，贷记“应收账款”科目。

【例 6.6】 ABC 公司收到上述例 6.4 的应收账款时，有关账务处理如下：

借：银行存款　　203 400
　贷：应收账款　　203 400

如果在赊销当时还给予了对方现金折扣的条件，且对方在规定的折扣期内付款，则应考虑扣除现金折扣。

【例 6.7】 ABC 公司销售产品给 B 公司，销售金额为 100 000 元（不含增值税）。规定的现金折扣条件为 2/10，*n*/30，适用增值税税率为 13%，产品已经交付并办妥托收手续。编制会计分录如下：

销售商品时，按照全部应收账款入账：
借：应收账款　　113 000
　贷：主营业务收入　　100 000
　　应交税费——应交增值税（销项税额）　　13 000
如果 B 公司在 10 天内付款，则享受 2%的折扣，ABC 公司会计分录为：
借：银行存款　　110 740
　财务费用（113 000×2%）　　2 260
　贷：应收账款　　113 000
如果 B 企业未能在 10 天内付款，则全额付款，ABC 公司会计分录为：
借：银行存款　　113 000
　贷：应收账款　　113 000

需要说明的是，在实务中，现金折扣的计算依据是应收账款还是销售额，取决于双方的约定，本例以应收账款为现金折扣的计算依据。

（四）预收货款条件下销售收入的核算

预收账款是指企业按照合同规定向购货单位预收的款项。这笔款项构成企业的一项负债，以后要用商品、劳务等偿付。

企业预收账款的核算，应视具体情况而定。如果企业预收账款比较多，可以设置“预收账款”科目核算；而预收账款情况不多的企业，也可以将预收的款项直接计入“应收账款”科目的贷方，不设“预收账款”科目。

单独设置“预收账款”科目的企业，向购货单位预收款项时，借记“银行存款”科目，贷记“预收账款”科目；销售实现时，按实现的收入和应确认的增值税销项税额，借记“预收账款”科目，按实现的销售收入，贷记“主营业务收入”科目，按专用发票上注明的增值税额，贷记“应交税费——应交增值税（销项税额）”等科目。购货单位补付的款项，借记“银行存款”科目，贷记“预收账款”科目；退回多付的款项，做相反的会计处理。

【例 6.8】 ABC 公司接受一批订货合同，按合同规定，货款金额 400 000 元，预计 6 个月完成。订货方预付货款 40%，另外 60%待完工发货后再支付。该货物的增值税税率为 13%。有关账务处理如下：

1）收到预付的货款时，会计分录为：

借：银行存款　　160 000

　　贷：预收账款　　160 000

2）6 个月后产品发出时，会计分录为：

借：预收账款　　452 000

　　贷：主营业务收入　　400 000

　　　　应交税费——应交增值税（销项税额）　　52 000

3）订货单位补付货款时，会计分录为：

借：银行存款　　292 000

　　贷：预收账款　　292 000

以上销售收入核算账户相互关系如图 6.3 所示。

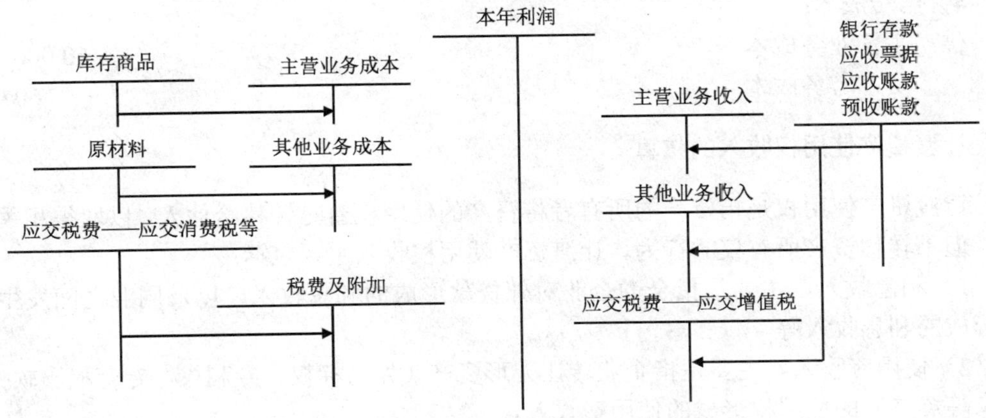

图 6.3　销售业务核算账户相互关系示意图

*第三节　其他收入的核算

一、劳务收入的核算

如果在资产负债表日能够可靠估计劳务合同的结果是否获利，则应当采用完工百分比法确认提供劳务收入。在采用完工百分比法确认劳务收入的情况下，提供劳务收入确认时应按确定的收入金额，借记“应收账款”“银行存款”等科目，贷记“主营业务收入”科目。结转成本时，借记“主营业务成本”科目，贷记“劳务成本”科目。

【例 6.9】 ABC 公司 20××年 11 月 1 日接受一项产品安装任务，安装期 3 个月，合同总收入 100 000 元，至年底已预收款项 80 000 元，实际发生成本 60 000 元（均为安装人员工资），估计还会发生 20 000 元。按实际发生的成本占估计总成本的比例确定劳务的完成程度。

实际发生的成本占估计总成本的比例＝60 000÷（60 000＋20 000）×100%＝75%

20××年确认收入＝100 000×75%－0＝75 000（元）

20××年结转成本＝80 000×75%－0＝60 000（元）

会计分录如下：

1）实际发生成本时：

借：劳务成本　60 000

　贷：银行存款、应付职工薪酬等　60 000

2）预收账款时：

借：银行存款　80 000

　贷：预收账款　80 000

3）12 月 31 日确认收入：

借：预收账款　75 000

　贷：主营业务收入　75 000

4）结转成本：

借：主营业务成本　60 000

　贷：劳务成本　60 000

二、让渡资产使用权收入的核算

让渡资产使用权是指资产的所有者将资产的使用权暂时转移给他人，以取得相关收益，但不转移资产所有权的行为。让渡资产使用权收入主要包括：

1）利息收入，主要是指金融企业对外贷款形成的利息收入，以及同业之间发生往来形成的利息收入等。

2）使用费收入，主要是指企业转让无形资产（如商标权、专利权、专营权、软件、版权等资产）的使用权形成的使用费收入。

使用费收入应按有关合同或协议约定的收费时间和方法确认：如果合同、协议规定使用费一次性收取，且不提供后续服务的，应视同该项资产的销售一次性确认收入；如果提供后续服务的，应在合同、协议规定的有效期内分期确认收入。如合同规定分期收取使用费的，应按合同规定的收款时间和金额或合同规定的收费方法计算的金额分期确认收入。

企业对外出租资产收取的租金、进行债权投资收取的利息、进行股权投资取得的现金股利，也构成让渡资产使用权收入。

【例 6.10】 ABC 公司为上市公司，转让一般无形资产增值税税率为 6%。涉及固定资产和无形资产的折旧摊销均按年计提。

20××年发生下列业务：

1）ABC 公司向乙公司转让某软件的使用权，一次性收取使用费 300 000 元，不提供后续服务，款项已经收到。

借：银行存款	318 000	
贷：其他业务收入		300 000
应交税费——应交增值税（销项税额）		18 000

2）ABC 公司向丙公司转让某专利权的使用权，按照规定可享受转让无形资产增值税优惠政策。专利权的原值为 1 800 000 元，预计折旧年限为 10 年，残值为 0，每年年末收取使用费 200 000 元。款项已经收到。

借：银行存款	200 000	
贷：其他业务收入		200 000

计提专利权摊销额：

借：其他业务成本（1 800 000/10）	180 000	
贷：累计摊销		180 000

3）出租设备一台，原值为 1 000 000 元，预计折旧年限为 10 年，净残值为 0，年租金为 150 000 元，出租机械设备租赁增值税税率 13%。本年收到款项已由银行收妥。

借：银行存款	169 500	
贷：其他业务收入		150 000
应交税费——应交增值税（销项税额）		19 500

摊销时：

借：其他业务成本（1 000 000/10）	100 000	
贷：累计折旧		100 000

本章小结

企业产品生产完毕后，企业必须通过销售过程实现产品价值。销售是企业生产经营过程中最为重要的环节，直接关系到企业所创造的价值能否得到社会的承认，能否实现资产从实物资产或劳务到货币资金的转换，能否实现利润，为下一个资金的循环做好资金准备，以期实现企业价值的最大化。

通过本章的学习，应该掌握以下内容：第一，销售收入的核算；第二，销售产品生产成本的结转；第三，销售费用的核算以及销售税金的计算。

思考练习题

1．商品销售收入确认的内容有哪些？正确确认商品销售收入的意义是什么？

2．什么是销售折扣？会计上对商业折扣和现金折扣怎样进行核算？

3．什么是贴现？企业为什么要贴现？如何判断贴现业务的实质？

4．企业是否必须设置“预收账款”账户？如果不设置该账户，那么该类业务发生后将如何核算？

5．20×3 年 2 月，ABC 公司向 C 公司出售产品一批，价款合计 226 000 元，款项尚未收到；20×3 年 4 月 1 日，C 公司开出一张不带息的商业汇票给该企业，面值 226 000 元，期限 5 个月，20×3 年 6 月 1 日，ABC 公司因缺乏资金，将该票据向银行申请贴现，贴现率 6%。

根据上述经济业务计算该票据的相关数值并编制有关会计分录。

6．关于一般纳税人 ABC 公司销售商品的业务：

1）向龙成公司销售甲产品 300 件，每件销售价 1 000 元，代垫运费 1 600 元，增值税税率 13%，款项尚未收到。

2）预收海深公司货款 200 000 元存入银行。

3）向东兴公司销售乙产品一批计 500 件，每件售价 800 元，增值税税率 13%，收到转账支票一张存入银行。

4）发出甲产品 150 件给海深公司，每件售价 1 000 元，增值税税率 13%，代垫运费 5 000 元，余款退回海深公司。

5）收到龙成公司甲产品的货款、增值税及运费 349 600 元。

6）向黄海公司销售乙产品 1000 件，每件 800 元，增值税税率 13%，收到黄海公司签发的 6 个月的商业承兑汇票一张，面值 928 000 元。

7）结转本月销售的甲、乙两种产品的生产成本，甲产品的单位成本 700 元，乙产品的单位成本 600 元。

8）以银行存款支付销售产品的广告宣传费 20 000 元。

9）按规定计算出本月应负担的产品消费税 50 000 元。

7. ABC 公司为增值税一般纳税人，其甲产品的销售单价为 700 元/件，生产成本为 460 元/件；乙产品的销售单价为 800 元/件，生产成本为 520 元/件。

20××年 4 月发生的各项销售业务如下：

1）3 日，采用支票结算方式向 A 公司销售甲产品 300 件，货款及增值税款收存银行。

2）5 日，采用汇兑结算方式向 B 公司销售甲产品 150 件。

3）14 日，采用商业汇票结算方式向 C 公司销售乙产品 180 件，收到票据期限 3 个月。

4）18 日，采用托收承付结算方式向 D 公司销售甲产品 250 件，乙产品 300 件，已向银行办妥托收手续。

根据上述资料，编制有关会计分录。

第七章　对外投资业务的核算

思维导图

第一节　概　　述

一、对外投资的含义

广义的投资是指各种经济主体为实现特定的目的和获得预期的收益，将其拥有的货币、实物资产作为资本运用并形成相应资产的经济行为。按照投资方向不同分为对内投资和对外投资两大类。

从企业的角度看，对内投资就是项目投资，是指企业将资金投放于为取得供本企业生产经营使用的固定资产、无形资产、其他资产和垫支流动资金而形成的一种投资（具体见第四章“生产准备业务的核算”）；对外投资是指企业为购买国家及其他企业发行的有价证券或其他金融产品（包括：期货与期权、信托、保险），或以货币资金、实物资产、无形资产向其他企业（如联营企业、子公司等）注入资金而发生的投资。

二、对外投资业务的分类

对外投资可以按照不同标准进行分类，见表 7.1。

表 7.1　对外投资分类表

依据	类别	内容
按投资方式	直接投资	直接将资金投入
	间接投资	股票投资、债券投资、基金投资
按投资性质	权益性投资	股票投资和项目投资
	债权性投资	公司债券、金融债券和政府债券
	混合性投资	优先股股票、可转换债券
按投资形式	货币投资	用货币资金直接投资
	实物投资	用材料、固定资产等实物资产投资
	无形资产投资	用无形资产所有权或使用权投资
按投资时间长短（小企业会计准则）	短期投资	一年及一年以内投资
	长期投资	一年以上的投资
按投资者目的（企业会计准则）	交易性金融资产	二级市场购入的股票投资、债券投资、基金投资、衍生工具
	持有至到期投资	准备持有至到期的公司债券投资、政府债券
	可供出售金融资产	未列入其他分类的股票投资、债券投资
	长期股权投资	对子公司股权投资、对联营公司股权投资、对合营公司股权投资

第二节　交易性金融资产投资

交易性金融资产投资是指企业能够随时变现、以获得证券交易差价的投资。作为交易性金融资产投资，应当满足下列条件之一：

1）取得该金融资产，主要是为了近期内出售。如企业以赚取差价为目的从二级市场购入的股票、债券、基金等。

2）属于进行集中管理的可辨认金融工具组合的一部分，且有客观证据表明企业近期采用短期获利方式对该组合进行了管理。

3）属于衍生金融工具。

一、账户设置

1. 交易性金融资产

1）核算内容。核算企业为交易目的所持有的债券投资、股票投资、基金投资等交易性金融资产的公允价值。

2）性质。资产类账户。

3）结构。账户借方登记交易性金融资产的取得成本、资产负债表日其公允价值高于账面余额的差额等；贷方登记资产负债表日其公允价值低于账面余额的差额，以及企业出售交易性金融资产时结转的成本和公允价值变动。如图 7.1 和图 7.2 所示。

交易性金融资产（成本）	
取得交易性金融资产的公允价值	出售交易性金融资产的公允价值
持有的交易性金融资产的公允价值	

图 7.1　交易性金融资产（成本）账户结构图

交易性金融资产（公允价值变动）	
资产负债表日，交易性金融资产的公允价值高于其账面余额的差额	资产负债表日，交易性金融资产的公允价值低于其账面余额的差额
持有的交易性金融资产的公允价值变动的净增加额	持有的交易性金融资产的公允价值变动的净减少额

图 7.2　交易性金融资产（公允价值变动）账户结构图

4）本账户按交易性金融资产的类别和品种，分别“成本”“公允价值变动”等进行明细核算。

2. 投资收益

1）核算内容。核算企业持有交易性金融资产等的期间内取得的投资收益以及出售交易性金融资产等实现的投资收益或投资损失。

2）性质。损益类账户。

3）结构。借方登记企业出售交易性金融资产等发生的投资损失；贷方登记企业持有交易性金融资产等的期间内取得的投资收益以及出售交易性金融资产等实现的投资收益。如图 7.3 所示。

投资收益

借方	贷方
① 支付金融资产的交易费用 ② 处置交易性金融资产发生的损失 ③ 结转交易性金融资产取得的收益	① 处置交易性金融资产取得的收益 ② 结转交易性金融资产投资发生的损失

图 7.3　投资收益账户结构图

4）本账户按投资的种类设置二级账户，按品种设置明细账户。

3. 公允价值变动损益

1）核算内容。核算企业交易性金融资产等的公允价值变动而形成的应计入当期损益的利得或损失。

2）性质。损益类账户。

3）结构。借方登记资产负债表日企业持有的交易性金融资产等的公允价值低于账面余额的差额；贷方登记资产负债表日企业持有的交易性金融资产等的公允价值高于账面余额的差额，如图 7.4 所示。

公允价值变动损益

借方	贷方
① 资产负债表日，企业应按交易性金融资产的公允价值低于其账面余额的差额登记 ② 处置交易性金融资产时，转销该资产原计入本账户贷方的金融资产的公允价值变动金额 ③ 期末，应将本科目贷方余额转入“本年利润”科目	① 资产负债表日，企业应按交易性金融资产的公允价值高于其账面余额的差额登记 ② 处置交易性金融资产时，转销该资产原计入本账户借方的金融资产的公允价值变动金额 ③ 期末，应将本科目贷方余额转入“本年利润”科目

图 7.4　公允价值变动损益账户结构图

4）本科目可按交易性金融资产的种类进行明细核算。

4. 应收股利

该账户核算购买股权投资时垫付的现金股利，以及在被投资方宣告分配股利时确认的应收取的现金股利。

5. 应收利息

该账户核算购买债券投资时垫付的已到期尚未领取的债券利息，以及债券持有期间已到付息期尚未领取的债券利息。该账户只适用于分期付息债券。

二、账务处理

（一）取得交易性金融资产

企业取得交易性金融资产时，应当按照该金融资产取得时的公允价值作为其初始入账金额。金融资产的公允价值，应当以市场交易价格为基础加以确定。

1）企业取得交易性金融资产所支付价款中包含了已宣告但尚未发放的现金股利或已到付息期但尚未领取的债券利息的，应当单独确认为应收项目，不构成交易性金融资产的初始入账金额。

2）企业取得交易性金融资产所发生的相关交易费用应当在发生时作为投资收益进行会计处理。交易费用是指可直接归属于购买、发行或处置金融工具新增的外部费用，包括支付给代理机构、咨询公司、券商等的手续费和佣金及其他必要支出。

3）企业取得交易性金融资产，应当按照该金融资产取得时的公允价值，借记“交易性金融资产——成本”科目；按照发生的交易费用，借记“投资收益”科目；按照已到付息期但尚未领取的利息或已宣告但尚未发放的现金股利，借记“应收利息”或“应收股利”科目；按照实际支付的金额，贷记“银行存款”或“其他货币资金”等科目。

【例 7.1】 20××年 1 月 6 日，ABC 公司从上海证券交易所购入 A 上市公司面值 1 元股票 100 000 股，列为交易性金融资产管理。该笔股票投资在购买日的交易价格为每股 15 元，支付相关交易费用金额为 18 000 元。则该公司应编制如下会计分录：

购买 A 上市公司股票时：

借：交易性金融资产——成本（A 公司股票）　　1 500 000
　　投资收益　　18 000
　　贷：银行存款　　1 518 000

【例 7.2】 20××年 4 月 15 日，ABC 公司购入 B 公司股票 10 000 股作为交易性金融资产投资，每股买价 10.20 元，支付手续费 1 200 元，款项均以银行转账方式支付。其中支付的买价中包括已宣布发放的现金股利（每股 0.2 元）。交易性金融资产投资的实际成本为 10.20×10 000－1 200＝86 600（元），作以下会计分录：

借：交易性金融资产——成本（B 公司股票）　　100 000
　　投资收益　　1 200
　　应收股利　　2 000
　　贷：银行存款　　103 200

待收到 B 公司发放的现金股利 2 000 元时，作以下会计分录：

借：银行存款　　2 000
　　贷：应收股利　　2 000

【例 7.3】 20××年 7 月 1 日，ABC 公司支付价款 34 720 元，购买 C 公司上年度 7

月 1 日发行的面值 32 000 元，期限 5 年、票面利率 6%、每年 6 月 30 日付息、到期还本的债券作为交易性金融资产投资，并支付手续费 120 元，款项均以银行转账方式支付。其中支付的款项中包括已到付息期但尚未支付利息 1 920 元。ABC 公司作以下会计分录：

借：交易性金融资产——成本（C 公司债券）　32 680
　　投资收益　120
　　应收利息　1 920
　　贷：银行存款　34 720

待收到 C 公司应付利息时，作以下会计分录：

借：银行存款　1 920
　　贷：应收利息　1 920

（二）交易性金融资产的持有

企业在持有交易性金融资产期间，对于被投资单位宣告发放的现金股利或企业在资产负债表日按分期付息、一次还本债券投资的票面利率计算的利息收入，应当确认为应收项目，并计入投资收益。

资产负债表日，交易性金融资产应按公允价值反映，公允价值的变动计入到期损益。当公允价值高于其账面余额时，应按二者之间的差额调增交易性金融资产的账面余额，同时确认公允价值上升的收益，借记“交易性金融资产——公允价值变动”科目，贷记“公允价值变动损益”科目；当公允价值低于其账面余额时，应按二者之间的差额调减交易性金融资产的账面余额，同时确认公允价值下降的损失，借记“公允价值变动损益”科目，贷记“交易性金融资产——公允价值变动”科目。

【例 7.4】 ABC 公司于每年年末对持有的交易性金融资产按公允价值进行后续计量，确认公允价值变动损益。20××年 12 月 31 日，公司持有的交易性金融资产投资明细资料见表 7.2。

表 7.2　公司交易性金融资产投资明细表

20××年 12 月 31 日　　单位：元

项目	调整前账面余额	期末公允价值	公允价值变动损益	调整后账面余额
A 公司股票	1 500 000	1 200 000	−300 000	1 200 000
B 公司股票	100 000	120 000	20 000	120 000
D 公司债券	65 600	68 000	2 400	68 000

根据表 7.2 的资料，ABC 公司于 12 月 31 日确认公允价值变动损益的账务处理如下：

借：公允价值变动损益　300 000
　　贷：交易性金融资产——公允价值变动（A 公司股票）　300 000
借：交易性金融资产——公允价值变动（B 公司股票）　20 000
　　　　　　　　　——公允价值变动（D 公司债券）　2 400
　　贷：公允价值变动损益　22 400

（三）交易性金融资产处置

交易性金融资产的处置是指对企业持有的交易性金融资产出售或转让行为。交易性金融资产处置损益是指处置交易性金融资产实际收到的价款，减去所处置交易性金融资产账面余额后的差额。其中，交易性金融资产的账面余额，是指交易性金融资产的初始入账金额加上或减去资产负债表日累计公允价值变动后的金额。如果在处置交易性金融资产时，已计入应收项目的现金股利或债券利息尚未收回，还应从处置价款中扣除该部分现金股利或债券利息，然后确认处置损益。处置交易性金融资产时，该交易性金融资产在持有期间已确认的累计公允价值变动净损益，应确认为处置当期投资收益，同时调整公允价值变动损益。

企业出售交易性金融资产，应当按照实际收到的金额，借记“银行存款”等科目，按照该金融资产的账面余额，贷记“交易性金融资产——成本、公允价值变动”科目，按照其差额，贷记或借记“投资收益”科目。同时，将原计入该金融资产的公允价值变动转出，借记或贷记“公允价值变动损益”科目，贷记或借记“投资收益”科目。

【例 7.5】 续例 7.1 和例 7.4，假定 20××年 3 月 1 日，ABC 公司出售了所持有的 A 公司股票，实际收到价款 1 400 000 元。股票出售日，A 公司股票账面价值 1 200 000 元，成本 1 500 000 元，已经确认公司价值变动损失 300 000 元，ABC 公司应编制如下会计分录：

处置损益＝1 400 000－1 200 000＝200 000（元）

借：银行存款	1 400 000	
交易性金融资产——公允价值变动（A 公司股票）	300 000	
贷：交易性金融资产——成本（A 公司股票）		1 500 000
投资收益		200 000
同时：		
借：投资收益	300 000	
贷：公允价值变动损益		300 000

【例 7.6】 续例 7.4，假定 20××年 4 月 20 日，ABC 公司出售了所持有的 D 公司债券，实际收到价款 70 880 元，其中，成本 65 600 元，已确认公允价值变动收益 2 400 元，债券处置损益的计算及账务处理如下：

处置损益＝70 880－68 000－1 920＝960（元）

借：银行存款	70 880	
贷：交易性金融资产——成本（D 公司债券）		65 600
——公允价值变动（D 公司债券）		2 400
应收利息		1 920
投资收益		960
同时：		
借：公允价值变动损益	2 400	
贷：投资收益		2 400

三、交易性金融资产与可供出售金融资产的区别

交易性金融资产与可供出售金融资产账务处理相似，这里仅介绍二者在账务处理上的区别，不再设章节详细介绍可供出售金融资产的账务处理方法。

可供出售金融资产是指初始确认时即被指定为可供出售的非衍生金融资产，以及没有划分为持有至到期投资、贷款和应收款项、以公允价值计量且其变动计入当期损益的金融资产。通常情况下，包括企业从二级市场上购入的债券投资、股票投资、基金投资等，但这些金融资产没有被划分为交易性金融资产或持有至到期投资。

交易性金融资产与可供出售金融资产账务处理主要区别如下：

1）两者的持有目的不一样，可供出售金融资产不是为了短期内获益，而要相对持有一段时间。

2）持有时间不一样，可供出售金融资产要长一些，一般在一年以上，而交易性金融资产则在一年内。

3）初始投资时的费用确认不一样，可供出售金融资产要资本化，计入投资成本，而交易性金融资产计入当期损益。

4）持有期间计量不一样，可供出售金融资产公允价值变动计入资本公积，而交易性金融资产计入当期损益。

5）减值不一样，可供出售金融资产可以进行减值，而交易性金融资产由于投机性强，不进行减值。

*第三节　持有至到期投资

持有至到期投资是指到期日固定、回收金额固定或可确定，且企业有明确意图和能力持有至到期的非衍生金融资产。通常情况下，包括企业持有的、在活跃市场上有公开报价的国债、企业债券、金融债券等。

一、账户设置

为了反映和监督持有至到期投资的取得、收取利息和出售等情况，企业应当设置“持有至到期投资”“投资收益”等科目进行核算。

“持有至到期投资”账户：

1）核算内容。核算企业持有至到期投资的摊余成本。

2）性质。资产类账户。

3）结构。账户的借方登记持有至到期投资的取得成本、一次还本付息债券投资在资产负债表日按照票面利率计算确定的应收未收利息等；贷方登记企业出售持有至到期投资时结转的成本等。

4）本账户按照持有至到期投资的类别和品种，分别设置“成本”“利息调整”“应计利息”等明细科目进行核算。

二、账务处理

（一）持有至到期投资的取得

企业取得持有至到期投资应当按照公允价值计量，取得持有至到期投资所发生的交易费用计入持有至到期投资的初始确认金额。

企业取得持有至到期投资支付的价款中包含已到付息期但尚未领取的债券利息，应当单独确认为应收项目，不构成持有至到期投资的初始确认金额。

企业取得的持有至到期投资，应当按照该投资的面值，借记“持有至到期投资——成本”科目，按照支付的价款中包含的已到付息期但尚未领取的利息，借记“应收利息”科目，按照实际支付的金额，贷记“银行存款”等科目，按照其差额，借记或贷记“持有至到期投资——利息调整”科目。

【例 7.7】 20××年 1 月 1 日，ABC 公司支付价款 1 313 460 元（含交易费用）从上海证券交易所购入 D 公司同日发行的 3 年期公司债券 15 000 份，债券票面价值总额为 1 500 000 元，票面年利率为 5%，于年末支付本年度债券利息（即每年利息为 75 000 元），本金在债券到期时一次性偿还。ABC 公司将其划分为持有至到期投资。在不考虑所得税情况下，经测算该债券投资的实际利率约为 10%。具体计算过程见表 7.3。

设实际利率为 r，则：

$75\ 000\ (1+r)^{-1}+7\ 5000\ (1+r)^{-2}+7\ 5000\ (1+r)^{-3}+1\ 500\ 000\ (1+r)^{-3}=1\ 313\ 460$

用插值法计算，$r\approx10\%$

表 7.3 实际利率法投资收益计算表

年份	期初摊余成本（A）	实际利息收入（B）（按 10%计算）	现金流入（C）	期末摊余成本（D=A+B-C）
第 1 年	1 313 460	131 346	75 000	1 369 806
第 2 年	1 369 806	136 980.6	75 000	1 431 786.6
第 3 年	1 431 786.6	143 213.4（尾差调整）	1 575 000	0

期末摊余成本＝期初摊余成本＋投资收益－现金流入－已收回的本金－已发生的减值损失

其中，期初的摊余成本就是上一期期末的摊余成本，如果是第一期，那么期初摊余成本就是为了取得该金融资产所付出的对价的公允价值，包括交易费用，不包括已到期尚未领取的利息：

投资收益＝期初摊余成本×实际利率

现金流入（实收利息）＝债券票面价值×票面利率

如果是到期一次还本付息，每期现金流入为零，最后一期一起算。

ABC 公司 20××年 1 月 1 日购入时，应编制如下会计分录：

借：持有至到期投资——成本（D 公司债券） 1 500 000

　贷：银行存款 1 313 460

　　持有至到期投资——利息调整（D 公司债券） 186 540

（二）持有至到期投资的持有

企业在持有至到期投资的会计期间，应当按照摊余成本对持有至到期投资进行计量。在资产负债表日，按照持有至到期投资摊余成本和实际利率计算确定的债券利息收入，作为投资收益进行会计处理。摊余成本是指该金融资产的初始确认金额经下列调整后的结果：①扣除已偿还的本金；②加上或减去采用实际利率法将该初始确认金额与到期日金额之间的差额进行摊销形成的累计摊销额；③扣除已发生的减值损失。

1）持有至到期投资为分期付息、一次还本债券投资的。企业应当在资产负债表日按照持有至到期投资的面值和票面利率计算确定的应收未收利息，借记“应收利息”科目，按照持有至到期投资的摊余成本和实际利率计算确定的利息收入，贷记“投资收益”科目，按照其差额，借记或贷记“持有至到期投资——利息调整”科目。

2）持有至到期投资为一次还本付息债券投资的。企业应当在资产负债表日按照持有至到期投资的面值和票面利率计算确定的应收未收利息，借记“持有至到期投资——应计利息”科目，按照持有至到期投资的摊余成本和实际利率计算确定的利息收入，贷记“投资收益”科目，按照其差额，借记或贷记“持有至到期投资——利息调整”科目。

【例 7.8】 续例 7.7，根据约定，当年 12 月 31 日，ABC 公司按期收到 D 公司支付的第 1 年债券利息 75 000 元，确认实际利息收入。

借：应收利息——D 公司（1 500 000×5%）　　75 000
　　持有至到期投资——利息调整（D 公司债券）　　56 346
　　贷：投资收益——D 公司债券（1 313 460×10%）　　131 346

同时：

借：银行存款　　75 000
　　贷：应收利息——D 公司　　75 000

2）次年 12 月 31 日，确认 D 公司债券实际利息收入、收到债券利息时：

借：应收利息——D 公司　　75 000
　　持有至到期投资——利息调整（D 公司债券）　　61 980.6
　　贷：投资收益——D 公司债券　　136 980.6

同时：

借：银行存款　　75 000
　　贷：应收利息——D 公司　　75 000

3）第 3 年 12 月 31 日，确认 D 公司债券实际利息收入、收到债券利息时：

借：应收利息——D 公司　　75 000
　　持有至到期投资——利息调整（D 公司债券）　　68 213.4
　　贷：投资收益——D 公司债券　　143 213.4

同时：

借：银行存款　　1 575 000
　　贷：应收利息——D 公司　　75 000
　　　　持有至到期投资——成本（D 公司债券）　　1 500 000

（三）持有至到期投资的出售

企业出售持有至到期投资时，应当将取得的价款与账面价值之间的差额作为投资损益进行会计处理。如果对持有至到期投资计提了减值准备，还应当同时结转减值准备。企业出售持有至到期投资，应当按照实际收到的金额，借记“其他货币资金”等科目，按照该持有至到期投资的账面余额，贷记“持有至到期投资——成本、利息调整”科目，按照其差额，贷记或借记“投资收益”科目。已计提减值准备的，还应同时结转减值准备。

【例 7.9】 续例 7.7、例 7.8，假设 ABC 公司将所持有的 15 000 份 D 公司债券全部出售，取得价款 1 600 000 元。

在该日，ABC 公司该债券投资的账面余额为 1 431 786.6 元，其中：成本明细科目为借方余额 1 500 000 元，利息调整明细科目为贷方余额 68 213.4 元。假定该债券投资在持有期间未发生减值。ABC 公司应编制如下会计分录：

借：银行存款	1 600 000	
持有至到期投资——利息调整（D 公司债券）	68213.4	
贷：持有至到期投资——成本（D 公司债券）		1 500 000
投资收益——D 公司债券		168213.4

*第四节　长期股权投资

长期股权投资，是指投资企业对被投资单位实施控制、重大影响的权益性投资，以及对其合营企业的权益性投资。

1）企业能够对被投资单位实施控制的，被投资单位为本企业的子公司。控制，是指投资方拥有对被投资方的权力，通过参与被投资方的相关活动而享有可变回报，并且有能力运用对被投资方的权力影响其回报金额。

2）企业与其他方对被投资单位实施共同控制的，被投资单位为本企业的合营企业。共同控制，是指按照相关约定对某项安排所共有的控制，并且该安排的相关活动必须经过分享控制权的参与方一致同意后才能决策。

3）企业能够对被投资单位施加重大影响的，被投资单位为本企业的联营企业。重大影响，是指投资企业对被投资单位的财务和经营政策有参与决策的权力，但并不能够控制或者与其他方共同控制这些政策的制定。

一、核算方法

长期股权投资的核算方法有两种：一是成本法，二是权益法。

1. 成本法核算范围

企业能够对被投资单位实施控制的长期股权投资，即企业对子公司的长期股权投资，应当采用成本法核算，投资企业为投资性主体且子公司不纳入其合并财务报表的除外。

2. 权益法核算范围

企业对被投资单位具有共同控制或重大影响时，长期股权投资应当采用权益法核算。

1）企业对被投资单位具有共同控制的长期股权投资，即企业对合营企业的长期股权投资。

2）企业对被投资单位具有重大影响的长期股权投资，即企业对联营企业的长期股权投资。

二、账户设置

为了反映和监督企业长期股权投资的取得、持有和处置等情况，企业应当设置“长期股权投资”“投资收益”“其他综合收益”等科目。

1. 长期股权投资

1）核算内容。核算企业持有的长期股权投资。

2）性质。资产类账户。

3）结构。借方登记长期股权投资取得时的初始投资成本以及采用权益法核算时按被投资单位实现的净损益、其他综合收益和其他权益变动等计算的应分享的份额；贷方登记处置长期股权投资的账面余额或采用权益法核算时被投资单位宣告分派现金股利或利润时企业按持股比例计算应享有的份额，及按被投资单位发生的净亏损、其他综合收益和其他权益变动等计算的应分担的份额；期末借方余额，反映企业持有的长期股权投资的价值。

4）本账户应当按照被投资单位进行明细核算。长期股权投资核算采用权益法的，应当分别按“投资成本”“损益调整”“其他综合收益”“其他权益变动”进行明细核算。

2. 其他综合收益

1）核算内容。核算企业根据其他会计准则规定未在当期损益中确认的各项利得和损失。

2）性质。所有者权益类账户。

3）结构。其他综合收益核算采用列举法，下列情况的减少或转入当期损益金额登记在借方；增加登记在贷方：

① 可供出售金融资产的公允价值变动、减值及处置导致的其他综合收益的增加或减少。还包括将持有至到期投资重分类为可供出售金融资产时，重分类日公允价值与账面余额的差额部分。

② 对合营联营企业投资，采用权益法核算确认的被投资单位除净损益以外所有者权益的其他变动，导致的其他综合收益的增加（不是资本交易，是持有利得）。

③ 对子公司投资，在编制合并报表时，按权益法确认的其他综合收益和少数股东权益的变动收益。

④ 自用房地产或存货转换为采用公允价值模式计量的投资性房地产时，投资性房地产按照转换当日的公允价值计价，转换当日的公允价值小于原账面价值的，其差额计

入当期损益；转换当日的公允价值大于原账面价值的，其差额计入所有者权益。

⑤ 可供出售外币非货币性项目的汇兑差额等。

三、采用成本法核算长期股权投资的账务处理

（一）长期股权投资的取得

除企业合并形成的长期股权投资以外，以支付现金取得的长期股权投资，应当按照实际支付的购买价款作为初始投资成本。投资企业所发生的与取得长期股权投资直接相关的费用、税金及其他必要支出应计入长期股权投资的初始投资成本。此外，投资企业取得长期股权投资，实际支付的价款或对价中包含的已宣告但尚未发放的现金股利或利润，作为应收项目处理，不构成长期股权投资的成本。

除企业合并形成的长期股权投资以外，以支付现金、非现金资产等方式取得的长期股权投资，应当按照上述规定确定的长期股权投资初始投资成本，借记“长期股权投资”科目，贷记“银行存款”等科目。如果实际支付的价款中包含有已宣告但尚未分派的现金股利或利润，借记“应收股利”科目，贷记“银行存款”科目。

【例 7.10】 ABC 公司 20××年 5 月 15 日从深圳证券交易所购买 E 公司发行的股票 200 000 股作为长期投资，每股买入价为 8 元，每股价格中包含有 0.2 元的已宣告分派的现金股利，另支付相关税费 4 800 元。ABC 公司应编制如下会计分录：

1）计算初始投资成本：

股票成交金额（200 000×8）	1 600 000
加：相关税费	4 800
减：已宣告分派的现金股利（200 000×0.2）	40 000
初始投资成本	1 564 800

2）编制购入股票的会计分录：

借：长期股权投资——E 公司	1 564 800	
应收股利——E 公司	40 000	
贷：银行存款		1 604 800

3）假定 ABC 公司 20××年 6 月 20 日收到 E 公司分来的购买该股票时已宣告分派的现金股利 40 000 元：

借：银行存款	40 000	
贷：应收股利——E 公司		40 000

（二）长期股权投资的持有

长期股权投资持有期间被投资单位宣告分派现金股利或利润时，投资企业按应享有的份额确认为当期投资收益，借记“应收股利”科目，贷记“投资收益”科目。

【例 7.11】 续例 7.10，ABC 公司 20××年 5 月 5 日收到 E 公司宣告分派上年度现金股利的通知，应分得现金股利 30 000 元时，ABC 公司应编制如下会计分录：

借：应收股利——E 公司	30 000	
贷：投资收益		30 000

（三）长期股权投资的处置

处置长期股权投资时，按照实际取得的价款与长期股权投资账面价值的差额确认为投资损益，并应同时结转已计提的长期股权投资减值准备。

【例 7.12】 ABC 公司在深圳证券交易所将其作为长期投资持有的 E 公司 200 000 股股票，以每股 10 元的价格卖出，支付相关税费 6 000 元，取得价款 1 994 000 元，款项已由银行收妥。该长期股权投资账面价值为 1 564 800 元，假定没有计提减值准备。ABC 公司应编制如下会计分录：

1）计算投资收益：

股票转让取得价款	1 994 000
减：投资账面余额	1 564 800
投资收益	429 200

2）编制出售股票的会计分录：

	借方	贷方
借：银行存款	1 994 000	
贷：长期股权投资——E 公司		1 564 800
投资收益		429 200

四、采用权益法核算长期股权投资的账务处理

（一）长期股权投资的取得

投资企业取得长期股权投资采用权益法核算，借记“长期股权投资——投资成本”科目，贷记“银行存款”等科目。

【例 7.13】 ABC 公司在深圳证券交易所购入 F 公司 25 000 000 股，并准备长期持有，占该公司股份的 30%。每股买入价为 6 元，另外，购买该股票时发生相关税费 450 000 元，款项已由银行存款支付。20×3 年 12 月 31 日，F 公司的所有者权益的账面价值（与公允价值一致）500 000 000 元。ABC 公司应编制如下会计分录：

1）计算初始投资成本：

股票成交金额（25 000 000×6）	150 000 000
加：相关税费	450 000
初始投资成本	150 450 000

2）编制购入股票的会计分录：

	借方	贷方
借：长期股权投资——F 公司——投资成本	150 450 000	
贷：银行存款		150 450 000

（二）长期股权投资的持有

投资企业在持有长期股权投资期间，应按照被投资单位实现的净利润（以取得投资时被投资单位可辨认净资产的公允价值为基础计算）中应享有的份额，借记“长期股权投资——损益调整”科目，贷记“投资收益”科目。被投资单位发生净亏损作相反的会计分录，但以“长期股权投资”科目的账面价值减记至零为限。

【例 7.14】 续例 7.13，20×4 年 F 公司实现净利润 5 000 000 元。ABC 公司按照持股比例确认投资收益 1 500 000 元。20×5 年 5 月 15 日，F 公司宣告分派现金股利，每 10 股派 0.2 元，ABC 公司可分派到 500 000 元。20×5 年 6 月 15 日，ABC 公司收到 F 公司分派的现金股利。

假定不考虑其他因素，ABC 公司应编制如下会计分录：

1）确认从 F 公司实现的投资收益时：

借：长期股权投资——F 公司——损益调整　　1 500 000

　贷：投资收益　　1 500 000

2）F 公司宣告分派现金股利时：

借：应收股利——F 公司　　500 000

　贷：长期股权投资——F 公司——损益调整　　500 000

3）收到 F 公司发放的现金股利时：

借：银行存款　　500 000

　贷：应收股利——F 公司　　500 000

收到被投资单位发放的股票股利，不进行账务处理，但应在备查簿中进行登记，在除权日注明增加的股数，以反映股份的变化情况。

【例 7.15】续例 7.13，20×3 年 F 公司可供出售金融资产的公允价值增加了 2 000 000 元。ABC 公司按照持股比例确认相应的其他综合收益 600 000 元。ABC 公司应编制如下会计分录：

借：长期股权投资——F 公司——其他综合收益　　600 000

　贷：其他综合收益——F 公司　　600 000

投资企业对于被投资单位除净损益、其他综合收益和利润分配外所有者权益的其他变动，应当按照持股比例计算应享有的份额，借记或贷记“长期股权投资——其他权益变动”科目，贷记或借记“资本公积——其他资本公积”科目。

（三）长期股权投资处置

出售所得价款与处置长期股权投资账面价值之间的差额，应确认为处置损益。投资方全部处置权益法核算的长期股权投资时，原权益法核算的相关其他综合收益应当在终止采用权益法核算时采用与被投资单位直接处置相关资产或负债相同的基础进行会计处理，因被投资方除净损益、其他综合收益和利润分配以外的其他所有者权益变动而确认的所有者权益，应当在终止采用权益法核算时全部转入当期投资收益。

【例 7.16】 续例 7.13、例 7.14 和例 7.15，20×4 年 7 月 8 日，ABC 公司在深圳证券交易所出售所持 F 公司的股票 25 000 000 股，每股出售价为 8 元，款项已收到。ABC 公司应编制如下会计分录：

借：银行存款　　200 000 000

　贷：长期股权投资——F 公司——投资成本　　150 450 000

　　　　——F 公司——损益调整　　1 000 000

　　　　——F 公司——其他综合收益　　600 000

　　投资收益　　47 950 000

借：其他综合收益——F 公司　　600 000
　　贷：投资收益　　600 000

本章小结

从公司理财的角度看，投资有广义和狭义之分。广义的投资不仅包括对外投资，还包括对内投资，本章所讨论的投资，仅指狭义的投资，即对外投资。企业在正常的生产经营活动以外，将货币资金、实物资产、无形资产等以购买股票、债券或者与其他企业进行联营等形式将暂时闲置的资产合理地加以利用以谋取一定收益的行为，称为对外投资。本章将对外投资的定义、方式、类别以及交易性金融资产投资的取得、处置、期末计价以及投资收益的确认和计算等内容，进行初步的讲解。通过本章的学习，要求学习者重点掌握交易性金融资产投资相关账户的设置与运用，了解持有至到期投资和长期股权投资的简单账务处理，而其他投资相关知识将在后续财务会计课程中予以讲解，在此不作介绍。

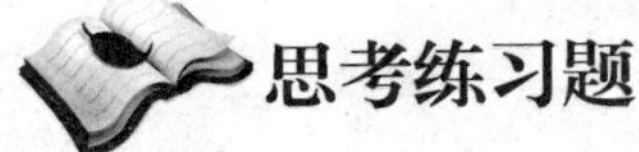

思考练习题

1. 什么叫投资？投资包括哪几方面的内容？
2. 投资按性质不同如何分类？
3. 投资按期限如何分类？
4. 核算交易性金融资产的会计科目有哪些？它们是如何运用的？
5. 简述交易性金融资产的核算程序。
6. 20××年 4 月 ABC 公司发生投资业务如下：

1）4 月 1 日，购入 A 公司于年初 1 月 1 日发行的年利率 9%（每季末付利息）的短期债券，面值 15 000 元，实际支付款项为 15 300 元。

2）4 月 4 日，购入 A 公司股票 10 000 股，每股市价 6.60 元，另支付佣金 500 元，款项已全部付出。

3）4 月 10 日，购入 B 公司股票 20 000 股，每股市价 9.90 元（内含已宣告发放的股利 0.30 元），另支付佣金 1 500 元。款项已全部付出。

4）4 月 18 日，企业因急需资金，将上年末 D 公司债券发行时购入的面值 40 000 元的债券在市场上全部出售。购入时实际支付款项 40 100 元，现以 41 100 元价款售出，收到款项存入银行。

5）4 月 20 日，本月第 2）项业务购入的 A 公司股票，因市价上升很快，现以 77 000 元的价格售出。收到款项存入银行。

6）4 月 21 日，收到本月投资业务 3）的 B 公司股票中已宣告发放的股利，并存入账户。

7）收到本月第 1）项业务的利息，存入银行。

根据以上资料编制会计分录。

7. A 公司 20×3 年 3 月 30 日，以每股 12 元的价格购入某上市公司股票 50 万股，另支付手续费 8 万元，准备待价格适当时随时出售，不打算长期持有。5 月 25 日，该上市公司按每股 0.2 元发放现金股利。20×3 年 12 月 31 日，该股票的市价为每股 11 元。20×4 年 1 月 20 日，出售该股票，每股售价 13.5 元（已扣除支付的手续费等）。

请编制上述业务的全部会计分录。

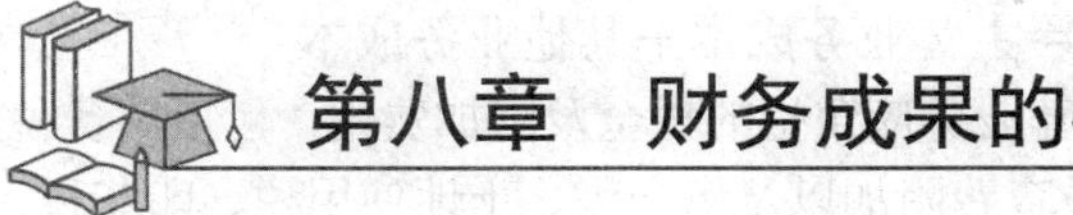

第八章　财务成果的核算

第一节　利润形成的核算

一、利润的计算

（一）利润含义

利润是企业在一定会计期间的经营成果，其内容包括收入减去费用后的净额和直接计入当期的利得和损失，是衡量企业经营业绩的重要指标。利得是指除收入和直接计入所有者权益项目外的经济利益的净流入；损失是指除费用和直接计入所有者权益项目外的经济利益的净流出。

利润的确认主要依赖于收入和费用以及直接计入当期利润的利得和损失的确认，利润金额的计量主要取决于收入和费用以及直接计入当期利润的利得和损失金额的计量。

利润表现为企业在某一期间内实现的收入抵减发生的费用后的差额。收入大于费用，企业就可获取利润；反之，收入小于相关的成本与费用时，企业就会发生亏损。

（二）利润总额

利润总额也称税前会计利润，是企业某一会计期间内所有收入与费用、损失之间总体抵减的结果。按照《企业会计准则》规定，企业的利润总额包括营业利润和营业外收支净额。用公式表示为

利润总额＝营业利润＋营业外收入－营业外支出

1. 营业利润

营业利润是指企业正常经营活动产生的结果，包括主要经营项目和兼营项目发生的各项相关费用和获得的收入之间的差额，二者之间存在因果关系。营业利润反映企业日常生产经营活动给企业创造的利润数额，它代表企业的实际盈利能力。以公式表示为

营业利润＝营业收入－营业成本－税金及附加－销售费用－管理费用
－财务费用－信用减值损失－资产减值损失＋其他收益
＋投资收益（－投资损失）＋公允价值变动收益（－公允价值变动损失）
＋资产处置收益（－资产处置损失）

1）营业收入。是指企业经营业务所实现的收入总额，包括企业日常经营活动取得的主营业务收入和其他业务收入。用公式表示为

营业收入＝主营业务收入＋其他业务收入

2）营业成本。是指企业经营业务所发生的实际成本总额，包括企业日常经营活动发生的主营业务成本和其他业务成本。用公式表示为

营业成本＝主营业务成本＋其他业务成本

3）税金及附加。是指企业经营业务应负担的税金及附加费用，包括消费税、城市维护建设税、资源税、土地增值税、教育费附加以及房产税、土地使用税、印花税、车船税等。

4）期间费用。包括销售费用、管理费用和财务费用。

5）资产减值损失。是指在各会计期间内，按照谨慎性原则、资产的定义对相关资产进行职业判断，人为估计的资产的成本降低产生的损失。参见第十章内容。

6）公允价值变动损益。是指企业交易性金融资产、交易性金融负债，以及采用公允价值模式计量的投资性房地产等公允价值变动形成的应计入当期损益的利得或损失。

7）投资损益。是指企业在对外投资过程中所获投资收益扣除投资损失后的数额。参见第七章内容。

2. 营业外收入与营业外支出

1）营业外收入。它是指企业发生的与其日常活动无直接关系的各项利得，包括非流动资产处置利得，如处置固定资产、无形资产净收益；非货币性资产交换利得；债务重组利得；罚款利得；政府补助利得；无法支付的预付款项；捐赠利得；盘盈利得等。

2）营业外支出。它是指企业发生的与其日常活动无直接关系的各项损失，包括非流动资产处置损失，如固定资产盘亏损失，处置固定资产、无形资产净损失；非货币性资产交换损失；债务重组损失；捐赠支出；罚款支出和非常损失等。

（三）净利润

企业的净利润也称税后会计利润，是利润总额减去所得税费用后的余额。其中，所得税的计算方法详见本章第二节。以公式表示为

净利润＝利润总额——所得税费用

以上就是企业利润的全部计算过程。这一计算过程，在会计实务中是通过损益类账户和本年利润账户之间的结转实现的，结转后“本年利润”账户借贷方抵消后的差额，即形成当期净利润，期末应转入“利润分配——未分配利润”账户。

二、利润核算应设置的账户

1. 设置“本年利润”账户

1）核算内容。核算企业当期实现的净利润（或发生的亏损）。

2）性质。所有者权益类账户。

3）结构。借方登记转入的本期发生的所有费用和损失金额；贷方登记转入的本期实现的各种收益额。结转后本期的贷方余额为当期实现的净利润；借方余额为当期发生的净亏损。

在年度中间，该账户的余额可以保留在本账户，不予转账，表示截至本期本年度累计实现的利润或发生的亏损。年度终了，应将本年收入和支出相抵后的本年实现的净利

润（或净亏损），转入“利润分配——未分配利润”账户，结转后“本年利润”账户应无余额。该账户的具体结构如图 8.1 所示。

本年利润	
从有关费用账户转入的： 主营业务成本 税金及附加 其他业务成本 销售费用 管理费用 财务费用 资产减值损失 营业外支出 所得税费用	从有关收入账户转入的： 主营业务收入 其他业务收入 投资收益 公允价值变动损益 营业外收入
余额：累计发生的亏损	余额：累计实现的利润

图 8.1　本年利润账户结构图

2. 设置“营业外收入”账户

1）核算内容。核算企业发生的与其日常活动无直接关系的各项利得。

2）性质。损益类账户。

3）结构。贷方登记营业外收入的增加额；借方登记转入本年利润账户中的本期发生额；该账户年末结转后无余额。

4）按照不同的项目设置明细账，进行明细分类核算。

3. 设置“营业外支出”账户

1）核算内容。核算企业发生的与其日常活动无直接关系的各项损失。

2）性质。损益类账户。

3）结构。借方登记营业外支出的增加额；贷方登记转入本年利润账户中的本期发生额；该账户年末结转后无余额。

4）按照不同的项目设置明细账，进行明细分类核算。

4. 设置“所得税费用”账户

1）核算内容。核算企业按税法规定对会计利润调整后形成的应纳税所得额和适用税率计算的本期所得税费用。

2）性质。损益类账户。

3）结构。借方登记本期应交纳的所得税费用额；贷方登记转出的所得税费用本期发生额；结转后该账户没有余额。账户的具体结构如图 8.2 所示。

所得税费用	
登记本期应缴纳的所得税费用	登记转入本年利润账户数额
期末结转后没有余额	

图 8.2　所得税费用账户结构图

三、利润形成的会计核算

利润的计算就是收入和费用的结转和抵减过程，要了解这一过程就需要熟悉损益类账户的核算方法和过程，这在本书有关章节中介绍，本节只介绍有关营业外收入、营业外支出、所得税费用、本年利润的核算方法。

【例 8.1】 因 M 公司未能及时履行与 ABC 公司签订的供货合同，ABC 公司收到 M 公司支付的违约金 2 500 元的支票，并送存银行。

由于在企业的经营过程中，收到违约金不是正常业务，而是偶然发生的，因此收到的该款项属于“营业外收入”核算的内容。

收到违约金的会计分录如下：

借：银行存款 2 500

　　贷：营业外收入 2 500

【例 8.2】 ABC 公司发给 N 公司的商品规格、型号与订货合同不符，按照合同规定支付违约金 3 000 元，ABC 公司开出转账支票付讫。

支付违约金的会计分录如下：

借：营业外支出 3 000

　　贷：银行存款 3 000

从以上两个例题可以看出，虽然收付的都是违约金，但是两项之间不存在必然的因果联系，而是各自独立的两笔业务。

【例 8.3】 ABC 公司向灾区捐赠款项 50 000 元，开出转账支票交付中国红十字会。交付支票的会计分录如下：

借：营业外支出 50 000

　　贷：银行存款 50 000

其他有关项目内容的核算参见有关章节。

【例 8.4】 20××年 12 月 31 日，ABC 公司有关损益类账户的累计发生额资料如表 8.1 所示，假设该公司适用的所得税率为 25%，计算本年度净利润。

表 8.1　ABC 公司损益类账户累计发生额表

20××年 12 月 31 日

单位：元

序号	科目名称	借方金额	贷方金额
1	主营业务收入		25 680 000
2	其他业务收入		320 000
3	投资收益		350 000
4	公允价值变动损益		30 000
5	营业外收入		70 000
6	主营业务成本	18 220 000	
7	税金及附加	1 650 000	
8	其他业务成本	350 000	
9	管理费用	635 000	

续表

序号	科目名称	借方金额	贷方金额
10	销售费用	875 000	
11	财务费用	300 000	
12	资产减值损失	330 000	
13	营业外支出	100 000	

分析：利润的计算要求收入和相关的费用进行对应的抵减，这一抵减过程是在“本年利润”账户中进行核算，需要将相关的损益类账户的发生额结转到“本年利润”账户之中。结转的核算步骤如下：

第一步，结转收益类账户本期发生额。

借：主营业务收入　25 680 000
　　其他业务收入　320 000
　　投资收益　350 000
　　公允价值变动损益　30 000
　　营业外收入　70 000
　　贷：本年利润　26 450 000

第二步，结转费用类账户本期发生额。

借：本年利润　22 460 000
　　贷：主营业务成本　18 220 000
　　　　税金及附加　1 650 000
　　　　其他业务成本　350 000
　　　　管理费用　635 000
　　　　销售费用　875 000
　　　　财务费用　300 000
　　　　资产减值损失　330 000
　　　　营业外支出　100 000

第三步，计算利润总额。

利润总额＝26 450 000－22 460 000＝3 990 000（元）

第四步，计算本期所得税费用。

假设该公司应纳税所得额为 4 000 000 元（纳税调整内容见本章第二节），所得税率 25%，则

应纳所得税额＝应纳税所得额×税率＝4 000 000×25%＝1 000 000（元）

会计分录：

借：所得税费用　1 000 000
　　贷：应交税费——应交所得税　1 000 000

第五步，结转本期所得税费用的发生额。

因“所得税费用”账户属于损益类账户，其发生额也应转入“本年利润”账户。

借：本年利润　1 000 000
　　贷：所得税费用　1 000 000

第六步，计算净利润。

净利润＝利润总额－所得税费用＝3 990 000－1 000 000＝2 990 000（元）

以上就是净利润的全部计算过程，利润形成所涉及账户之间的“T”型关系如图 8.3 所示。

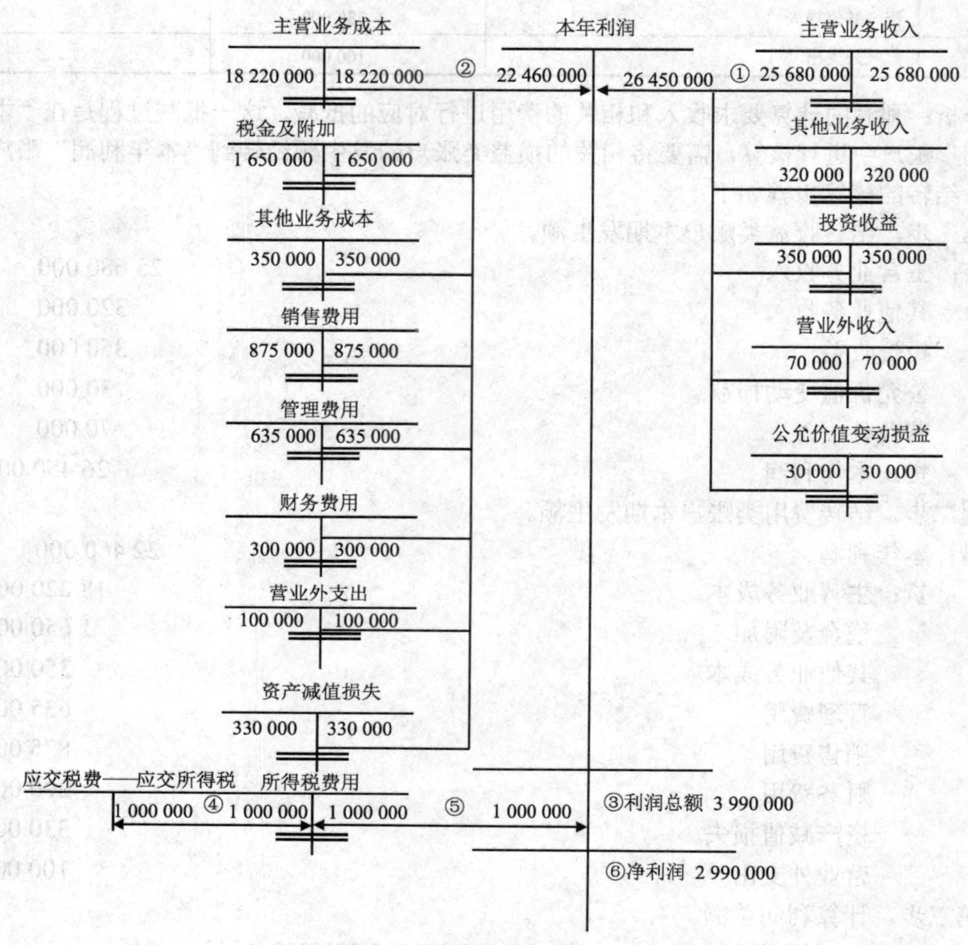

图 8.3　财务成果核算账户关系示意图

四、结转本年利润的方法

会计期末结转本年利润的方法有表结法和账结法两种。

（一）表结法

表结法下，各损益类科目每月月末只需结计出本月发生额和月末累计余额，不结转到“本年利润”科目，只有在年末时才将全年累计余额结转入“本年利润”科目。但每月月末要将损益类科目的本月发生额合计数填入利润表的本月数栏，同时将本月末累计余额填入利润表的本年累计数栏，通过利润表计算反映各期的利润（或亏损）。表结法下，年中损益类科目无须结转入“本年利润”科目，从而减少了转账环节和工作量，同时并不影响利润表的编制及有关损益指标的利用。

（二）账结法

账结法下，每月月末均需编制转账凭证，将在账上结计出的各损益类科目的余额结转入“本年利润”科目。结转后“本年利润”科目的本月余额反映当月实现的利润或发生的亏损，“本年利润”科目的本年余额反映本年累计实现的利润或发生的亏损。账结法在各月均可通过“本年利润”科目提供当月及本年累计的利润（或亏损）额，但增加了转账环节和工作量。

第二节　所得税的核算

一、所得税的含义

所得税是指企业按照税法规定计算的应计入当期损益的所得税费用。它是根据企业当期获得的应纳税所得额乘以适用税率计算确定的，即

应纳所得税额＝应纳税所得额×适用税率

应纳税所得额＝税前会计利润（利润总额）＋纳税调整增加额－纳税调整减少额

需要注意的是，所得税费用的计算依据是企业当期所有的应纳税所得，在会计实务中，由于会计核算是按照《企业会计准则》确定，而《中华人民共和国企业所得税法》（以下简称《税法》）对有关会计事项的纳税规定与会计核算方法有所不同，所以应纳税所得额的计算是按照会计利润经过对纳税事项的调整确定，即利润总额作为调整基础。

二、纳税调整

利润总额（会计利润）是会计人员按照会计核算原则和方法计算的税前会计利润；而应纳税所得额是按照《税法》的有关规定计算的计税利润，二者在口径和时间上存在差异。

纳税调整就是指在计算某一会计期间应纳税所得额时，将按照会计核算原则和方法确定的会计利润总额再按照《税法》的规定，将有关项目加回或扣除的计算过程，即应纳税所得额调整增加数和应纳税所得额调整减少数。

（一）应纳税所得额调整增加额

应纳税所得额调整增加额是指企业按照会计核算方法已经计入当期费用并抵减利润的项目，按照《税法》规定不允许扣除的金额，以及企业计入当期损益但超过《税法》规定允许扣除标准的金额。

按照现行《税法》规定，以下项目将不准予扣除。

1）违法经营被没收财物的损失。

2）各项违法和违规支付的罚款、罚金和滞纳金。

3）非公益性、救济性捐赠支出。

4）与生产经营无关的各种非广告性质的赞助支出。

5）未经核定的准备金支出等。

除此以外，以下项目的发生额属于部分不准予扣除。

1）超过规定的广告费和业务宣传费。广告费和业务宣传费按不超过当年销售收入15%核定，超过部分准予在以后年度结转扣除。

2）超过规定的业务招待费。按当年业务招待费的60%但不超过当年销售收入的5‰核定。

3）超过规定的公益性、救济性捐赠等。按不超过当年会计利润的12%核定。

（二）应纳税所得额调整减少额

应纳税所得额调整减少额主要包括按照《税法》规定允许弥补亏损和准予免税的项目。

依据《中华人民共和国企业所得税法实施条例》规定，以下收入项目准予扣除：

1）五年内未弥补的亏损。

2）国债利息收入。

3）取得的对外投资收益。

4）公共基础设施、环保、技术转让等收入。

5）农林牧渔项目所得。

6）非营利组织所得等。

在我国，《企业会计准则》和《税法》分别有各自不同的原则和目的，二者都是独立存在的法规，相互之间存在着密切的联系。会计的核算过程必须遵循会计准则及其相关规定，其目的是为了真实、完整地反映企业的财务状况、经营成果以及现金流量等财务变动情况的会计信息；《税法》是以保障国家税收收入为目的，根据经济合理、公平税负、促进竞争的原则，依据有关的税收法规，确定一定期间内纳税人实现的应缴纳所得税的收益（所得）额。此外，二者由于确认收益的实现和费用扣减的规定标准不同而产生差异，从而使得按照会计准则计算的利润总额与按照《税法》计算的应纳税所得额之间不一致，这就涉及应按什么作为计税依据的标准的选择问题。我国《税法》规定，如果会计核算制度与《税法》不一致时，应以《税法》规定为准，调整按照会计准则确定的有关项目，因此产生上述纳税调整事项。

三、账务处理

第一步，将本期税前会计利润调整为应纳税所得额。

第二步，用应纳税所得额乘以当期企业适用的所得税税率，计算企业当期应纳所得税额。

第三步，按照当期所得税费用借记“所得税费用”账户，贷记“应交税费——应交所得税”账户。实际缴纳当期所得税时，借记“应交税费——应交所得税”，贷记“银行存款”账户。

第四步，结转所得税，由于“所得税费用”也是企业经营过程中的一项费用，属于损益类账户，所以，该账户本期发生额也应转入“本年利润”账户。

【例 8.5】 ABC 公司 20××年税前利润总额为 2 000 000 元。当年支付公益性捐赠 250 000 元；当年实际发生的业务招待费 120 000 元，当年销售收入合计 15 000 000 元；该企业使用的一项管理用设备，20××年企业按照双倍余额递减法提取折旧 90 000 元，按照税法规定应该用直线法计提折旧 60 000 元；企业当年取得国债利息收入 18 000 元。假设企业所得税税率 25%。则本期所得税处理如下：

1）税前会计利润：	2 000 000
加：公益救济性捐赠	10 000
业务招待费差异	48 000
折旧差异	30 000
减：国债利息收入	18 000
2）应纳税所得额：	2 070 000
乘：所得税税率	25%
3）本期应交所得税：	517 500
本期所得税费用	517 500

4）账务处理：

确认当期所得税费用时：

借：所得税费用	517 500	
贷：应交税费——应交所得税		517 500

结转所得税费用时：

借：本年利润	517 500	
贷：所得税费用		517 500

实际缴纳所得税时：

借：应交税费——应交所得税	517 500	
贷：银行存款		517 500

第三节 利润分配的核算

一、利润分配的含义

市场经济条件下，企业的运行模式是受托代理方式，就是我们所熟知的所有权和经营权的分离。为保护所有者权益，保障企业正常的持续经营，实现企业的经营目标，在每一会计年度结束后，应对本期实现的净利润进行合理的分配，一部分资金继续进行企业资金的正常循环过程；另一部分作为投资者的回报，该部分资金在分配后，退出企业资金的循环过程；还有一部分形成未分配利润，可用于以丰补歉，弥补以后年度的亏损等。

利润分配是企业根据国家有关规定和企业管理层的分配决议，对企业净利润所进行的分配。也就是说，利润分配是对经营过程中资本增值额的分配，而并不是对资本金的返还。企业应有效、合理地分配利润，企业实现的净利润必须按照法律规定的分配程序进行分配。

可供分配的利润等于本年净利润、年初未分配利润和其他转入之和。企业应按照利润分配的原则、顺序进行利润分配，并进行相关的会计核算。

二、利润分配的程序

（一）利润分配的原则

1. 如果企业有尚未弥补的亏损，在亏损弥补前不得提取盈余公积

《税法》规定，企业纳税年度发生的亏损，准予向以后年度结转，用以后年度的所得弥补，但结转年限最长不得超过五年。

2. 在提取法定盈余公积之前，不得向投资者分配利润

利润的分配应首先保证企业对经营资金的需求，按照规定的程序应先提取盈余公积金，之后再向投资者分配利润，可供投资者分配的利润除本年度实现的净利润外还可以包括期初未分配利润等数额。在经营资金短缺的情况下，也可以不向投资者分配利润，以利于企业的持续经营。

3. 企业某一会计期间实现的净利润不得全部分配

出于保护债权人的目的，企业必须在利润分配之前偿清所有债权人到期的债务，否则不能进行利润分配；同时，在利润分配之后，企业还应当保持一定的偿债能力。同时，投资者、经营者、职工等多方利益，企业的长期和短期利益也应当有所兼顾。

（二）利润分配的顺序

企业本年实现的净利润，加上年初未分配利润（或减去年初未弥补亏损）和其他转入后的余额（如公积金转入），为可供分配的利润。可供分配的利润，按下列顺序分配：

首先，提取法定盈余公积金，法定盈余公积金应按照本年实现净利润的一定比例提取，《公司法》规定公司制企业按净利润的 10%提取；其他企业可以根据需要确定提取比例，但不得低于 10%。企业提取的法定盈余公积金累计额超过注册资本 50%以上的，可以不再提取。

其次，可供分配的利润减去提取的法定盈余公积金后，为可供投资者分配的利润。可供投资者分配的利润，按下列顺序分配：

第一，分配优先股股利，是指企业按照利润分配方案分配给优先股股东的现金股利。优先股股利通常是按照约定的股利率计算支付的。

第二，提取任意盈余公积，是指企业按规定提取的任意盈余公积。任意盈余公积通常按照股东大会决议提取。

第三，分配普通股股利，是指企业按照利润分配方案分配给普通股股东的现金股利或利润。普通股现金股利通常按照各股东持有股份的比例进行分配。如果是非股份制企

业则为分配给投资者的利润。

第四，转作资本（或股本）的普通股股利，是指企业按照利润分配方案以分派股票股利的形式转作的资本（或股本）。

可供投资者分配的利润经过上述分配后，余额为未分配利润（或未弥补的亏损）。未分配利润可留待以后年度进行分配。企业发生的亏损，可以按规定由以后年度利润进行弥补。

综上所述，可供投资者分配的利润和本年末未分配利润可分别用公式表示为

可供投资者分配的利润＝净利润－弥补以前年度的亏损

－提取的法定盈余公积－提取的任意盈余公积

＋以前年度未分配的利润＋公积金转入数

本年末未分配利润＝可供投资者分配的利润－优先股股利－普通股股利

三、利润分配的核算

利润分配的核算主要是利润分配程序和利润分配账户明细分类账之间进行结转的核算，进行利润分配的核算应设置“利润分配”“盈余公积”“应付利润（股利）”等账户。

（一）应设置的账户

1. 利润分配

1）记录内容。用来记录企业一定时期内净利润的分配或亏损的弥补以及历年结存的未分配利润（或未弥补亏损）情况。

2）性质。所有者权益类账户。

3）结构。借方登记本期转入的净亏损额、分配的利润额；贷方登记本期转入的净利润额、结转的分配数额；期末余额为“累计未分配利润或累计未弥补亏损”总额。账户结构如图 8.4 所示。

利润分配	
本期结转净亏损额 本期分配的利润额	转入的净利润额 盈余公积补亏额
期末借方余额 表示累计未弥补亏损	期末贷方余额 表示累计未分配利润

图 8.4　利润分配账户结构图

4）利润分配账户一般应设置“盈余公积补亏”“提取法定盈余公积”“提取任意盈余公积”“应付现金股利或利润”“转作资本（或股本）的股利”“未分配利润”等明细分类账户，进行明细核算。

需要注意，利润分配的明细分类账户中除“未分配利润”明细分类账户外，其他明细分类账户本期借方发生额应予结转，结转后其他明细账户无余额。

2. 盈余公积

1）记录内容。按照规定的比例在净利润中提取的盈余公积。

2）性质。所有者权益类账户。

3）结构。借方记录减少额，登记本期转赠资本或转出数额；贷方记录增加额，登记本期按照规定的比例计提的法定盈余公积数额；期末余额在贷方，表示盈余公积累计余额。账户结构如图 8.5 所示。

盈余公积	
本期减少的盈余公积数额	本期计提的盈余公积数额
	期末累计盈余公积数额

图 8.5　盈余公积账户结构图

4）该账户按照盈余公积种类设置明细账账户，一般设置“法定盈余公积”“任意盈余公积”等明细分类账户，进行明细核算。

3. 应付利润（应付股利）

1）记录内容。登记按照一定比例分配给投资者的利润额（股利）。

2）性质。负债类账户。

3）结构。借方记录减少额，登记实际支付给投资者的利润（股利）额；贷方记录增加额，登记本期按照一定比例应分配给投资者的利润额（股利）；期末余额在贷方，表示应付而未付给投资者的利润（股利）额。账户结构如图 8.6 所示。

应付利润（应付股利）	
实际分配的利润（股利）数额	应分配的利润（股利）数额
	期末应付而未付的利润（股利）数额

图 8.6　应付利润（股利）账户结构图

（二）账务处理

期末企业已将本会计期间内实现的收益和费用（损失）项目全部归集到“本年利润”账户中，计算出净利润（或净亏损），因“本年利润”账户期末结转后不能有余额，因此应将其计算结果转入“利润分配——未分配利润”明细账户，然后对实现的净利润进行分配。具体的核算包括以下几个步骤：

第一步，净利润的结转。如果“本年利润”账户计算结果为贷差（净利润），则将净利润从“本年利润”账户的借方结转到“利润分配——未分配利润”账户的贷方；如果“本年利润”账户为借差（净亏损），应将净亏损从“本年利润”的贷方转入“利润分配——未分配利润”明细分类账户的借方。

第二步，弥补亏损。企业发生亏损后，弥补亏损的渠道有以下两种：

1）发生亏损后五年内以实现的税前会计利润弥补，五年后以税后会计利润弥补。

无论用税前会计利润还是税后会计利润弥补亏损，因账户的借贷方可以自动抵消，差额即为未弥补数额，故不需要单独进行会计核算。

2）盈余公积弥补（应当由股东大会或类似的机构批准），用盈余公积弥补亏损时，借记“盈余公积——法定盈余公积”等明细账户，贷记“利润分配——其他转入”账户。

第三步，提取盈余公积的核算。企业在按规定提取盈余公积时，按照提取的盈余公积金额，借记“利润分配——提取法定盈余公积”等明细分类账户，贷记“盈余公积——法定盈余公积”等明细分类账户。

第四步，向投资者分配利润（股利）的核算。企业向投资者分配利润时，借记“利润分配——向投资者分配利润（股利）”明细分类账户，贷记“应付利润（股利）”账户。

第五步，结转“利润分配”有关明细分类账户的本期发生额。由于规定“利润分配”账户除“未分配利润”外的其他明细分类账户期末无余额，故应将其在分配中形成的借方发生额结转到“利润分配——未分配利润”明细账户中，以计算“未分配利润”的累计余额。因此需借记“利润分配——未分配利润”，贷记“利润分配——提取法定盈余公积、提取法定公益金”等明细分类账户。

【例 8.6】 续例 8.4，ABC 公司 20××年末实现净利润 2 990 000 元，经股东大会批准，公司决定并分别按 10%提取法定盈余公积、50%分配给投资者，假设该公司有超过五年的未弥补亏损 1 100 000 元，进行相应的会计核算并计算“未分配利润”余额。

分析：按照利润分配的程序，首先弥补以前年度亏损，因已超过《税法》规定的年限，所以直接用税后利润弥补，弥补亏损后的为可供分配的利润额，其他项目的分配应以此为基数。

第一步，结转净利润。

借：本年利润　　2 990 000

　　贷：利润分配——未分配利润　　2 990 000

第二步，弥补以前年度亏损。

在“未分配利润”账户中直接抵消借方的亏损额，不需做会计处理。

第三步，分别按照 10%、50%提取盈余公积和向投资者分配利润。

应提取的盈余公积＝（2 990 000－1 100 000）×10%＝189 000（元）

向投资者分配的利润＝（2 990 000－1 100 000）×50%＝945 000（元）

借：利润分配——提取法定盈余公积　　189 000

　　　　　　——向投资者分配利润　　945 000

　　贷：盈余公积——法定盈余公积　　189 000

　　　　应付利润　　945 000

第四步，将“利润分配”账户的其他明细分类账户发生额转入“未分配利润”账户。

借：利润分配——未分配利润　　1 134 000

　　贷：利润分配——提取法定盈余公积　　189 000

　　　　　　　　——向投资者分配利润　　945 000

第五步，计算本期未分配利润余额。

未分配利润＝2 990 000－1 100 000－1 134 000＝756 000（元）

利润分配账户的相互关系如图 8.7 所示。

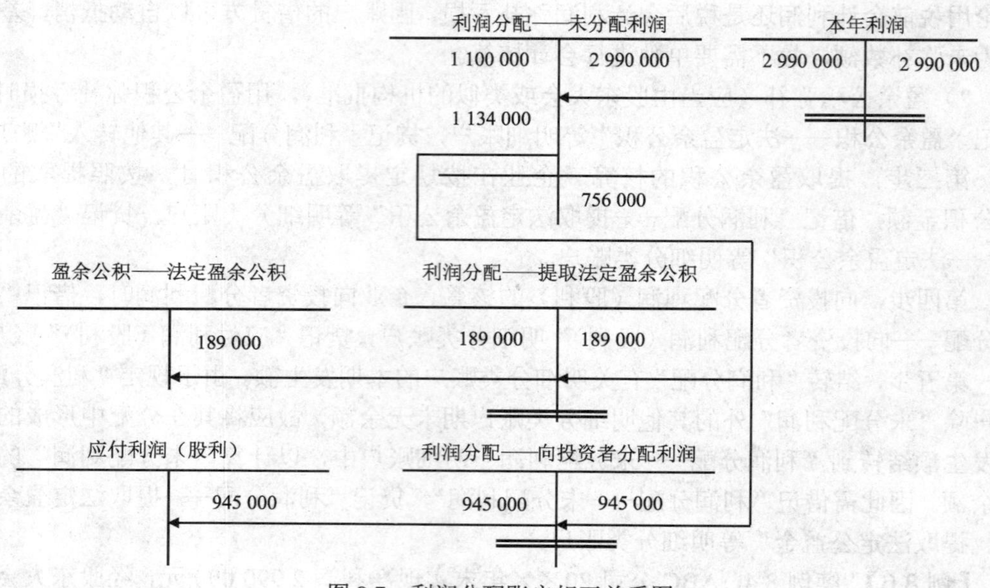

图 8.7　利润分配账户相互关系图

本章小结

财务成果就是企业的利润或亏损，财务成果的核算是会计核算的重要环节，是对收入、费用和利润的最终考核结果，掌握这一部分的核算原理可以有效地利用会计信息进行经营过程控制和管理。本章主要介绍了三项内容：其一，利润形成的会计核算，该内容的重点是利润的计算原理、损益类账户如何转入本年利润、涉及账户及核算步骤；其二，所得税的会计核算，其重点是会计利润和应纳税所得额的关系，应纳税所得额的计算；其三，利润分配的核算，其主要内容是利润分配涉及的账户及其明细账户之间的相互关系，未分配利润的计算方法。通过本章的学习，能够掌握财务成果的形成的步骤及其意义，掌握会计利润和应纳税所得额的关系以及所得税的计算原理；掌握财务成果分配的程序、过程及其分配的账务处理程序。本章内容也是编制利润表的基础。

思考练习题

1. 利润的形成分为几个计算步骤？各步骤表示何种关系？
2. 如何以会计核算的形式表示利润的形成？
3. 为何说营业外收入和营业外支出不属于营业收入和费用？
4. 试述会计利润和应纳税所得额的关系。
5. 为何要进行利润分配？其程序有哪些？
6. 利润分配账户应设置哪些主要明细账户？为何分配完毕要结转该账户的相关明细账户的本期发生额？

7. 假设 ABC 公司 20××年 12 月 31 日实现会计利润 128 万元，该公司适用所得税率 25%，本期有关纳税调整事项如下：

业务招待费超支 8 万元，对外进行非公益性捐赠 2 万元，本期计提资产减值准备 4 万元（属于未经核对部分），支付罚款和违约金 6 万元；本期收益中，国库券利息收入 3 万元，其他非纳税所得 1 万元。

请计算 ABC 公司本期应纳所得税额。

8. ABC 公司 20×3 年年初未分配利润为 50 万元，20×3 年发生亏损 185 万元；20×4～20×7 年，假如该企业每年实现所得税前利润均为 25 万元，20×8 年实现所得税前利润为 60 万元。如无其他纳税调整事项，所得税率为 25%，请分别按照可供分配利润的 10%提取法定公积、30%向投资者分配利润。

请进行如下操作：

1）编制 20×8 年度相关会计分录。

2）计算该企业 20×8 年未分配利润数额。

9. 20××年 12 月 31 日，ABC 公司有关账户本年度发生额合计如下（该企业适用所得税率 25%）：

主营业务收入 600 000 元；其他业务收入 150 000 元；公允价值变动损益 12 000 元；投资收益 18 000 元；营业外收入 20 000 元；税金及附加 5 000 元；主营业务成本 350 000 元；其他业务成本 75 000 元；资产减值损失 20 000 元；营业外支出 50 000 元；制造费用 130 000 元；管理费用 45 000 元，销售费用 35 000 元，财务费用 20 000 元。

请按步骤计算 ABC 公司该年度净利润。

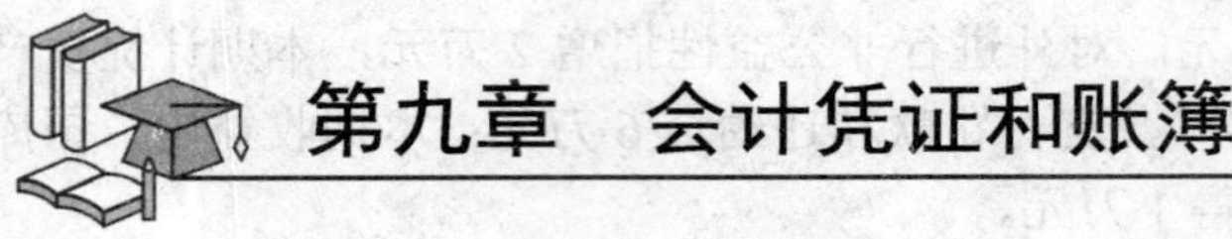

第九章 会计凭证和账簿

思维导图

第一节 会计凭证

一、会计凭证概述

（一）会计凭证的含义

会计记录必须如实反映会计主体的经济活动情况，因此会计工作要在经济业务发生时，由执行或完成该项经济业务的有关人员从外部取得或自行填制适当的文字记录作为证明文件，以说明经济业务的内容、数量和金额，并在书面证明上签名或盖章，以对经济业务的真实、合法性负责。这些证明文件就是会计凭证，是用于记录经济业务、明确相关责任，作为登记账簿的书面依据。

如购买原材料时，应由供货单位开出销货发票，列明该项经济业务的内容，并由相关的单位和业务人员签名盖章，以明确经济责任，该发票就是一种会计凭证。

（二）会计凭证的意义

填制和审核会计凭证，是会计实务工作循环的开始，对于会计核算方法体系有着重要的意义。

1. 会计凭证是反映经济活动详细会计信息的原始资料

任何经济业务的发生都要填制或取得会计凭证，将经济业务如实地记录下来。如会计凭证中详细地记录经济业务的具体内容，反映经济业务的发生、执行及完成情况，这些都是反映经济业务的原始资料。

2. 会计凭证是进行会计核算的依据

通过填制会计凭证将经济业务加以记录，这样就将日常发生的各种经济业务真实、及时地反映出来，完成会计核算的基础工作，为进一步进行会计核算提供可靠的依据。因为只有通过审核无误的会计凭证作为登记账簿的依据，才能保障会计核算信息的质量。

3. 会计凭证可以明确经济责任

会计凭证不仅记录了经济业务的内容，而且应由有关部门和经办人员签名盖章，本身就是明确经济责任，并且要求有关人员及部门对经济活动的真实性、正确性、合法性负责，增强有关人员的责任感。一旦发现问题，可根据凭证上记录的经办人员和单位进行追查，必要时追究其相应的法律责任。

4. 会计凭证是进行会计监督的依据

通过填制和审核会计凭证可以监督会计主体的经营活动是否符合相关的法律、法规、制度以及会计主体本身的经营目标和财务计划的要求，可以在各个经营环节上发现管理中存在的问题。

会计凭证多种多样，按其填制的程序和用途分为原始凭证和记账凭证。

所谓程序是指不同的会计凭证产生时间上的先后顺序；而用途是指会计凭证用于何种会计处理。

二、原始凭证

（一）原始凭证及其分类

1. 原始凭证的含义

原始凭证亦称原始单据，是在经济业务发生或完成时，由业务经办人员取得或者填制，用以载明经济业务的具体内容，表明某项经济业务已经发生或完成，明确有关经济责任，具有法律效力的一种书面证明。

原始凭证主要起证明属于会计事项的经济业务实际发生和完成情况的作用，因此，凡是没有这种作用的一切单据，如材料或商品的请购单、经济合同、派工单等，均不能作为进行会计核算的原始凭证，而只能作为原始凭证的附件。

2. 原始凭证的种类

1）原始凭证按其来源不同，分为外来原始凭证和自制原始凭证。

外来原始凭证是指在同外单位发生经济业务往来时，由业务经办人员在业务发生或者完成时从外部取得的凭证。如发票、银行收款通知等。

自制原始凭证是指单位自行制定并由本单位有关部门或人员在发生经济业务时填制的原始凭证。如收料单、领料单、工资结算单、收款收据、成本计算单等。

2）原始凭证按其填制方法的不同，分为一次凭证、累计凭证、汇总原始凭证。

一次凭证是指在经济业务发生时，由经办业务人员根据一项或若干项同类性质的经济业务内容一次完成填制手续，不能重复使用的原始凭证。所有的外来原始凭证和大部分自制原始凭证都属于一次凭证。如收料单、领料单、发票等。

累计凭证是指对某些在一定时期内不断重复发生的同类经济业务，在规定期限内多次、连续地加以记录的原始凭证。累计凭证产生的前提是为满足管理者对成本及目标责任的控制目的，在会计实务中最常见的有限额领料单、费用限额卡等。

汇总原始凭证又称原始凭证汇总表，是指将一定时期内反映同类经济业务的若干张同类原始凭证加以汇总，编制成一张原始凭证。需要注意的是原始凭证汇总表只能汇总一类经济业务，不能汇总两类或两类以上的经济业务。如发出材料汇总表、收入材料汇总表、工资汇总表等。

3）原始凭证按其格式不同，分为通用凭证和专用凭证。

原始凭证分类情况如图 9.1 所示。

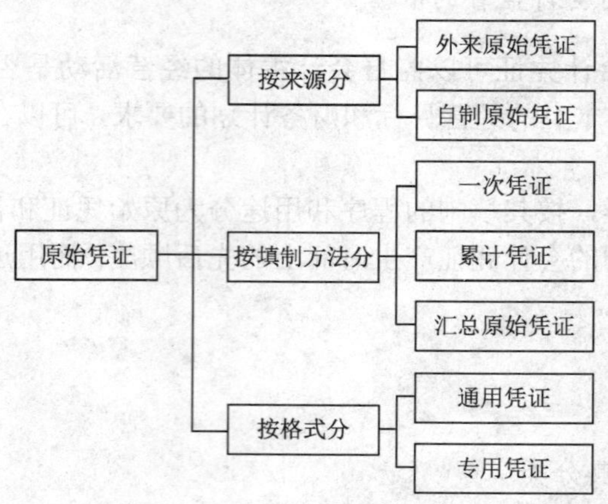

图 9.1　原始凭证分类示意图

（二）原始凭证的基本要素

不同的原始凭证有不同的格式，外来原始凭证大部分由国家有关部门和行业进行统一规范，如增值税统一发货票、车船票、住宿发票、商品销售发票、餐饮服务发票等。尽管格式各不相同，但作为原始凭证一般均应具备以下基本内容。

第一，原始凭证的名称。

第二，填制凭证的日期。

第三，凭证的编号。

第四，填制和接受凭证的单位名称。

第五，经办人员的签名或者盖章。

第六，经济业务内容，载明经济交易的具体内容、数量、单价和金额。

（三）原始凭证的编制规范

原始凭证是进行会计核算的基础性文件，原始凭证的填制是否正确直接关系到会计核算的及时性和有效性，正确填制原始凭证是会计人员必须具备的基本技能之一。填制原始凭证必须符合以下要求。

1. 书写要符合技术规范

1）文字要工整易于辨认，摘要应简明概括。

2）数字计算正确，大小写金额数字要相等。

大写数字应工整、符合规范，不能随意简化（大写数字如下：壹、贰、叁、肆、伍、陆、柒、捌、玖、拾、佰、仟、万、亿）；小写合计金额前应书写币种符号“¥”“$”等，在“¥”符号与数字之间不得留有空白，在前面有币种符号的小写数字后面不再写“元”。以“元”表示的阿拉伯数字，一律写到角分，无角分的应写“00”，有角无分的分位应写“0”；数字间无论有几个“0”，汉字大写时只写一个“零”，如：¥208.56 大写为贰佰零捌元伍角陆分，¥2 008.56 大写为贰仟零捌元伍角陆分。

3）原始凭证大部分需要复写，复写的原始凭证应使用蓝、蓝黑或黑色油笔或签字笔书写，并保持复写一致；不需要复写的原始凭证应使用蓝、蓝黑或黑色水笔或签字笔书写。原始凭证在使用时必须连续编号，如果在使用前已经预先编号的，在作废时应加盖“作废”戳记并予保留，不得随意撕毁。

4）原始凭证出现错误时不能随意挖、擦、刮、补，也不能使用褪色药水、涂改液或胶带纸进行更正，应采用正确的更正方法进行更正，没有连续编号的原始凭证可以重新编制正确的凭证。

2. 记录内容要客观真实

原始凭证填制的内容要和实际发生的业务相符，原则上不能填写估计数额，更不能填制虚假内容的原始凭证，以符合会计核算的真实性要求。

3. 项目内容要完整

原始凭证的要素内容必须填列齐全，而且要符合内部牵制原则；有大、小写金额的数字必须相符；一式几联的原始凭证必须注明各联次的用途，同时在书写时必须用双面复写纸套写。

4. 填制要及时

各种原始凭证应在业务发生时及时填制，如因某种情况不能及时填制或取得的，填制或取得时应填写填制时的日期，并应在业务发生后及时按照规定的程序送交会计部门进行会计核算，这也是会计分期和权责发生制的要求。

（四）原始凭证的填制方法

1. 外来原始凭证的填制方法

外来原始凭证是在对外经济交易过程中从外单位取得的，因此应该由外单位的经办人员填制。由于会计主体所发生的经济业务复杂多样，所获得的原始凭证的样式和种类也各不相同。一般而言，对在经济生活中经常发生的经济业务所需要的原始凭证，一般应由当地的税务和财政部门统一印制，并加盖“税务监制专用章”和“财政监制专用章”，如购货业务取得的各种发货票、增值税专用发货票等。其格式和填制内容如下。

【例 9.1】 ABC 公司于 20××年 4 月 20 日开出转账支票向华艺广告公司支付产品广告费 1 860 元。ABC 公司收到该公司开出的“××市工商企业统一发货票”。其格式及内容如凭证 9.1 所示。

凭证 9.1　××市工商企业统一发货票

（发票联）

购货单位：ABC 公司　　20××年 4 月 20 日　　No: 1268957438

货号	品名规格	单位	数量	单价	金额									
					千	百	十	万	千	百	十	元	角	分
	广告费							¥	1	8	6	0	0	0
合计：人民币（大写）壹仟捌佰陆拾元整								¥	1	8	6	0	0	0

开票单位：华艺广告公司　　开票人：王刚

【例 9.2】 ABC 公司于 20××年 4 月 21 日向诚信公司购入钢材 1 520 千克，单价 10 元，款项已通过银行转账。诚信公司开出的增值税专用发票如凭证 9.2 所示。增值税专用发票一般一式四联，第一联为存根联，第二联为发票联，第三联为抵扣联，第四联为记账联。其中，第一、四联留存于销货单位用于记账和计税依据，第二、三联交购货方用于纳税抵扣和记账依据。增值税专用发票一般有机制和手工填写两种。金额在百万元以下的适用于手工填写，百万元以上的应开具全国统一的计算机防伪发票。

凭证 9.2　××市增值税专用发票

开票日期：20××年 4 月 21 日

购货单位	名称	ABC 公司			纳税人登记号	13933333333	
	地址电话	××路××号 5887711			开户银行及账号	工商银行××支行	
货物或应税劳务名称		计量单位	数量	单价	金额	税率（%）	税额
钢材		千克	1 520	10	15 200.00	13	1 976.00
合计					15 200.00		1 976.00
价税合计（大写）		壹万柒仟壹佰柒拾陆元整					¥17 176.00
销货单位	名称	诚信公司			纳税人登记号	13022222222	
	地址电话	××路××号 588888			开户银行及账号	合作银行××支行	
备注：							

第二联　发票联

2. 自制原始凭证的填制方法

自制原始凭证是由会计主体内部经办会计事项的单位和个人在执行或完成某项经济业务时填制完成的，目的是为记录内部经济业务、明确经办业务人员和内部相关部门的经济责任。

1）一次性凭证填制方法。一般不需要大写金额。如入库单、借款单、差旅费报销单、领料单、出库单、提货单、现金盘点报告表、账存实存对比表等。

【例 9.3】 20××年 4 月 22 日 ABC 公司向诚信公司购入钢材 10 000 千克，单价 10 元，增值税率 13 %，运杂费 5 000 元，款项开出转账支票付讫，货物已验收入库。此业务一般应填制“收料单”一式三份，其中一份留存仓库、一份交采购人员、另一份交财务部门报账。具体填制方法如凭证 9.3 所示。

凭证 9.3 收料单

供货单位：诚信公司
发票编号：2456　　　　20××年 4 月 22 日　　　　编号：0203

材料类别	材料编码	名称规格	计量单位	数量		金额（元）			
				应收	实收	单价	总价	运杂费	合计
钢材	3715	螺纹钢	千克	10 000	10 000	10.0	100 000	5 000	105 000
备注：						合计			105 000

仓库保管员：张锁柱　　　　收料人：刘纳新

【例 9.4】 20××年 4 月 24 日，ABC 公司采购人员周泽华到北京办理采购事宜，预借差旅费 5 000 元，以现金付讫。该笔业务借款人应填制借款单，作为现金的支出凭证。填制方法如凭证 9.4 所示。

凭证 9.4 借款单

20××年 4 月 24 日　　　　差字第 28 号

借款人姓名	周泽华	所在单位或部门		供应科	
出差地点	北京	出差事由		采购	
往返时间	20 天	借款金额	¥5 000.00	预计还款日期	5 月 26 日
人民币（大写）	伍仟元整				

审批：（签章）　出纳：（签章）　借款单位负责人：（签章）　借款人：周泽华

【例 9.5】 20××年 5 月 28 日，周泽华出差归来报销差旅费共计 3 800 元，余额退回现金。该项业务应根据各种外来原始凭证填制差旅费报销单，经有关会计人员审核后予以报销，具体填制方法如凭证 9.5 所示。

凭证 9.5 差旅费报销单

20××年 5 月 28 日

报销人姓名	周泽华	所在单位			供应科		出差地点		北京
出差事由	采购		出差时间				4 月 24 日至 4 月 27 日		
费用项目	交通费					住宿费	补助费	其他费用	合计
	火车	飞机	船	长途汽车	市内汽车				
凭证张数									
金额									¥3 800.00
原借款数	¥5 000.00		报销数		¥3 800.00		补退数	¥1 200.00	
人民币（大写）叁仟捌佰元整									

审核：（签章）姚申明　　报销单位负责人：（签章）杨仲才　　报销人：（签章）周泽华

【例 9.6】 20××年 4 月 25 日，ABC 公司第二车间生产×××产品领用 052 号钢材 350 千克，单价 10 元，价款合计 3 500 元。该项业务应由经办人员填制领料单一式三份，分别由仓库、领料单位和会计部门收存。具体填制方法如凭证 9.6 所示。

凭证 9.6　领料单

领料单位：第二车间　　编号：3618

用途：×××产品　　20××年 4 月 25 日　　发料仓库：2 号库

材料类别	材料编码	材料名称及规格	计量单位	数量		单价	金额（元）
				请领	实收		
钢材类	052	φ13mm 圆钢	千克	350	350	10	3 500
备注：						合计	3 500

仓库保管员：（签章）张锁柱　　领料人：（签章）杜兴华

【例 9.7】20××年 4 月 30 日，甲产品加工完成 100 件，单位成本 500 元，全部转入成品仓库。该项业务应由生产单位填制入库单一式三份，分别留于生产单位、仓库和会计部门，具体填制方法如凭证 9.7 所示。

凭证 9.7　入库单

商品类别：甲产品

收货地点：24 号库　　编号：20203

开单日期：20××年 4 月 30 日　　交货单位：××生产车间

合同字号：××　字　××××号　　收货日期：20××年 4 月 30 日

货号	名称及规格	计量单位	数量		金额（元）			
			应收	实收	单价	总价	运杂费	合计
T268	G—TK488	件	100	100	500	50 000		50 000
备注：					附原始单据：　5 张			

仓库保管员：（签章）张锁柱　　收货人：（签章）刘纳新

2）累计凭证填制方法。

【例 9.8】20××年 4 月，ABC 公司第四生产车间原材料计划定额 6 000 千克，金额 150 000 元，本月领用情况及限额领料单的填制如凭证 9.8 所示。

凭证 9.8　限额领料单

领料单位：第四车间　　编号：451

用途：×××产品　　20××年 4 月　　发料仓库：5 号库

材料类别	材料编码	材料名称及规格	计量单位	单价	领用限额	实际领用	
						数量	金额（元）
黑色金属	6538	φ25mm 圆钢	千克	25	6 000	6 000	150 000
供应部门负责人（签章）		生产计划部门负责人（签章）					

续表

日期	请领		实发			限额结余	退库	
	数量	领料单位负责人	数量	发料人	领料人		数量	退料单编号
5	1 500	张明	1 500	刘丽	赵亮	4 500		
10	1 500	张明	1 500	刘丽	赵亮	3 000		
18	1 500	张明	1 500	刘丽	赵亮	1 500		
20	1 500	张明	1 500	刘丽	赵亮	0		
合计	6 000		6 000					

3）汇总原始凭证填制方法。

【例 9.9】 ABC 公司 20××年 4 月材料仓库根据本月发出材料的原始凭证汇总如凭证 9.9 所示。

凭证 9.9　发料凭证汇总表

20××年 4 月　　编号：10

应借科目		应贷科目		
		材料/元	燃料	合计/元
生产成本	1～10 日	1 000		1 000
	11～20 日			
	21～31 日	500		500
	小计	1 500		1 500
制造费用	1～10 日	3 000		3 000
	11～20 日	1 000		1 000
	21～31 日			
	小计	4 000		4 000
管理费用	1～10 日			
	11～20 日	400		400
	21～31 日	1 600		1 600
	小计	2 000		2 000
合计		7 500		7 500

（五）原始凭证的审核

为了如实反映经济业务的发生和完成，充分发挥会计的监督职能，确保会计信息的真实性、可靠性，应由专门人员严格审核原始凭证。只有经审核无误的凭证，才能作为记账的依据。会计凭证的审核主要包括以下三个方面。

1. 真实性审核

真实性审核是指会计人员根据业务经验对凭证所记载的经济业务内容进行的审查

和判断，如有无单价、单价和合计数是否相符、与计划或定额的差别是否过大等，借以判断原始凭证的正确性。对虚假的原始凭证发现后应报有关领导处理。

2. 合法、合理性审核

合法、合理性审核是会计人员根据相关的会计和其他财经法规作为审核的依据对会计凭证的审核，审核原始凭证是否反映合法的经济业务，是否按规定的程序办理。对于违规、违法或违反会计处理程序的原始凭证应拒绝受理。

3. 完整性审核

完整性审核是会计人员根据相关会计凭证本身所应有的各种凭证要素是否填列齐全的审核，主要是出具人及其单位、接收人员及单位名称，凭证所记载的经济业务的数量、单价、金额是否齐全，相关人员或单位的签章等，如果发现内容不完整的原始凭证应退回补办相关手续。

三、记账凭证

（一）记账凭证及其分类

1. 记账凭证的含义

记账凭证俗称传票，是由会计人员根据审核后的原始凭证加以归类整理而编制的，是用来确定会计分录，作为登记账簿直接依据的会计凭证。

记账凭证记载的是会计信息，从原始凭证到记账凭证是经济信息到会计信息的转变过程，这一会计加工过程实现了信息的质的变化，是用于登记总分类账的直接依据。

2. 记账凭证的种类

记账凭证的种类很多，不同性质、规模的会计主体可以根据自己的需要选择不同格式和不同种类的记账凭证。

1）记账凭证按其适用记录的经济业务内容，分为专用记账凭证和通用记账凭证两种。

① 专用记账凭证。它是用来专门记录某一类经济业务的记账凭证。专用记账凭证按其所记录的经济业务与现金和银行存款的收付有无关系，又分为收款凭证、付款凭证和转账凭证三种。

一是收款凭证。它是用来记录现金或银行存款收入业务的记账凭证，收款凭证根据借方科目不同又分为现金收款凭证和银行存款收款凭证。

二是付款凭证。它是用来记录现金或银行存款支付业务的记账凭证，付款凭证根据贷方科目不同又分为现金付款凭证和银行存款付款凭证。

三是转账凭证。它是用来记录非货币资金收付业务的记账凭证。凡不涉及现金或银行存款收付的其他经济业务均为转账业务，据此编制转账凭证。

② 通用记账凭证。它是以一种格式记录全部经济业务的记账凭证。

2）记账凭证按其记录的会计科目是否单一，分为复式记账凭证和单式记账凭证。

① 复式记账凭证，亦称多科目记账凭证。即将某项经济业务所涉及的全部会计科目集中填列在一张记账凭证上。

② 单式记账凭证，亦称单科目记账凭证。即将某项经济业务所涉及的每个会计科目分别填制记账凭证，每张记账凭证只填列一个会计科目，其对方科目只供参考，不凭以记账。

3）记账凭证按其是否经过汇总，分为非汇总记账凭证和汇总记账凭证。

① 非汇总记账凭证。通常只记录某一笔经济业务，其填制程序也是一次完成，如通用记账凭证和专用记账凭证等。

② 汇总记账凭证。记录在某一时期内发生的多笔经济业务，且一般分若干次完成，企业常用的汇总记账凭证有科目汇总表、汇总收款凭证、汇总付款凭证、汇总转账凭证等。

合理的选择适用于本会计主体的记账凭证种类对于提高会计核算的效率具有重要的意义。

记账凭证分类情况如图9.2所示。

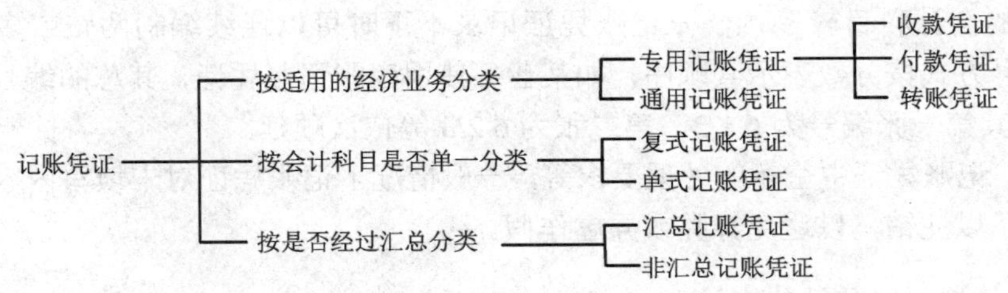

图9.2 记账凭证分类示意图

（二）记账凭证的基本要素

记账凭证是根据审核无误的原始凭证由会计人员填制的用于将经济信息转化为会计信息，并进行分类核算的凭证，是登记账簿的直接依据。记账凭证填制的正确与否关系到账簿记录的会计信息的正确性。记账凭证格式多种多样，不同的单位可以设置不同的记账凭证格式，但是无论哪一种记账凭证都应具备下列基本内容。

第一，填制凭证名称和日期。

第二，凭证的编号。

第三，经济业务内容摘要。

第四，会计科目（账户）名称和记账方向。

第五，经济业务的数量、金额，过账符号。

第六，所附原始凭证张数。

第七，填制凭证人员、稽核人员、记账人员、会计机构负责人、会计主管人员签名或盖章，收款和付款记账凭证还应当由经办人员（一般是出纳人员）签名或者盖章。

第八，如为汇总记账凭证还应具备汇总期间和汇总金额栏目。

（三）填制记账凭证的要求

填制记账凭证是会计人员将各项记账凭证要素按照复式记账法的要求和会计科目填写齐全，以便于登记账簿的会计核算方法之一。合理地设置、正确地填制记账凭证是会计人员的基本技能之一，对会计核算的质量和效率有非常重要的意义。记账凭证的填制除应符合原始凭证的有关要求外还应符合以下技术方面的要求：

第一，必须有正确的填制依据，记账凭证的填制依据必须是经过会计人员审核无误的原始凭证。

第二，正确填列会计科目及记账方向，记账凭证中分别设置借贷方科目和明细科目，在填制时必须填列齐全，大部分总账科目均设置明细科目。

第三，不能将不同类型的经济业务合并填列一张记账凭证。

第四，所附原始凭证的要求，由于记账凭证的依据是审核无误的原始凭证，因此在编制记账凭证时必须将其依据附在记账凭证的后面，以便于审查。

第五，记账凭证编号的要求，记账凭证的编号应按顺序依次编号，在采用专用记账凭证时，应分别按“字”编号，例如，收字 12 号、付字 34 号、转字 56 号等。有些业务所涉及的会计科目较多，一张记账凭证记录不下时可以连续编制两张或多张记账凭证，其编号方式按分数表示其顺序，如某业务使用三张记账凭证，其总的编号为“转字 6 号”，则其第一张编号为 6 1/3、第二张为 6 2/3 等依次顺延。

第六，记账凭证中空行的处理要求等，一般情况下记账凭证对未填写内容的空行应使用斜线予以注销，以避免舞弊或弄虚作假。

（四）填制记账凭证的方法

1. 收款凭证的填制

收款凭证是用于反映货币资金收入业务的记账凭证，是会计人员根据审核无误的货币资金收入业务的原始凭证（如支票存根和其他现金与银行票据的收款存根联）填制的。收款凭证一般按照借方科目设证。收款凭证一般用于登记现金日记账、银行存款日记账和总分类账，为了方便登记账簿，在采用五种制记账凭证的单位，收款凭证按照现金和银行存款分别设置。

【例 9.10】20××年 4 月 18 日 ABC 公司销售甲产品 50 000 元，增值税 6 500 元，商品已交购货方，收到购货方开出的金额 56 500 元转账支票并送存银行。该业务应由出纳人员根据有关审核无误的原始凭证填制“银行存款”收款凭证，填制完成后应在收款凭证相应的位置加盖“收讫”戳记，表明该项业务已经完成。具体格式和填制方法如凭证 9.10 所示。

凭证 9.10 收款凭证

银收字号第 26 号

借方科目：银行存款 20××年 4 月 18 日 附件：2 张

摘要	贷方总账科目	明细科目	记账	金额							
				十	万	千	百	十	元	角	分
销售商品	主营业务收入	甲产品			5	0	0	0	0	0	0
	应交税费	应交增值税（销）				8	0	0	0	0	0
合计				¥	5	8	0	0	0	0	0

财务主管：（签章） 记账：（签章） 出纳：（签章） 审核：（签章） 制单：（签章）

【例 9.11】 20××年 4 月 22 日，ABC 公司收到投资 100 000 美元，汇率 1∶8.25。收到时编制外币收款凭证。具体格式与填制方法如凭证 9.11 所示。

凭证 9.11 收款凭证（外币）

RECEIPT VOUCHER（FOREIGN CURRENCY）

银（现）收第 8 号

Voucher No.8

借方科目：银行存款

Debit Account：Bank deposit 20××/22/4

摘要 Explanation	贷方科目 Credit Account		外币数 Foreign Currency Amount											兑换率 Exch. Rate	过账 P. R.	金额 Amount										
	总账科目 Gen.Leg	明细科目 Sub.Leg	亿	千	百	十	万	千	百	十	元	角	分			亿	千	百	十	万	千	百	十	元	角	分
实收投资	实收资本	外商投资				1	0	0	0	0	0	0	0	8.25	√				8	2	5	0	0	0	0	0
合计 Total					$	1	0	0	0	0	0	0	0					¥	8	2	5	0	0	0	0	0

核准：Approved 复核：Checked 记账：Entered 出纳：Cashier 制单：Prepared

2. 付款凭证的填制

付款凭证是会计人员根据审核无误的现金和银行存款的支付凭证填制的用于登记现金、银行存款日记账和总分类账的直接依据，付款凭证应按照贷方科目设证，且贷方科目只能填列“库存现金”和“银行存款”，在表内的借方科目栏中填列与现金和银行存款对应的总分类科目和明细分类科目，并在填列完成后加盖“付讫”戳记。

【例 9.12】 20××年 4 月 24 日，ABC 公司购入 A 材料 60 000 元，增值税 7 800 元，材料已经验收入库，款项开出银行转账支票支付。该项业务由出纳根据审核无误的银行转账支票存根和增值税专用发票的发票联填制付款凭证，内容填制完成后应加盖“付讫”戳记，具体格式和填制方法如凭证 9.12 所示。

凭证 9.12　付款凭证

银付字号第 32 号

贷方科目：银行存款　　20××年 4 月 24 日　　附件：3 张

摘要	借方总账科目	明细科目	记账	金额							
				十	万	千	百	十	元	角	分
购进 A 材料	原材料	A 材料			6	0	0	0	0	0	0
	应交税费	应交增值税（进）				7	8	0	0	0	0
合计				¥	6	7	8	0	0	0	0

财务主管：（签章）　记账：（签章）　出纳：（签章）　审核：（签章）　制单：（签章）

需要注意的是收、付款凭证编制中，如果所记录的经济业务只涉及现金和银行存款之间的收入或付出的经济业务，为避免重复编制收、付款凭证和登记账簿，一般只按贷方科目编制一张“付款凭证”，并以此作为登记现金和银行存款日记账的依据。

3. 转账凭证的填制

转账凭证是根据会计主体发生的各项不涉及现金或银行存款收付的业务所取得的原始凭证经审核无误后填制的一种记账凭证，用于登记总分类账和各种明细账，转账凭证一般由其他会计人员填制完成。

【例 9.13】 20××年 4 月 30 日，ABC 公司根据发出材料汇总表，生产甲产品共领用 A 材料 56 000 元。该业务因不涉及货币资金的收付，故应编制转账凭证，具体格式及填制方法如凭证 9.13 所示。

凭证 9.13　转账凭证

转字号第 32 号

20××年 4 月 30 日　　附件：3 张

摘要	总账科目	明细科目	借方金额								贷方金额							
			十	万	千	百	十	元	角	分	十	万	千	百	十	元	角	分
领材料	生产成本	甲产品		5	6	0	0	0	0	0								
	原材料	A 材料										5	6	0	0	0	0	0
合计			¥	5	6	0	0	0	0	0	¥	5	6	0	0	0	0	0

财务主管：（签章）　记账：（签章）　出纳：（签章）　审核：（签章）　制单：（签章）

4. 通用记账凭证的填制方法

通用记账凭证是适用于记录各种经济业务的记账凭证格式，即会计主体发生的各种经济业务在填制记账凭证时只填制一种凭证。会计主体在凭证设置上只设置一种通用的记账凭证，用于登记现金、银行存款日记账、总分类账和各种明细分类账。

【例 9.14】 20××年 4 月 18 日，ABC 公司销售甲产品 100 000 元，增值税额 16 000 元，货物已经发出，收到购货方开出的转账支票并与银行办理结算。该项业务由会计人员根据增值税专用发货票的记账联和银行开具的收款通知单填制通用记账凭证。具体格式和编制方法如凭证 9.14 所示。

凭证 9.14　记账凭证

凭证编号：126 号

20××年 4 月 18 日　附件：3 张

摘要	总账科目	明细科目	借方金额								贷方金额							
			十	万	千	百	十	元	角	分	十	万	千	百	十	元	角	分
销售	银行存款		1	1	6	0	0	0	0	0								
	主营业务收入	甲产品									1	0	0	0	0	0	0	0
	应交税费	应交增值税										1	6	0	0	0	0	0
合计			1	1	6	0	0	0	0	0	1	1	6	0	0	0	0	0

财务主管：（签章）　记账：（签章）　出纳：（签章）　审核：（签章）　制单：（签章）

5. 汇总记账凭证的编制

首先，根据分录凭证编制“T”型账户，将本期各会计科目的发生额一一记入有关“T”型账户；然后，计算各个账户的本期借方发生额与贷方发生额合计数；最后将此发生额合计数填入科目汇总表中与有关科目相对应的“本期发生额”栏，并将所有会计科目本期借方发生额与贷方发生额进行合计，借贷相等后，可用于登记总账。具体格式和编制方法如凭证 9.15 所示。

【例 9.15】 20××年 4 月 30 日，ABC 公司根据 9 月有关专用记账凭证汇总，如凭证 9.15 所示。

凭证 9.15　科目汇总表

20××年 4 月 30 日　第 3 号

会计科目	账页	本期发生额		会计科目	账页	本期发生额	
		借方金额	贷方金额			借方金额	贷方金额
库存现金	1	186 200	128 600	短期借款	61	2 000 000	2 000 000
银行存款	3	5 986 300	3 685 100	应付账款	63	298 000	328 600
应收账款	7	358 600	285 600	应付职工薪酬	65		183 268
原材料	11	687 300	668 500	应交税费	67	24 580	35 860
库存商品	13	568 900	557 600	长期借款	71	80 000 000	10 000 000
固定资产	19	68 489 200	18 265 200	应付债券	79	4 000 000	6 000 000

续表

会计科目	账页	本期发生额		会计科目	账页	本期发生额	
		借方金额	贷方金额			借方金额	贷方金额
累计折旧	21	16 387 000	1 586 200	实收资本	87		16 000 000
…		…	…	…		…	…
合计		略	略	合计		略	略
付款凭证第 1～46 号				转账凭证第 1～98 号			
收款凭证第 1～56 号				备注			

会计主管：（签章）　　记账：（签章）　　复核：（签章）　　制表：（签章）

6. 单式记账凭证的编制

单式记账凭证在记录经济业务时，要求对该经济业务所涉及的会计科目分别按照借、贷方填制只有一个会计科目的“借项”和“贷项”单式记账凭证，涉及几个会计科目就填制几张单式记账凭证，采用单式记账凭证主要是为编制科目汇总表，单式记账凭证不反映科目之间的对应关系。

【例 9.16】20××年 4 月 18 日，ABC 公司第一生产车间生产甲产品领用 A 材料 1 000 千克，价款总计 15 000 元，假设该企业设置单式记账凭证，则分别填制借项和贷项凭证，如凭证 9.16、凭证 9.17 所示。

凭证 9.16　借项转账凭证

字第 123 号

借方科目：生产成本　　20××年 4 月 18 日　　附件：2 张

明细科目		摘要	账页	金额
甲产品		领用材料	26	15 000
对方科目	原材料		合计	15 000

会计主管：（签章）　　记账：（签章）　　复核：（签章）　　制证：（签章）

凭证 9.17　贷项转账凭证

字第 18 号

贷方科目：原材料　　20××年年 4 月 18 日　　附件：2 张

明细科目		摘要	账页	金额
A 材料		生产领用	18	15 000
对方科目	生产成本		合计	15 000

会计主管：（签章）　　记账：（签章）　　复核：（签章）　　制证：（签章）

（五）记账凭证的审核

记账凭证的审核主要是技术性和完整性方面的审核，只有审核无误的记账凭证才能作为登记账簿的依据，审核记账凭证一般包括以下几个方面。

1. 应借、应贷的会计科目及明细科目是否正确

在编制记账凭证时一般均要求填写总分类账户和明细分类账户，在审核记账凭证时既要审核借贷方向是否正确，还应审核总分类账户和明细分类账户是否填列齐全，名称是否正确。

2. 审核记账凭证的项目是否填列齐全，有关人员的签名或盖章是否齐备

为保证记账凭证收集经济信息的正确性，明确经济责任，凭证设置内容都必须填写齐全，有关人员必须签名或盖章。

3. 所附原始凭证数量、金额和内容等是否与所记录内容相符

所附的原始凭证是编制记账凭证的依据，也是经济业务发生的历史性文件，应审核据此编制的记账凭证是否与所附原始凭证的内容相符。

4. 审核记账凭证是否过账，有无其他差错

审核记账凭证的其他内容。

四、会计凭证的传递和保管

（一）会计凭证传递的含义

会计凭证的传递是指会计凭证从取得或填制时起至归档保管时止，在本单位有关部门和人员之间的传递程序和传送时间。会计凭证的传递主要包括两个方面，即传递的时间和传递的路线。

1. 传递的时间

可以具体表现为会计凭证填制完成后在多长的时间内进行会计处理，在会计核算时应按照会计核算的权责发生制和及时性原则，在业务发生的同一会计期间内及时进行处理。

2. 传递的路线和程序

这是指经济业务发生过程的控制应由哪些部门或人员共同负责，具体是指某一项经济业务的发生应填制的会计凭证的联次以及应历经的部门和岗位。

3. 会计凭证传递的重要性

由于各个部门发生的经济业务多种多样，经办的部门和人员不同，单位对各类经

济业务管理的要求不同，办理会计凭证的手续和所需要的时间不同，客观上就要求对会计凭证的传递程序和在各个环节上停留的时间做出规定，这是会计制度的重要内容之一。

1）正确组织会计凭证的传递，可以及时传送会计信息，及时据以记账。会计信息只有及时才有效。

2）合理组织会计凭证的传递，可以及时反映会计主体经济业务的发生和完成情况，并对经济活动过程进行有效的控制和管理，提高经济活动的效率。

3）合理有效地组织会计凭证的传递，能够加强内部控制和实行内部责任制，明确各个环节的任务和职责，保证企业财产物资的安全与完整。

（二）会计凭证的保管

由于会计凭证是记录经济业务、明确经济责任的书面证明，因此它是重要的会计档案，各个会计主体必须按照会计档案的管理办法认真做好立卷归档工作，以便在必要的时候对会计档案进行查阅，会计档案的整理既要便于管理又要便于查阅。具体应做好以下几个方面的工作。

1. 定期归档

对会计凭证要定期（一般是按月）进行归类，将记账凭证按类别和编号连同所附原始凭证顺序装订整齐（如果所附原始凭证较多或比较重要也可单独装订，但需要在装订好的记账凭证封面上写明“附件另存”），并应补充封面和封底，装订完成后还应在装订线上加贴封签，以保证其完整和真实。

2. 装订成册

会计凭证装订后在其封面上注明单位名称、装订时间和凭证所属月份的起止日期和号数、有关人员的签章。

3. 专人保管

装订成册的会计凭证必须由专人保管，某一会计年度终了应移交至会计档案室归档保管，会计档案的查阅必须经有关领导和会计主管人员同意后方可办理调阅手续。

4. 规定期限

会计凭证的保管期限应严格按照会计制度的有关规定执行，不得随意销毁，会计凭证除少数需要进行永久保存外，一般都有保存期限（保管期限见第十四章表 14.1、表 14.2），期满后需要销毁的必须开列清单并履行报批手续，经批准后方可销毁。

第二节　会 计 账 簿

一、会计账簿概述

（一）会计账簿的含义和作用

1. 会计账簿的含义

填制与审核会计凭证可以将每天发生的经济业务进行如实、正确的记录，明确经济责任。但会计凭证数量繁多、信息分散，缺乏系统性，不便于会计信息的整理与报告。为了全面、系统、连续地核算和监督单位的经济活动及其财务收支情况，应设置会计账簿。

会计账簿简称账簿，是按照会计科目开设，由一定格式账页组成，以会计凭证为依据，全面、系统、连续地记录各项经济业务的簿籍。登记账簿是会计核算实务的中心环节。会计账簿将会计凭证收集的会计信息进行进一步的加工整理形成汇总信息，这是会计信息的整理和加工过程，登记账簿为最终形成有用的会计信息提供了直接依据。

2. 会计账簿的作用

1）记载、储存会计信息。将会计凭证所记录的经济业务一一记入有关账簿，可以全面反映会计主体在一定时期内所发生的各项资金运动，储存所需要的各项会计信息。

2）分类、汇总会计信息。账簿由不同的相互关联的账户所构成；通过账簿记录，一方面可以分门别类地反映各项会计信息，提供一定时期内的经济活动的详细情况；另一方面可以通过发生额、余额计算，提供各方面所需的总括会计信息，反映财务状况及经营成果的综合价值指标。

3）检查、校正会计信息。账簿记录过程也是会计信息的进一步整理过程。如在财产清查过程中，利用有关盘存类账户余额与实际盘点或核查结果的核对，可以确认财产的盘盈或盘亏，并根据实际结存数额调整账簿记录，做到账实相符，提供可靠的会计信息。

4）编表、输出会计信息。财务报告是会计信息的载体，而财务报告的形成所需要的数据直接来源于各个会计账簿，所以会计账簿所收集的分类信息为财务报告的编制提供了依据。

（二）账簿的种类

在会计实务中会计账簿由于其记录的经济业务不同，格式也不相同，其种类繁多，按照不同的标准可以分为不同的种类，本节内容中主要介绍三种分类方法。

1. 账簿按其用途的不同分为日记账、分类账和备查账

1）日记账，亦称序时账。日记账是指按照经济业务发生的前后顺序逐日逐笔登记的账簿。日记账簿按照记录的经济业务的多少又分为特种日记账和普通日记账，特种日记账是专门用于记录一类经济业务的日记账，如现金日记账、银行存款日记账等；普通日记账是用于记录会计主体发生的全部经济业务的日记账。

2）分类账。分类账是按照总分类账户和明细分类账户进行分类登记的账簿。按照总分类账户分类登记的账簿称为总分类账，简称总账；按照明细分类账户分类登记的账簿称为明细分类账，简称明细账。总分类账是用于记录和提供全部经济业务的总括指标的分类账簿；明细分类账簿是记录某一项经济业务形成的详细指标的分类账簿（参照第二章有关会计科目的级次的相关内容）。

3）备查账簿，又称备查簿、备忘登记簿等。它是用于记录日记账簿和分类账簿不能记录，但又需要记录的经济业务的内容。常见的有临时租入固定资产备查簿、商业汇票登记簿等。

2. 账簿按其外表的组成形式不同分为订本式账簿、活页式账簿和卡片式账簿

1）订本式账簿。订本式账簿是指使用前按照顺序编号，将特定数量的账页装订成册的账簿。此类账簿的账页和记录的内容是不能够变更的，更不能随意抽换账页，以保证账簿记录的真实性。此种账簿适用于总分类账簿、特种日记账簿。

2）活页式账簿。活页式账簿是指由若干单页组成的，在一定会计期间登记结束后再进行装订形成的账簿。该类账簿的特点是账页可以随用随添，有利于分工协作，但由于账页容易抽换，不利于财产物资的保管，也不利于加强经济管理的需要，因此该类账簿适用于一般明细分类账簿。

3）卡片式账簿。卡片式账簿是由若干记录会计事项的卡片组成并将其组合形成的盒状账簿。其特点是卡片随用随添，记录内容灵活，但账页卡片不利于保管，会计实务中必须由专人保管，固定资产明细账一般采用这种格式。

3. 账簿按账页格式的不同分为三栏式账簿、多栏式账簿和数量金额式账簿

账页的格式多种多样，在会计实务中不仅限于以下三种，但在会计实务中常用的格式多为以下三种。

1）三栏式账簿。组成账簿的账页的具体结构分为三栏，记录的内容有“借方、贷方和余额”或“收入、支出和余额”或“增加、减少和余额”等三栏，总分类账、日记账和部分明细账一般采用三栏式账簿格式。

2）多栏式账簿。此种账簿的账页结构一般设置“借、贷、余”三栏，但在“借、贷”栏下又设置若干栏，根据记录的经济业务不同，又可以具体分为借方多栏式、贷方多栏式和借贷方多栏式。借方多栏式账页适用于成本、费用类账户的明细分类账；贷方多栏式适用于收益类账户的明细分类账；借贷方多栏式适用于本年利润、利润分配账户的明细分类账。

3）数量金额式账簿。该账簿的账页中也设置“借、贷、余”或“收、支、余”三

栏，但在每一栏下又分别设置“数量、单价和金额”。在该种账页的记录中，既能够提供数量指标，同时又可以提供价值量指标，有利于保证财产物资账面记录和实际拥有量相符，有利于加强财产物资的保管。该类账簿适用于存货等实物资产的明细分类账簿。

账簿的分类情况如图 9.3 所示。

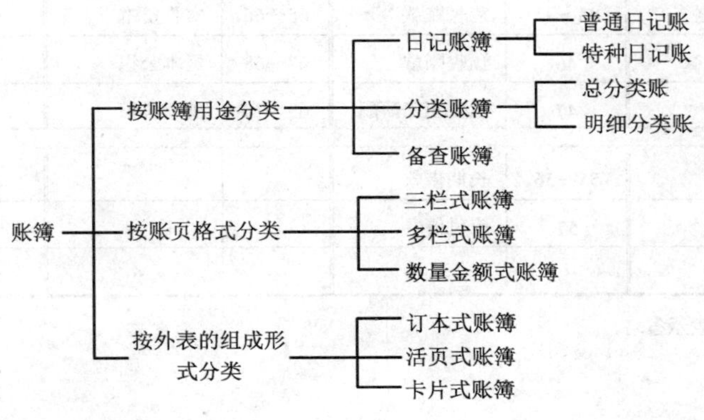

图 9.3　账簿分类示意图

二、账簿的基本结构

1. 封面

写明账簿名称和记账单位名称。

2. 扉页

填列账簿的启用日期和截止日期，页数、册数；经管账簿人员一览表和签章；会计主管人员签章；账户目录等。具体格式与内容如表 9.1、表 9.2 所示。

表 9.1　账簿使用登记表

账簿名称：________　　单位名称：________

账簿编号：________　　账簿册数：________

账簿页数：________　　启用日期：________

会计主管（签章）：　　记账人员（签章）：

移交日期			移交人		接管日期			接管人		会计主管	
年	月	日	姓名	盖章	年	月	日	姓名	盖章	姓名	盖章

注：表中锯齿线表示省略。

表 9.2　科目索引（目录）

页数	科目名称	页数	科目名称	页数	科目名称	页数	科目名称
1～2	库存现金	41	短期借款	60	生产成本	75	主营业务收入
3～5	银行存款	42	应付票据	61～62	制造费用	76	主营业务成本
6～7	交易性金融资产	43～45	应付账款	65～66	实收资本	…	…
8	应收票据	46	预收账款	67～68	资本公积		
9～11	应收账款	47	应付职工薪酬	69～70	盈余公积		
20～22	原材料	55～56	长期借款			81	投资收益
28～30	固定资产	57	应付债券			85	所得税费用
…	…	…	…	…	…	…	…

注：表中的锯齿线表示省略。

3. 账页

账页的格式因反映的经济业务内容的不同，而有不同的格式，但基本内容应包括如下几方面。

1）账户的名称（总账科目、二级或明细科目）。

2）登记日期栏。

3）凭证种类和编号栏。

4）摘要栏。

5）金额栏。

6）总页次和分户页次。

三、日记账簿

1. 特种日记账的设置和登记

1）特种日记账的设置。特种日记账是用于记录重要而且业务量比较大的某一类经济业务的日记账簿，在会计实务中由于各单位的现金和银行存款是流动性最强的资产，涉及这些货币资金的业务非常多，一般单位的特种日记账均需设置现金和银行存款日记账，专门用于记录现金和银行存款的增加、减少和余额。

由于不同单位涉及现金和银行存款的经济业务在数量上不相同，且提供信息的要求不同，因此其日记账的账页格式也不相同。特种日记账一般采用三栏式账页格式（特殊需要亦可多栏式），如果涉及货币资金业务比较多时，也可将其分别设置，即现金（银行存款）收入日记账和现金（银行存款）支出日记账。具体格式与内容如账簿 9.1、账簿 9.2 所示。

账簿 9.1　银行存款日记账

（三栏式）

20××年		凭证		摘要	对方科目	借方金额	贷方金额	余额
月	日	种类	编号					
4	1			上月结转				120 000
	2	收字	01	收回应收账款	应收账款	30 000		
	3	付字	01	支付欠款	应付账款		20 000	
	4	收字	02	销售商品	主营业务收入	80 000		

账簿 9.2　银行存款收入日记账

（多栏式）

年		凭证		摘要	贷方科目				支出合计	余额
月	日	种类	编号		现金	应收账款	…	收入合计		

2）特种日记账的登记。特种日记账的登记一般根据经济业务的发生和确认时间，以收、付款凭证或记账凭证按照时间上的先后顺序直接登记，但需要注意的是，在采用专用记账凭证的单位，现金日记账的登记依据的会计凭证有“现金收款凭证、现金付款凭证和银行存款付款凭证”，登记银行存款日记账的专用记账凭证是“银行存款收、付款凭证和现金付款凭证”。

特种日记账一般按规定的时间予以汇总，并登记总分类账。

2. 普通日记账的设置和登记

普通日记账是用于记录所有的经济业务的日记账，其账页格式一般采用多栏式账页结构，登记时按照业务发生的先后顺序依次登记。它可以反映会计主体资金运动的全貌，并反映所涉及账户的对应关系。但普通日记账应用较少，只适用于经济业务比较少、设置的账户不多的会计主体。

四、分类账簿

（一）总分类账的设置

总分类账是按照总分类账户分类登记会计主体全部经济业务的账簿。总分类账簿提供的是会计主体的总括指标，因此所有单位必须设置。一般情况下，总分类账设置一本（在业务比较多，所涉及的科目比较多时，也可以设置两本或更多总分类账簿），由于要求以订本账的形式，因此应按照全部会计科目设置账户，并根据业务多少预留账页。

一般情况下，应根据记账凭证或汇总记账凭证直接登记，具体账务处理应根据会计主体所采用的记账程序而定。具体格式与内容如账簿 9.3 所示。

账簿 9.3　总分类账

（三栏式）

会计科目：原材料　　　　第　页

年		凭证		摘要	对方科目	借方金额	贷方金额	余额
月	日	种类	编号					

（二）明细分类账的设置

明细分类账是用于记录某一总账账户的详细指标的账簿，它是按照信息加工和经营管理者、会计信息使用者的要求而设置的。任何一个总分类账户都可以设置明细分类账，也可以不设置该类账簿。明细分类账的格式按照所记录的经济业务不同可以有三栏式（同总分类账格式）、多栏式和数量金额式；按装订形式不同，分成订本式、活页式和卡片式。明细分类账多采用活页式。具体格式与内容如账簿 9.4 所示。

账簿 9.4　原材料明细账

（数量金额式）

类别：M 材料　　规格：09-6　　计量单位：千克
名称：N　　编号：2568　　存放地点：2 号仓库

20××年		凭证		摘要	收入			发出			结存		
月	日	种类	编号		数量	单价	金额	数量	单价	金额	数量	单价	金额
4	1			上月结转							50	10	500
	1	转	01	购料	100	10	1 000						
	5	转	02	发料				80	10	800			
	15	付	03	购料	200	10	2 000						

明细分类账簿的登记依据可以是审核无误的原始凭证也可以是记账凭证，明细分类账簿应登记每一笔发生的会计事项，定期汇总（一般是一个月），汇总后的数据也可以登记总分类账簿和编制财务报告。

（三）备查簿的设置

随着结算方式的多样化以及资本市场的不断完善，需要记录的经济业务内容仅靠正式账簿已不能够满足会计信息整理加工的需要，因此各会计主体应根据实际情况设置必要的会计备查账簿，备查账簿原则上没有固定的格式，也无规律可循，只能按照记录的内容灵活设定其格式。

五、账簿的使用规范

（一）账簿的启用规范

会计账簿属于经济文书，账簿一般应按年进行更换（固定资产明细账可以不进行更换），使用时首先按照我国税法的规定粘贴印花税票；启用新账和更换账簿时，必须填列账簿封面和扉页的有关项目内容，封面上的内容只记录账簿的名称；而扉页的“账簿启用和经管人员一览表”中必须详细填写以下内容：该账簿的使用单位名称、册数、编号、页数、账簿启用日期、交接相关人员签章等，其格式内容如表 9.1 所示。此外，在扉页上，为便于记录和查阅还应根据账户的种类和所在页码填制账户目录（或称科目索引）的相关内容，科目索引的内容如表 9.2 所示。

（二）账簿登记技术规范

账簿的登记是会计核算中一项比较重要的技术方法，账簿是重要的会计档案，在填写账簿时必须严格按照登记账簿的技术规范认真填写每一账页上的每一项经济业务，归纳起来主要有以下几个方面。

第一，记账时必须使用蓝、黑色的水笔或签字笔书写；红色水笔只有在结账、改错、划线、冲销时使用；不能使用圆珠笔和铅笔登记账簿。

第二，账簿上的文字和数字必须书写规整，数字不能写满金额栏的每一小格，一般只占到格高的 1/3～1/2，以便必要时进行更正。

第三，账页使用过程中不许跳行、跳页，如出现空行或空页应画对角线予以注销，并加盖“作废”戳记；一般情况下账页的第一行和最后一行不记录正式经济业务内容，只记录“承前页”和“转次页”；不得随意撕毁或添加账页；记账出现错误不许用挖、擦、刮、补、涂等方法，应使用正确的方法予以更正。

第四，对于已经记账的会计记账凭证应画“√”表示过账。

第五，启用新账时应将上一年度的余额转记到新账的第一页第一行，并在摘要栏内注明“上年结转”。

第六，账页上所有的内容必须填列齐全。

第七，结账后如果某一账户没有余额，应在余额栏内写“平”或在“元”位上填写“0”。

六、错账更正方法

账簿是重要的会计档案，在账簿的登记过程中，难免因各种原因导致账簿错误（简称错账）。这些错误有的是记账人员的笔误，也有的是由记账凭证错误所引起的，不论是哪一种错误，在结账前会计人员可以通过试算平衡或其他对账的方法检查出来，但不允许随意更改。

至于不同的更正方法如何应用，还需要根据账簿记录中的常见错误种类而定。

1. 会计凭证有错误

1）科目使用错误，使借贷方不平衡。

2）科目正确，但记录的数据在借贷方同时多记相同的金额。

3）科目正确，但记录的数据在借贷方同时少记相同的金额。

2. 会计凭证没有错误

会计人员根据正确的会计凭证登记账簿时发生笔误而导致的各种账簿错误。

对于以上错误，在进行更正时，应采用不同的适用方法，一般有画线更正法、红字冲销法和补充登记法。具体对应关系如表 9.3 所示。

表 9.3　错账种类与更正方法对应关系

错账种类	更正方法
记账凭证错误，用错了科目；或科目没有错误，但借贷方多记了相同的金额	红字更正法
记账凭证错误，科目没有错误，但借贷方同时少记了同一金额	补充登记法
记账凭证正确，过账时会计人员发生的笔误	画线更正法

【例 9.17】 20××年 5 月 8 日，ABC 公司生产车间领用 A 原材料 1 000 千克，单价 100 元，用于生产甲产品，会计人员根据有关原始凭证编制的记账凭证上的会计分录为

借：管理费用　　100 000

　　贷：原材料　　100 000

并根据上述记账凭证记入账簿中。

分析：由于上述错误属于记账凭证错误中的科目使用错误，按照其对应关系，应采用红字更正法予以更正，更正的步骤如下：

第一步，使用红色的笔编制一张与原来错误凭证完全一样的凭证，并据以登记账簿。

借：管理费用　　100 000

　　贷：原材料　　100 000

第二步，使用蓝色的笔编制一张正确的记账凭证。

借：生产成本——甲产品　　100 000

　　贷：原材料——A 材料　　100 000

并根据正确的凭证登记账簿。这样就完成了对此笔错账的更改过程。

【例 9.18】 如果例 9.17 中原编制记账凭证为

借：生产成本——甲产品　　1 000 000

　　贷：原材料——A 材料　　1 000 000

并已登记账簿。

分析：该种错误属于记账凭证错误，具体分析可以看出，科目运用正确，方向正确，但所列金额在借贷方同时等额多记，因此采用的错账更正方法仍是红字更正法，但需要注意的是，此种错账的更正方法与上例不同，需填制一张与原凭证科目相同但数字为差额的红字冲销凭证，并根据凭证登记到账簿中即可。

借：生产成本——甲产品　　900 000

　　贷：原材料——A 材料　　900 000

【例 9.19】 与例 9.18 相反，原记账凭证为

借：生产成本——甲产品　　10 000

　　贷：原材料——A 材料　　10 000

并已登记入账。

分析：此种错误是记账凭证错误导致的记账错误，借贷方科目使用正确，但借贷方同时等额少记，因此更正的方法采用补充登记法，具体更正方法是用蓝色的笔编制一张与原凭证科目相同、方向相同的差额凭证。

借：生产成本——甲产品　　90 000

　　贷：原材料——A 材料　　90 000

并据以登记账簿。

本章小结

取得和填制会计凭证是会计基础工作的基本内容，对会计核算和会计信息质量具有至关重要的影响；设置账簿是会计工作的一个重要环节，登记账簿是会计核算的一种专门方法，科学设置账簿和正确登记账簿，对于加强经营管理、发挥会计职能作用具有重要意义。学习本章的目的主要是熟悉会计核算实务中填制凭证和登记账簿两个重要环节的有关内容。本章主要内容有：会计凭证，包括会计凭证的种类、填制程序、填制方法及其审核；会计账簿，包括账簿的设置原则、账簿的种类、登记账簿的技术规则和方法。要求掌握会计凭证、会计账簿所包括的以上内容。

本章内容是会计科目和复式记账法的具体运用，通过本章的学习应能够和前后章节的相关内容相互联系，借以系统学习和掌握会计核算的方法体系。

思考练习题

1. 什么是会计凭证？原始凭证和记账凭证的区别是什么？
2. 原始凭证有几种分类？包括哪些内容？
3. 记账凭证有几种分类？包括哪些内容？
4. 什么是账簿？有几种分类？不同的分类适用于何种账簿？
5. 错账的种类有几种？各自适用的错账更正方法是什么？
6. 对账和结账各包括哪些内容？

7. 比较汇总记账凭证记账程序和科目汇总表记账程序的异同。

8. ABC 公司在对账时发现如下错账：

1）企业购进材料 500 元，账款未付。编制凭证时记为：

借：在途物资　　500

　　贷：应收账款　　500

并已登记入账（增值税略）。

2）企业向银行借入为期 3 个月的借款 1 000 000 元存入银行。编制凭证时记为：

借：银行存款　　100 000

　　贷：短期借款　　100 000

并已登记入账。

请作答：

1）指出以上账务处理中的错误。

2）说明用什么方法更正。

3）纠正有关错误。

9. ABC 公司 20××年 5 月的经济业务如下：

1）2 日，从天津丰风工厂购入 A 材料 500 千克，每千克 20 元，计 10 000 元，增值税税率 13%。材料已验收入库，开出一张支票支付购料款。

2）5 日，从江苏无锡工厂购入 B 材料 4 000 千克，每千克 10 元，计 40 000 元，增值税税率 13%。材料已验收入库，料款及税款已从银行存款中支付。

3）10 日，车间及行政管理部门领用各种材料 1～10 日汇总如下表所示。

车间及行政部门领用材料情况

部门	A 材料		B 材料	
	数量/千克	金额/元	数量/千克	金额/元
生产甲产品	300	6 000	1 000	10 000
生产乙产品	200	4 000	1 000	10 000
生产车间一般耗用	100	2 000	1 500	15 000
行政管理部门	200	4 000	500	5 000

4）10 日，采购员张民预借差旅费 600 元，经审核原始凭证后以现金付讫。

5）10 日，销售甲产品 12 台，每台售价 4 000 元，销售乙产品 30 台，每台售价 5 000 元，共计货款 198 000 元，增值税税率 13%，收到购买单位一张支票计 229 680 元，交存银行。

6）11 日，分配本月应付职工工资，其中：甲产品生产人员的工资 20 000 元，乙产品生产人员的工资 30 000 元，车间管理人员的工资 4 000 元，企业行政管理人员的工资 6 000 元，共计 60 000 元。

7）11 日，根据规定，按工资总额的 14%计提本月职工福利费。

8）12 日，从银行提取现金 60 000 元发放本月工资。

9）15 日，销售库存的原材料 1 000 千克，收到现金 904 元，其中含增值税 104 元。

该材料账面成本 1 000 元。

10）16 日，采购员张民回厂报销差旅费 500 元，余款交回。

11）17 日，以银行存款 1 000 元支付报社广告费。

12）18 日，以银行存款支付本月水电费 10 000 元。其中：生产甲产品耗用 3 000 元；生产乙产品耗用 5 000 元；生产车间照明耗用 500 元；行政管理部门耗用 1 500 元。

13）19 日，以现金 440 元支付生产车间日常办公费。

14）20 日，以银行存款 3 600 元支付下一年度报刊费。

15）21 日，从银行取得短期借款 50 000 元，存入银行。

16）23 日，收到红宾公司的违约金 6 000 元，已交存银行。

17）24 日，本月应收出租固定资产租金 4 000 元，尚未收到。

18）31 日，按规定的折旧率，计提本月固定资产折旧费 8 000 元，其中：生产车间使用固定资产计提折旧 6 000 元，行政管理部门使用固定资产计提折旧 2 000 元。

19）31 日，计提应由本月负担的短期贷款利息 660 元。

20）31 日，开出转账支票，支付固定资产租金 4 000 元，其中：生产车间承担 3 000 元，行政管理部门承担 1 000 元。

21）31 日，摊销应由本月负担的财产保险费 1 660 元，其中：生产车间应负担 500 元，行政部门应负担 1 160 元。

22）31 日，计算出本月发生的制造费用总额 32 000 元，其中甲产品负担 14 200 元，乙产品负担 17 800 元。

23）31 日，甲产品完工 35 台，已验收入库，其单位成本为 2 300 元，总成本为 80 500 元；乙产品完工 40 台，已验收入库，其单位成本为 3 000 元，总成本为 120 000 元。

24）31 日，本月售出甲产品 12 台，单位成本为 2 300 元，结转甲产品销售成本 27 600 元；本月售出乙产品 30 台，单位成本为 3 000 元，结转产品销售成本 90 000 元。

25）31 日，计提本月应交城建税 1 500 元。

26）31 日，假设所得税税率为 25%，且没有纳税调整事项，计提本月应交纳的所得税。

27）31 日，结转本月有关损益类账户发生额。

28）31 日，计算并结转本月净利润。

29）31 日，分别按净利润额的 10%、50%计提盈余公积和向投资者分配利润。

30）31 日，结转利润分配账户所属明细账户的发生额到“未分配利润”明细账户。

对以上经济业务编制收、付、转专用记账凭证（以“会计分录”代替记账凭证），要求写出经济业务的内容摘要、记账凭证的编号，并登记账簿（以“T”型账代替账页）。

第十章　财务报表编制准备

思维导图

第一节　期末账项调整

根据会计分期基本前提，我们将循环往复的生产经营过程人为地划分为会计期间。会计期间的产生必然涉及划分本期和非本期的收入、费用等问题，为了使收入和费用相配比，计算企业的盈利，就必须按照权责发生制进行期末账项调整。期末需调整的账项主要分为以下几类。

一、属于本期收入，本期尚未收到的账项调整

企业在本期已向其他单位或个人提供商品或劳务，应该获得属于本期的收入，但由于尚未完成结算过程，致使本期的收入尚未收到，如应收的销售货款等。凡属于本期的收入，不管其款项是否收到，都应作为本期收入，期末时将尚未收到的款项调整入账。

【例 10.1】 20××年 5 月 2 日，ABC 公司与 H 公司签订合同，将企业闲置的仓库出租，租期 5 个月，期满时一次付租金 100 000 元。

20××年 5 月 31 日，ABC 公司履行了与该收入相关的义务，就应该享有取得该项收入的权利，因此进行期末账项调整。

借：其他应收款——H 公司　　20 000

　　贷：其他业务收入——租金收入（100 000÷5）　　20 000

二、属于本期费用，本期尚未支付的账项调整

企业在本月已耗用，或本月已受益的支出，应该归属为本期发生的费用。由于这些费用尚未支付，故在日常的账簿记录中尚未登记入账，如应付银行借款利息支出等。凡属于本期的费用，不管其款项是否支付，都应作为本期费用处理。期末应将那些属于本期费用，而尚未支付的费用调整入账。

【例 10.2】 20××年 5 月 1 日，ABC 公司从银行获取商业贷款 240 000 元，时间 6 个月，利率 10%。

银行借款利息是按季度结算的，每个季度的最后一个月结算借款利息。但整个季度内企业都从贷款中受益，按权责发生制的原则，应负担借款利息。因此，每个季度的各个月份应支付的借款利息要估算入账。

借：财务费用——贷款利息（240 000×10%÷12）　　2 000

　　贷：应付利息　　2 000

【例 10.3】 20××年 5 月 31 日，ABC 公司计算应由公司承担的消费税 10 000 元。

借：税金及附加　　10 000

贷：应交税费——应交消费税 10 000

三、本期已收款，但不完全属于本期收入的账项调整

本期已收款入账，因尚未向付款单位提供商品或劳务，因此不属于本期收入的预收款项，是一种负债性质的预收收入。应通过负债类的“预收账款”科目予以核算。待确认为本期收入后，再从“预收账款”科目转入有关的收入科目。

【例 10.4】 20××年 5 月 1 日，ABC 公司采用经营租赁方式出租给 W 公司暂时闲置的设备 5 台，时间为 5 个月，并预收出租设备的全部租金 150 000 元。

ABC 公司不应该把预收的出租设备的租金收入全部都计入收到租金的那个月份的收入中，而应该按照设备出租期分月计入各月份的收入中。出租固定资产的租金收入在“其他业务收入”账户内核算。

20××年 5 月 1 日 ABC 公司收到全部租金时，会计分录为：

借：银行存款 150 000

贷：预收账款——W 公司 150 000

20××年 5 月 31 日 ABC 公司进行账项调整，会计分录为：

借：预收账款——W 公司 30 000

贷：其他业务收入——租金（150 000÷5） 30 000

四、本期已付款，但不完全属于本期费用的账项调整

本期已付款入账，但应由本期和以后各期共同负担的费用，在计算本期费用时，应该将这部分费用进行调整。

预付的各项支出既然不属于或不完全属于本期费用，就不能直接全部计入本期有关费用账户，应先计入资产类的“预付账款”账户。

【例 10.5】 20××年 12 月 5 日，ABC 公司以银行存款支付下年度管理部门报刊订阅费 3 000 元。

按照权责发生制原则，预付时应借记“预付账款”账户，贷记“银行存款”账户。待到下一年度，借记“管理费用”账户，贷记“预付账款”账户。

20××年 12 月 5 日，ABC 公司预付全年报刊订阅费时会计分录为：

借：预付账款——报刊费 3 000

贷：银行存款 3 000

次年 1 月 31 日，ABC 公司进行月末摊销时会计分录为：

借：管理费用——报刊费 250

贷：预付账款——报刊费（3 000÷12） 250

第二节 财产清查

一、财产清查的意义

财产清查，是指根据账簿记录，通过对货币资金、实物资产和往来款项的盘点或核

对，确定其实存数，查明账存数与实存数是否相符的一种专门方法。财产清查能够为定期编制会计报表提供准确的、完整的、系统的核算信息。

1. 造成账实不符的原因分析

造成账实不符的原因是多方面的，如财产物资保管过程中发生的自然损耗；财产收发过程中由于计量或检验不准，造成多收或少收的差错；由于管理不善、制度不严造成的财产损坏、丢失、被盗；在账簿记录中发生的重记、漏记、错记；由于有关凭证传递的时间差而形成未达账项，造成结算双方账务不符；以及发生意外灾害等。除上述原因之外，还包含一些隐形的原因，如由于企业外部环境的变化，而使财产物资发生贬值；应收账款因长期未经清偿而成为事实上的坏账等。造成账实不符的原因不同，其会计处理也不同。

2. 财产清查的意义

财产清查工作，对于加强企业管理、充分发挥会计的监督作用具有重要意义。

1）通过财产清查，做到账实相符，保证会计信息的真实性、可靠性。

2）通过财产清查，可以查明财产物资盘盈盘亏的原因，落实经济责任，从而健全和完善企业管理及内部控制制度，保护各项财产的安全完整。

3）通过财产清查，可以摸清家底，挖掘财产物资潜力，提高资金的使用效能，加速资金周转，提高企业的管理水平。

二、财产清查的种类

（一）按财产清查对象的范围分类

按财产清查对象的范围，分为全面清查和局部清查。

1. 全面清查

全面清查是指对全部财产进行盘点与核对。其特点是范围大、内容多、时间长、参与人员多。

需要进行全面清查的情况通常主要有：年终决算之前；单位撤销、合并或改变隶属关系时；中外合资、国内合资前；企业股份制改制前；开展全面的资产评估、清产核资时；单位主要领导调离时等。

2. 局部清查

局部清查是指根据需要对部分财产物资进行盘点与核对。主要是对货币资金、存货等流动性较大的财产的清查。其特点是范围小、内容少、时间短、参与人员少，但专业性较强。

需要进行局部清查的情况通常主要有：库存现金除由出纳人员在每日业务终了时自行清点外，还应与会计每月清点一次；银行存款每月至少同银行核对一次；债权债务每年至少核对一两次；各项存货应有计划、有重点地抽查；贵重物品每月应清查一次；更换出纳、仓库保管人员时等。

（二）按财产清查的时间是否固定分类

按财产清查的时间是否固定，分为定期清查和不定期清查。

1. 定期清查

定期清查是指根据事先计划安排的时间对财产物资进行的清查。定期清查一般在期末进行，它可以是全面清查，也可以是局部清查。

2. 不定期清查

不定期清查是指根据实际需要对财产物资所进行的临时性清查。不定期清查一般是局部清查。如改换财产物资保管人员进行的有关财产物资的清查；发生意外灾害等非常损失而进行的损失情况的清查；单位撤销、合并或改变隶属关系而进行的资产、债权债务的清查以及有关部门进行的临时性检查等。不定期清查可以是局部清查，也可以是全面清查。

三、财产清查的方法

为了实施财产清查工作，应组成清查小组，并制订好清查计划，准备好计量器具和各项登记表格等。会计人员要做好账簿登记工作，做到账账相符、账证相符，财产物资保管部门要做好财产物资的入账工作，整理、排放好各项财产物资，准备接受清查。财产清查一般应由两人或两人以上共同进行，财产保管人员必须在场。不同的财产物资，其清查方法也有所不同。

（一）货币资金的清查方法

1. 现金的清查

现金的清查是采用实地盘点的方法来确定库存现金的实存数，然后再与现金日记账的账面余额核对，以查明账实是否相符及盈亏情况。在企业的日常工作中，通常由现金出纳员每日清点库存现金实有数额，并及时与库存现金日记账的余额相核对。如果由专门人员开展清查工作，为了使经济责任更加明确，出纳人员必须在场，同时，清查人员要认真审核收付凭证和账簿记录，检查经济业务的合理与合法性。

现金清查后应填写“现金盘点报告表”，并据以调整现金日记账的账面记录，如表 10.1 所示。

表 10.1　现金盘点报告表

单位名称：　　　　　　　　　　　　年　月　日

实存金额	账存金额	对比结果		备注
		盈	亏	
100 元面值　　张 50 元面值　　张 20 元面值　　张				

续表

实存金额	账存金额	对比结果		备注
		盈	亏	
10 元面值　张 5 元面值　张 2 元面值　张 1 元面值　张 …				
合计　元				

盘点人（签章）： 保管人（签章）：

2. 银行存款的清查

银行存款清查是通过与开户银行转来的对账单进行核对，以查明银行存款的实有数额。

银行存款日记账与开户银行转来的对账单不一致的原因有两个方面：第一，双方或一方记账有错误；第二，存在未达账项。

对于未达账项，应通过编制银行存款余额调节表进行调整。所谓未达账项，是指企业和银行之间，由于记账时间不一致而发生的一方已入账、另一方未入账的事项。企业和银行的未达账项，一般有以下四种情况。

1）企业已收款记账，银行尚未收款记账。

2）企业已付款记账，银行尚未付款记账。

3）银行已收款记账，企业尚未收款记账。

4）银行已付款记账，企业尚未付款记账。

【例 10.6】 20××年 5 月 31 日，ABC 公司银行存款日记账账面余额为 47 000 元，银行转来对账单的余额为 85 000 元。经逐笔核对，发现以下未达账项。

1）企业送存转账支票 40 000 元，并已登记银行存款增加，但银行尚未记账。

2）企业开出转账支票 30 000 元，但持票单位尚未到银行办理转账，银行尚未记账。

3）企业委托银行代收某公司购货款 50 000 元，银行已收妥并登记入账，但企业尚未收到收款通知，尚未记账。

4）银行代企业支付电话费 2 000 元，银行已登记企业银行存款减少，但企业未收到银行付款通知，尚未记账。

根据上述资料编制“银行存款余额调节表”，如表 10.2 所示。

表 10.2　银行存款余额调节表

单位：元

项目	金额	项目	金额
企业银行存款日记账余额	47 000	银行对账单余额	85 000
加：银行已收、企业未收款	50 000	加：企业已收、银行未收款	40 000
减：银行已付、企业未付款	2 000	减：企业已付、银行未付款	30 000
调节后的存款余额	95 000	调节后的存款余额	95 000

需要指出的是，银行存款余额调节表只是为了核对账目，并不能作为调整银行存款账面余额的原始凭证，而应当等实际的账单到达后再做相关账务处理。

经过银行存款余额调节表调节后如果仍不一致，即为记账差错，应进一步追查原因，并根据产生记账差错的原因分别处理。

（二）实物资产的清查方法

实物财产是指具有实物形态的各种财产，包括原材料、半成品、在产品、产成品、低值易耗品、包装物和固定资产等。由于实物资产的形态、体积、重量、码放方式等不同，采用的清查方法也不同。主要有以下两种。

1. 实地盘点法

实地盘点法是指在财产物资存放现场逐一清点数量或用计量仪器确定其实存数的一种方法。此方法准确可靠，但工作量较大。

2. 技术推算法

技术推算法是指利用技术方法推算财产物资实存数的方法。此方法盘点数字不够准确，但工作量较小，适用于煤炭、砂石等大宗且价值较低的物资的清查。

对各项财产物资的盘点结果，应逐一填制“盘存单”，并同账面余额记录核对，确认盘盈盘亏数，填制“实存账存对比表”，作为调整账面记录的原始凭证。盘存单及实存账存对比表的格式如表 10.3 与表 10.4 所示。

表 10.3　盘存单

单位名称：　　　　存放地点：

财产类别：　　　　盘点时间：　　　　编号：

序号	名称	规格	计量单位	盘点数量	单价	金额	备注

盘点人（签章）：　　　　保管人（签章）：

表 10.4　实存账存对比表

单位名称：　　　　年　月　日

序号	名称	规格	计量单位	单价	实存		账存		盘盈		盘亏		备注
					数量	金额	数量	金额	数量	金额	数量	金额	

盘点人（签章）：　　　　会计（签章）：

（三）往来款项的清查方法

往来款项主要包括应收、应付款项和暂付、暂收款项等。往来款项的清查一般采用发函询证的方法进行核对。在期末编制“往来款项对账单”，寄往各有关单位；对方单位核对后退回，盖章表示核对相符，如不相符由对方单位说明情况。

四、财产清查结果的账务处理

1. 设置“待处理财产损溢”账户

1）核算内容。核算企业在清查财产过程中的各种财产盘盈、盘亏和毁损的价值。

2）性质。资产类账户。

3）结构。借方登记盘亏、毁损的各种材料、库存商品、固定资产等以及经批准处理的盘盈数；贷方登记盘盈的各种材料、库存商品等以及经批准处理的盘亏数（企业如有盘盈的固定资产，应作为前期差错记入“以前年度损益调整”科目）；本账户应于期末结账前查明原因并处理完毕，处理后本账户应无余额。处理前的借方余额，反映企业尚未处理的各种财产的净损失；处理前的贷方余额，反映企业尚未处理的各种财产的净溢余，如图 10.1 所示。

待处理财产损溢	
盘亏、毁损数及盘盈处理转出数	盘盈数及盘亏处理转出数
期末前余额反映清查净损失	期末前余额反映清查净溢余

图 10.1　“待处理财产损溢”账户结构图

2. 账务处理

【例 10.7】 20××年 5 月 18 日，ABC 公司由于火灾导致库存商品发生损失，其成本为 150 000 元。该产品耗用原材料对应的增值税进项税额为 16 000 元。

借：待处理财产损溢　　166 000

　　贷：库存商品　　150 000

　　　　应交税费——应交增值税（进项税额转出）　　16 000

6 月 8 日经批准，火灾造成的损失处理如下：残料回收入库价值 3 000 元，保险公司赔偿 100 000 元。

借：原材料——残料　　3 000

　　其他应收款——保险公司　　100 000

　　营业外支出——非常损失　　63 000

　　贷：待处理财产损溢　　166 000

【例 10.8】 20××年 5 月，ABC 公司在固定资产清查中，发现盘亏 1 辆货运汽车，其账面原价为 80 000 元，已提折旧 50 000 元。经批准作为营业外支出处理。

盘亏固定资产时，作会计分录如下：

借：待处理财产损溢　　30 000

　　累计折旧　　50 000

　　贷：固定资产　　80 000

经批准转销时，作会计分录如下：

借：营业外支出　　30 000

　　贷：待处理财产损溢　　30 000

流动资产和固定资产的盘亏、盘盈账务处理关系，如图 10.2 与图 10.3 所示。

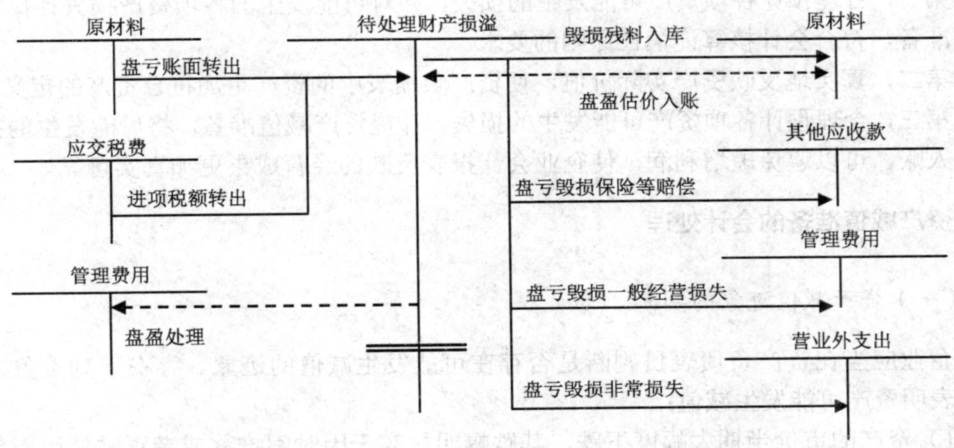

图 10.2　流动资产盘亏、盘盈账务处理示意图

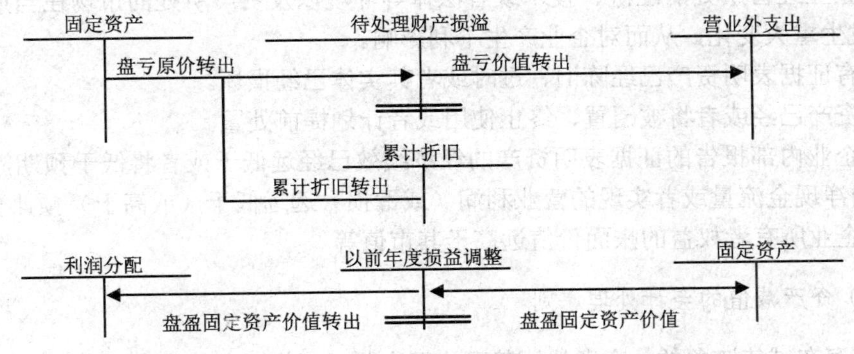

图 10.3　固定资产盘亏、盘盈账务处理示意图

第三节　资产期末计价

一、资产期末计价的意义

通过财产清查，企业可以确定各项财产的期末实际结存数量，但是各项资产的账面

余额是否能真实地反映该资产实际能给企业创造的经济利益的流入量，还需要进行分析。对资产计提减值准备，就是要分析资产实际能给企业创造的经济利益流入量，然后与资产期末的账面价值比较，如果资产实际能给企业创造的经济利益流入量小于账面价值，则将差额作为损失计入当期损益，同时作为减值准备；如果资产实际能给企业创造的经济利益流入量大于或等于账面价值，则仍按照账面价值反映。根据《企业会计准则》的规定，企业应当定期或者至少于每年年度终了对各项资产进行全面检查，对于发生减值的资产应计提减值准备。

资产期末计价的意义在于：

第一，合理预计各项资产可能发生的损失，并对可能发生的各项资产损失计提资产减值准备，符合会计核算谨慎性原则的要求。

第二，真实地反映资产实际价值，使资产负债表中的资产更加符合资产的定义。

第三，合理预计各项资产可能发生的损失，计提资产减值准备，将可能发生的损失及时入账，可以避免虚增利润，使企业会计报表反映的经营成果更加真实可靠。

二、资产减值准备的会计处理

（一）资产减值迹象的判断

企业应当在资产负债表日判断是否存在可能发生减值的迹象。存在下列迹象之一的，表明资产可能发生减值：

1）资产的市价当期大幅度下跌，其跌幅明显高于因时间推移或者正常使用而预计的下跌。

2）企业经营所处的经济、技术或者法律等环境以及资产所处的市场在当期或者将在近期发生重大变化，从而对企业产生不利影响。

3）有证据表明资产已经陈旧、过时或者其实体已经损坏。

4）资产已经或者将被闲置、终止使用或者计划提前处置。

5）企业内部报告的证据表明资产的经济绩效已经远低于或者将低于预期，如资产所创造的净现金流量或者实现的营业利润（或亏损）远远低于（或高于）预计金额。

6）企业所有者权益的账面价值远高于其市值等。

（二）资产减值的会计处理原则

资产存在减值迹象的，应当估计其可收回金额。可收回金额应当根据资产的公允价值减去处置费用后的净额与资产预计未来现金流量的现值二者之间的较高者确定。

可收回金额的计量结果表明，资产的可收回金额低于其账面价值的，应当将资产的账面价值减记至可收回金额，减记的金额确认为资产减值损失，计入当期损益（“资产减值损失”科目），同时计提相应的资产减值准备。对于大部分长期资产（如固定资产、无形资产等），资产减值一经确认，在以后期间不得转回。

根据我国《企业会计准则》的规定，企业应对绝大部分资产均计提减值准备，鉴于课程性质和篇幅限制，在此我们只介绍坏账准备的会计处理，其他资产的减值准备的会计处理将在后续课程中讲述。

（三）坏账准备的会计处理

1. 坏账的含义及确认坏账的条件

坏账是指企业无法收回或收回的可能性极小的应收账款。由于发生坏账而产生的损失，称为坏账损失。

一般来讲，企业的应收款项符合下列条件之一的，应确认为坏账。

1）债务人死亡，以其遗产清偿后仍然无法收回。

2）债务人破产，以其破产财产清偿后仍然无法收回。

3）债务人较长时期内未履行其偿债义务，并有足够的证据表明无法收回或收回的可能性极小。

企业对有确凿证据表明确实无法收回的应收款项，经批准后作为坏账损失。应当指出，对已确认为坏账的应收款项，并不意味着企业放弃了追索权，一旦重新收回，应及时入账。

2. 应收款项发生减值的迹象判断

企业应在期末对应收账款、预付账款、应收票据、其他应收款、长期应收款等应收款项进行减值分析，如有证据表明其发生了减值，应计提坏账准备。表明应收款项发生减值的客观证据是指应收款项确认后发生的、对该应收款项的预计未来现金流量有影响，且企业能够对该影响进行可靠计量的事项。包括以下各项：

1）债务人发生严重财务困难。

2）债务人违反了合同条款，如逾期等。

3）债权人出于经济或法律方面的因素考虑，对发生财务困难的债务人做出让步。

4）债务人很可能倒闭或进行其他财务重组。

5）其他客观证据。

3. 坏账准备的估计

企业对应收款项进行减值测试，应根据本单位的实际情况分为单项金额重大和非重大的应收款项。对于单项金额重大的应收款项，应当单独进行减值测试，有客观证据表明其发生了减值的，应当根据其未来现金流量现值（如果差额不大，可以不进行折现）低于其账面价值的差额，确认减值损失，计提坏账准备。

对于单项金额非重大的应收款项以及单独测试后未发生减值的单项金额重大的应收款项，应当采用组合方式进行减值测试，分析判断是否发生减值。通常情况下，可以将这些应收款项按类似信用风险特征（如应收款项的账龄）划分为若干组合，再按这些应收款项组合在资产负债表日余额的一定比例，计算确定减值损失，计提坏账准备。

账龄是指客户所欠账款的时间长短。不同账龄的应收款项发生坏账的可能性不同，一般来说，拖欠时间越长的应收款项发生坏账的可能性就越大。采用这种方法，企业利用账龄分析表将全部应收款项按照一定的账龄标准划分为若干等级，不同等级的应收款项分别根据以往的经验数据确定不同的坏账准备计提比例，从而确定坏账准备应保持的金额。

对于坏账的会计处理，理论上讲有两种核算办法：一为直接转销法，即在实际发生坏账时将其计入当期损益；二为备抵法，即在每个会计期末估计可能发生的坏账损失，计提坏账准备，实际发生坏账损失时冲减坏账准备。我国企业会计准则规定，企业只能采用备抵法。

【例 10.9】 ABC 公司 20××年末应收款项总金额为 30 万元，其中有以下几笔金额重大：应收甲公司 14 万元；应收乙公司 6 万元；应收丙公司 5 万元。经分析，应收甲公司的 14 万元由于甲公司发生严重财务困难，预计只能收回 4 万元，其他两笔没有确凿的客观证据表明其发生了减值。

在 20××年末，首先可以确定应收甲公司的应收账款应计提坏账准备为 10 万元；其他 16 万元的应收款项按照账龄分析估计坏账损失，如表 10.5 所示。

表 10.5 应收账款账龄分析表

金额单位：元

应收账款账龄	应收账款金额	估计损失/%	估计损失金额
未到期	60 000	0.5	300
过期 1 个月	40 000	1	400
过期 2 个月	30 000	2	600
过期 3 个月	20 000	3	600
过期 3 个月以上	10 000	5	500
合计	160 000	—	2 400

根据上述分析，ABC 公司 20××年年末应保持的坏账准备为 10＋0.24＝10.24（万元）。

4. 会计科目的设置

设置“坏账准备”账户：

1）核算内容。核算企业备抵法下提取的坏账准备情况。

2）性质。资产类账户。

3）结构。借方登记实际发生的坏账准备数额以及冲销的多余的坏账准备；贷方登记每期预提的坏账准备数额；余额一般在贷方，表示已预提但尚未转销的坏账准备数额。“坏账准备”账户结构如图 10.4 所示。

坏账准备	
实际发生的坏账准备数额 冲销的多余的坏账准备	预提的坏账准备数额
	期末已预提但尚未转销的 坏账准备数额

图 10.4 “坏账准备”账户结构图

5. 备抵法下坏账准备的会计处理程序

1）根据期末应收账款的余额，估计当期应保持的坏账准备。

2）比较企业当期应保持的坏账准备和当期末坏账准备账户的余额，以决定当期实际应计提的坏账准备；经过比较，如果当期应保持的坏账准备金额大于“坏账准备”科目的贷方余额，应按其差额提取坏账准备；如果当期应保持的坏账准备金额小于“坏账准备”科目的贷方余额，应按其差额冲减已计提的坏账准备。如果“坏账准备”账户的期末因当期发生坏账损失大于提取坏账准备而出现借方余额，则按照保持数和借方余额的合计数计提坏账准备。

3）企业提取坏账准备时，借记“资产减值损失”科目，贷记“坏账准备”科目；冲销坏账准备时，借记“坏账准备”科目，贷记“资产减值损失”科目。

4）实际发生坏账时，借记“坏账准备”科目，贷记“应收账款”“其他应收款”等科目。

5）已确认并转销的坏账以后又收回，则应按收回的金额，借记“应收账款”“其他应收款”等科目，贷记“坏账准备”科目；同时，借记“银行存款”科目，贷记“应收账款”“其他应收款”等科目。

【例 10.10】 续例 10.9，20××年 12 月 31 日该企业应保持的坏账准备为 102 400 元，所以计提坏账准备后“坏账准备”科目的账面余额应为 102 400 元。

假设在估计坏账损失前，“坏账准备”科目有贷方余额 80 000 元，则该企业还应计提 22 400 元（102 400－80 000）。有关账务处理如下：

借：资产减值损失　　22 400

　　贷：坏账准备　　22 400

再假设在估计坏账损失前，“坏账准备”科目有贷方余额 126 000 元，则该企业应冲减 23 600 元（126 000－102 400）。有关账务处理如下：

借：坏账准备　　23 600

　　贷：资产减值损失　　23 600

第四节　对账和结账

一、对账

对账就是在有关经济业务入账以后，进行账簿记录的核对。

在会计工作中难免会发生记账、计算等方面的差错，因此难免出现账实不符的现象。为了确保账簿记录的正确性、完整性、真实性，在有关经济业务入账之后，必须进行账簿记录的核对。

对账工作主要包括账证核对、账账核对、账实核对。

1. 账证核对

账证核对是将各种账簿（总分类账、明细分类账以及现金和银行存款日记账等）记录与有关会计凭证（记账凭证及其所附的原始凭证）相核对。核对时，将凭证和账簿的记录内容、数量、金额和会计科目等相互对比，保证二者相符。

2. 账账核对

账账核对是在账证核对的基础上，各种账簿之间有关指标的核对。主要包括：

1）总分类账各账户借方期末余额合计数与贷方期末余额合计数核对。

2）现金、银行存款日记账期末余额与有关总分类账户期末余额核对。

3）会计部门各种财产物资明细分类账期末余额与财产物资保管和使用部门的有关财产物资明细分类账期末余额核对。

3. 账实核对

账实核对是在账账核对的基础上，将各种财产物资的账面余额与实存数额相核对。账实核对过程就是财产清查过程，有关财产清查的内容、方法等，已在本章第二节“财产清查”中专门介绍了。

二、结账

1. 结账的意义

结账就是在会计期末计算并结出各账户的本期发生额和期末余额。

发生的经济业务全部登记入账并对账以后，根据会计分期原则进行结账，以提供编制报表所需的各项会计信息资料。

会计分期一般实行公历制，月末进行计算，季末进行结算，年末进行决算。结账于各会计期末进行，所以可以分为月结、季结和年结。

2. 结账的程序

结账程序主要包括以下两个阶段。

1）结账前。必须将属于本期内发生的各项经济业务和应由本期受益的收入、负担的费用全部登记入账。在此基础上，才可保证结账的完整性，确保会计报表的正确性。不得把将要发生的经济业务提前入账，也不得把已经在本期发生的经济业务延至下期或以后各期入账。需调整的事项已在本章第一节“期末账项调整”中介绍。

2）结账时。不同的账户记录应分别采用不同的方法。

第一，对不需要按月结计本期发生额的账户，如债权、债务明细账和各项财产物资明细账等，每次记账后，都要随时结出余额，每月最后一笔余额即为月末余额。月末结账时，只需要在最后一笔经济业务记录下通栏划单红线即可。

第二，库存现金、银行存款日记账和需要按月结计其发生额的收入、费用的明细账，每月结账时，要在最后一笔经济业务记录下面通栏划单红线，结出本月发生额和余额，在摘要栏内注明“本月合计”字样，在下面再通栏划单红线。

第三，需要结计本年累计发生额的某些明细账户，每月结账时，应在“本月合计”行下结出自年初起至本月末止的累计发生额，登记在月份发生额下面，在摘要栏内注明“本年累计”字样，并在下面通栏划单红线。12 月末的“本年累计”就是全年累计发生额，要在全年累计发生额下面通栏划双红线。

第四，总账账户平时只需要结出月末余额。年终结账时，要将所有总账账户结出全年发生额和年末余额，在摘要栏内注明“本年合计”字样，并在合计数下通栏划双红线。具体结账技术方法如表 10.6 所示。

表 10.6　总分类账

账户名称：应收账款

20××年		凭证		摘要	借方	贷方	借或贷	余额
月	日	种类	编号					
1	1			上年结转			借	125 800
1	8				350 000			475 800
1	16					420 000		55 800
1	25				200 000			255 800
1	31			本月合计	550 000	420 000		255 800
3	31			本月合计	580 000	615 000		240 800
				一季度合计	1 650 000	1 409 200		240 800
9	30			三季度合计	1 600 000	1 633 000		153 000
12	31			四季度合计	1 586 000	1 657 000		82 000
				本年合计	6 590 200	6 508 200		82 000
				结转下年		82 000		
				合计	6 590 200	6 590 200		平

注：表中的虚线表示红线，锯齿线表示省略。

结账后，企业可以编制科目余额汇总表或发生额汇总表，为编制会计报表提供进一步的资料和依据。具体会计报表的编制将在第十一章讲述，在此不再赘述。

本章小结

通过前面的讲解，我们对会计核算的主要内容，如设置科目、复式记账、填制凭证、登记账簿以及成本计算等方面，有了初步的认识。但会计的目标是提供会计信息即编制会计报表，因此在编制会计报表前，还需做以下工作：其一，期末账项调整；其二，期末财产清查和期末资产计价。

思考练习题

1. 属于期末账项调整的会计事项有哪些？所遵循的记账基础是什么？

2. 造成账实不符的原因主要包括哪些情况？

3. 财产清查的作用是什么？

4. 财产清查有哪些种类？主要负责人离职、调动之前的财产清查属于哪种清查？

5. 实物资产的清查方法有哪些？

6. 什么是资产的期末计价？有什么意义？

7. 什么是计提资产的减值准备？主要计提的减值准备有哪些方面？

8. 什么是对账？包括哪些方面？为什么要定期对账？

9. 20××年4月30日，ABC公司银行存款日记账月末余额为177 600元，银行对账单月末余额比企业账面余额多7 250元。经逐笔核对，发现下列未达账项及记账错误：

1）企业存入银行一张转账支票计16 000元，银行尚未收到。

2）企业购买甲材料开出的银行一张转账支票计13 000元，银行尚未收到。

3）企业将销售C产品取得的销售货款1 000元（银行转账支票）存入银行，银行日记账中误记为100元，经查系原记账凭证错误。

4）银行转来托收回款9 000元，企业尚未入账。

5）银行结算存款利息350元，企业尚未入账。

请进行如下操作：

1）更正错账。

2）编制银行存款余额调节表。

银行存款日记账		银行对账单	
调整后余额		调整后余额	

第十一章　财务报表编制

思维导图

第一节　概　述

一、财务报表的含义

财务报表是指在日常会计核算资料的基础上，按照规定的格式、内容和方法定期编制的，综合反映企业某一特定日期财务状况和某一特定时期经营成果、现金流量状况的书面文件。一套完整的财务报表包括资产负债表、利润表、现金流量表、所有者权益（或股东权益）变动表和财务报表附注。

财务报表至少应当包括下列组成部分，如图 11.1 所示。

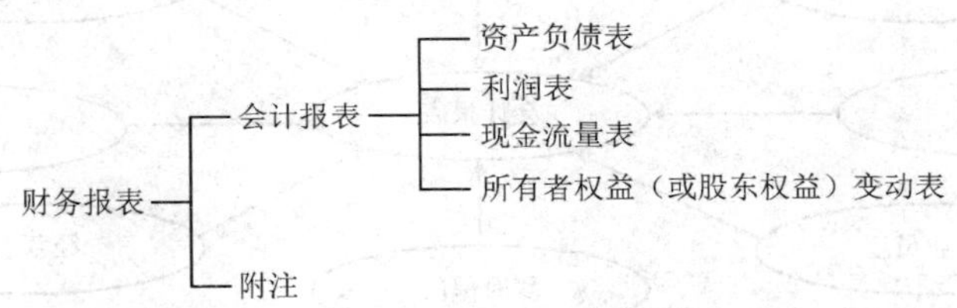

图 11.1　财务报表的组成

因课程性质所限，本书重点介绍会计报表中的资产负债表和利润表。

二、财务报表的作用

财务报告的目标，是向财务报告使用者提供与企业财务状况、经营成果和现金流量等有关的会计信息，反映企业管理层受托责任履行情况，有助于财务报告使用者做出经济决策。财务报告使用者通常包括投资者、债权人、政府及其有关部门和社会公众等。

1. 为投资者进行投资决策提供必要的会计信息

投资者包括国家、法人、职工个人、其他经济单位等。投资者最关注的是投资的内在风险和投资报酬。在投资前需了解拟投资企业的资金状况和经济活动情况，以做出正确的投资决策；投资后需了解被投资企业的经营成果、资金使用状况以及支付资金报酬的情况等资料。

2. 为债权人提供资金运转情况、短期偿债能力和支付能力的会计信息

债权人包括银行、非银行金融机构、债券购买者以及货物赊销单位等，他们最关注的是其所提供给企业的资金是否安全，自己的债权是否能够按期如数收回。

3. 为各单位的经营管理者和职工提供必要的会计信息

经营管理者最关注的是企业财务状况的好坏、经营业绩的大小以及现金的流动情况，以便不断改进经营管理工作、提高管理水平、预测经济远景、进行经营决策；各单位的职工最关注的是企业为其提供的就业机会及其稳定性、劳动报酬高低和职工福利好坏等方面的资料。

4. 为财政、工商、税务及审计机关等政府部门提供会计信息

财政、工商、税务等行政管理部门履行国家管理企业的职能、检查单位的资金使用情况、成本的计算情况、利润的形成和分配情况、税金的计算和解缴情况；检查单位财经纪律的遵守情况。财务报表为上述各部门提供必要的数据资料，以便其对单位实施管理和监督；审计机关的审计工作是从财务报表审计开始的，财务报表为审计工作提供了详尽、全面的数据资料。

财务报表信息需求者如图 11.2 所示。

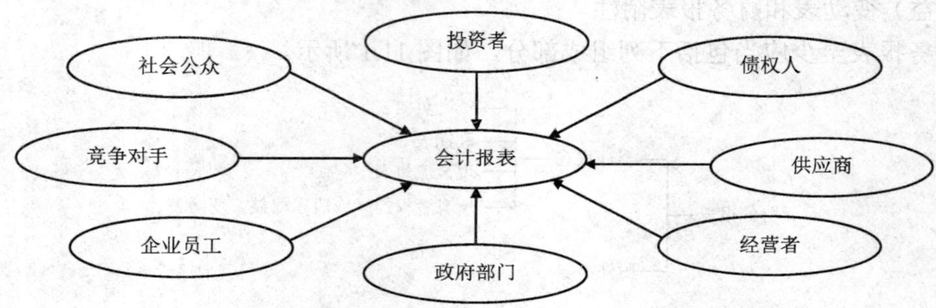

图 11.2 财务报表信息需求者

通过财务报表提供的信息可以引导与优化资源配置，揭示风险与收益的辩证关系，适时调整发展战略以及反映、评价企业管理者的受托责任和业绩。

三、财务报表的种类

财务报表可以根据其不同特征，按照不同的标准进行分类。

（一）按服务对象分类

按照财务报表服务对象的不同，可分为对外报表和内部报表。

1. 对外报表

对外报表是企业必须定期编制、定期向上级主管部门、投资者、财税部门等报送或按规定向社会公布的财务报表。这是一种主要的、定期的、规范化的财务报表。它要求有统一的报表格式、指标体系和编制时间等，资产负债表、利润表和现金流量表等均属于对外报表。

2. 内部报表

内部报表是指为适应企业内部经营管理需要而编制的财务报表，包括“期间费用表”“制造费用表”“商品产品成本表”“产品成本明细表”。它一般不需要规定统一的格式，也没有统一的指标体系。

（二）按所提供财务信息的重要性分类

按财务报表的重要性不同，可分为主表和附表两类。

1. 主表

主表即主要财务报表，是指所提供的财务信息比较全面、完整，能基本满足各种信息需要者的不同要求的财务报表。主要包括：资产负债表、利润表和现金流量表。

2. 附表

附表即从属报表，是指对主表中不能或难以详细反映的一些重要信息所做的补充说明的报表。如分部报表、应交增值税明细表、资产减值准备明细表等。

（三）按编报会计主体分类

按财务报表编制主体的不同，可分为个别财务报表和合并财务报表两类。

1. 个别财务报表

个别财务报表是指在以母公司和子公司组成的具有控股关系的企业集团中，由母公司和子公司各自为主体分别单独编制的报表，用以分别反映母公司和子公司各自的财务状况和经营成果。

2. 合并财务报表

合并财务报表是指以母公司和子公司组成的企业集团为一会计主体，以母公司和子公司单独编制的个别财务报表为基础，由母公司编制的综合反映企业集团经营成果、财务状况及其资金变动情况的财务报表。

（四）按编报时间分类

按会计报表编制时间的不同，可分为中期财务报表和年度财务报表两类。

1. 中期财务报表

广义的中期财务报表包括月份、季度、半年期财务报表。狭义的中期财务报表仅指半年期财务报表。

2. 年度财务报表

年度财务报表是全面反映企业整个会计年度的经营成果、现金流量情况及年末财务状况的财务报表。

企业每年年底必须编制并报送年度财务报表。

（五）按编制单位分类

按财务报表编制单位的不同，可分为基层财务报表和汇总财务报表两类。

1. 基层财务报表

基层财务报表由独立核算的基层单位编制，是用以反映会计主体的财务状况、经营活动成果和费用支出及成本完成情况的报表。

2. 汇总财务报表

汇总财务报表是指上级主管部门将本身的财务报表与其所属单位报送的基层报表汇总编制而成的财务报表。

四、财务报表的编制要求

中华人民共和国国务院公布的《企业财务会计报告条例》第三条规定："企业不得编制和对外提供虚假的或者隐瞒重要事实的财务会计报告。企业负责人对本企业财务会计报告的真实性、完整性负责。"为了使财务报表能够最大限度地满足各有关方面的需要，实现编制财务报表的基本目的，充分发挥财务报表的作用，企业在编制财务报表时应当做到内容完整、真实可靠、编报及时、便于理解。

1. 内容完整

企业财务报表应当全面地披露企业的财务状况、经营成果和现金流动情况，完整地反映企业财务活动的过程和结果，以满足各有关方面对企业会计信息的需要。必须按照统一规定的种类和内容填报，不得漏填漏报。

2. 真实可靠

企业财务报表必须如实地反映企业的财务状况、经营成果和现金流动情况，所填列的数字必须真实可靠。为确保真实可靠，企业必须将报告期内所有的经济业务全部登记入账，应根据核对无误的账簿记录编制会计报表；必须认真核对账簿记录，做到账证相符、账账相符；必须定期进行财产清查，在账实相符的基础上编制会计报表；在编制会计报表时，必须核对会计报表之间的数字。

3. 编报及时

企业财务报表提供的相关信息，具有很强的时效性。必须按规定的时间编报会计报表，及时逐级汇总，以便报表的使用者及时、有效地利用财务报表资料。为此，企业应科学地组织好会计的日常核算工作，选择适合本企业具体情况的会计核算组织程序，认真做好记账、算账、对账和按期结账工作。

4. 便于理解

要求提供的财务报表清晰明了，以便为企业目前或潜在的投资者和债权人提供决策所需的会计信息。

第二节　资产负债表

一、资产负债表的概念

资产负债表是指反映企业在某一特定日期的财务状况的报表。资产负债表主要反映资产、负债及所有者权益三方面的内容，并满足“资产＝负债＋所有者权益”平衡式。

资产负债表的功能主要有四个方面：

第一，可以了解企业的资产总额及其分布和结构，表明企业拥有或控制的资源及其分布情况。

第二，可以了解企业的负债总额及其结构，有助于使用者进一步了解企业的短期偿债能力、现金支付能力等。

第三，反映所有者所拥有的权益，据以判断资本保值、增值的情况以及对负债的保障程度。

第四，通过前后两期或更多期资产负债表资料，可以推断企业财务状况发展的趋势。

二、资产负债表的结构

资产负债表各类项目在表中的排列结构不同，就形成各种各样的资产负债表格式。但基本格式包括表格名称、编表单位名称、资产负债表日期、货币单位以及编号。

资产负债表一般有两种结构，即报告式、账户式。

（一）报告式

资产负债表的报告式是指垂直列示资产、负债及所有者权益项目的一种格式，即上面资产、下面权益。

这种格式的资产负债表的简化形式如表 11.1 所示。

表 11.1　资产负债表（报告式）

编制单位：　　　　年　月　日　　　　单位：元

项目	期末余额	期初余额
资产		
流动资产		
非流动资产		
资产合计		

续表

项目	期末余额	期初余额
负债		
流动负债		
非流动负债		
负债合计		
所有者权益		
实收资本		
盈余公积		
未分配利润		
所有者权益合计		

（二）账户式

按照“T”型账户的形式设计资产负债表，将资产列在左方（借方），负债及所有者权益列在报表的右方（贷方），左右方（借贷方）总额相等，即为账户式，如表 11.2 所示。

表 11.2　资产负债表（账户式）

编制单位：　　　　　年　月　日　　　　　单位：元

资产	期末余额	年初余额	负债及所有者权益（或股东权益）	期末余额	年初余额
流动资产			流动负债		
非流动资产			非流动负债		
			所有者权益（或股东权益）		
资产合计			负债及所有者权益（或股东权益）合计		

注：具体格式见表 11.4，这是我国《企业会计准则——应用指南》中规定的一般企业资产负债表格式。

资产负债表中的资产按流动性强弱排列，流动性强的在前，弱的在后；负债按照偿还期长短排列，偿债期限短的在前，长的在后；所有者权益按形成来源分类后，按其留在企业的永久程度排列。

账户式资产负债表的优点是能使资产和权益的恒等关系一目了然，尤其是易于比较流动资产和流动负债的数额和关系。

三、资产负债表的编制方法

会计报表的编制主要是通过对日常会计核算记录的数据加以归集、整理，使之成为有用的会计信息。我国资产负债表的数据的来源，主要通过以下几种方式。

（一）资产负债表各项目的填列方法

1. 根据总账科目余额直接填列

资产负债表中的大部分项目，都可根据总账科目的期末余额直接填列。如“应收股利、交易性金融资产”等项目。

2. 根据总账科目余额计算填列

资产负债表中的某些项目，需要根据若干个总账科目的期末余额计算填列。如“货币资金”项目，就是根据“库存现金、银行存款和其他货币资金”三个科目的余额相加得到的。

3. 根据明细科目余额分析填列

这主要是针对“应付账款”“预付账款”“应收账款”“预收账款”四个项目。因为在企业实际的核算中，当预付与预收业务不多时，可以不设“预付账款”和“预收账款”科目，而将预付和预收的款项分别计入“应付账款”科目的借方和“应收账款”科目的贷方。这时就不能单纯地以“应付账款”和“应收账款”的期末余额直接填列，而应分各个明细科目具体分析填列。

4. 根据总账科目和明细科目余额分析填列

有些项目，既不能按总账科目余额直接或计算填列，也不能按明细科目余额直接或计算填列，而需要分析总账科目和明细科目余额后再计算填列。如“长期借款”项目，就是根据“长期借款”的期末余额减去“长期借款——一年内到期的长期借款”明细科目的余额后填列，而“长期借款——一年内到期的长期借款”填列到“一年内到期的非流动负债”项目内。

5. 根据科目余额减去其备抵项目后的净额填列

如“无形资产”项目，就是根据“无形资产”科目的期末余额减去“累计摊销”“无形资产减值准备”的净额填列。类似情况的还有“应收款项”“存货”等项目的填写。

（二）资产负债表中各项目“年初余额”栏数字填写

在我国，资产负债表的“年初余额”栏各项目数字，应根据上年末资产负债表“期末余额”栏内所列数字填列。如果本年度资产负债表规定的各个项目的名称和内容同上年度不相一致，则应对上年年末资产负债表各项目的名称和数字按照本年度的规定进行调整，填入报表中的“年初余额”栏内。

（三）资产负债表中各项目的填列说明

资产负债表中资产、负债及所有者权益主要项目的填列说明如下：

1. 资产项目的填列说明

1）“货币资金”项目，反映企业库存现金、银行结算户存款、外埠存款、银行汇票存款、银行本票存款、信用卡存款、信用证保证金存款等的合计数。本项目应根据“库存现金”“银行存款”“其他货币资金”科目期末余额的合计数填列。

2）“以公允价值计量且其变动计入当期损益的金融资产”项目，反映企业持有的以公允价值计量且其变动计入当期损益的为交易目的所持有的债券投资、股票投资、基金投资、权证投资等金融资产。本项目应当根据“交易性金融资产”科目和在初始确认时指定为以公允价值计量且其变动计入当期损益的金融资产科目的期末余额填列。

3）“应收票据及应收账款”项目，反映资产负债表日以摊余成本计量的、企业因销售商品、提供服务等经营活动应收取的款项，以及收到的商业汇票，包括银行承兑汇票和商业承兑汇票。该项目应根据“应收票据”和“应收账款”科目的期末余额，减去“坏账准备”科目中相关坏账准备期末余额后的金额填列。其中“应收票据”应根据“应收票据”科目的期末余额，减去“坏账准备”科目中有关应收票据计提的坏账准备期末余额后的净额填列；“应收账款”部分应根据“应收账款”和“预收账款”科目所属各明细科目的期末借方余额合计数，减去“坏账准备”科目中有关应收账款计提的坏账准备期末余额后的净额填列。如“应收账款”科目所属明细科目期末有贷方余额的，应在资产负债表“预收款项”项目内填列。

4）“预付款项”项目，反映企业按照购货合同规定预付给供应单位的款项等。本项目应根据“预付账款”和“应付账款”科目所属各明细科目的期末借方余额合计数，减去“坏账准备”科目中有关预付账款计提的坏账准备期末余额后的净额填列。如“预付账款”科目所属明细科目期末有贷方余额的，应在资产负债表“应付账款”项目内填列。

5）“其他应收款”项目，应根据“应收利息”“应收股利”“其他应收款”科目的期末余额合计数，减去“坏账准备”科目中相关坏账准备期末余额后的金额填列。其中“应收利息”部分，反映企业应收取的债券投资等的利息。本项目应根据“应收利息”科目的期末余额，减去“坏账准备”科目中有关应收利息计提的坏账准备期末余额后的净额填列；“应收股利”部分，反映企业应收取的现金股利和应收取其他单位分配的利润。本项目应根据“应收股利”科目的期末余额，减去“坏账准备”科目中有关应收股利计提的坏账准备期末余额后的净额填列；“其他应收款”部分，应根据“其他应收款”科目的期末余额，减去“坏账准备”科目中有关其他应收款计提的坏账准备期末余额后的净额填列。

6）“存货”项目，反映企业期末在库、在途和在加工中的各种存货的可变现净值。存货包括各种材料、商品、在产品、半成品、包装物、低值易耗品、委托代销商品等。本项目应根据“材料采购”“原材料”“低值易耗品”“库存商品”“周转材料”“委托加工物资”“委托代销商品”“生产成本”等科目的期末余额合计数，减去“代销商品款”“存货跌价准备”科目期末余额后的净额填列。材料采用计划成本核算，以库存商品采用计划成本核算或售价核算的企业，还应按加或减材料成本差异、商品进销差价后的金额填列。

7）“持有待售资产”项目，反映资产负债表日划分为持有待售类别的非流动资产及划分为持有待售类别的处置组中的流动资产和非流动资产的期末账面价值。该项目应根据“持有待售资产”科目的期末余额，减去“持有待售资产减值准备”科目的期末余额后的金额填列。

8）“一年内到期的非流动资产”项目，反映企业将于一年内到期的非流动资产项目金额。本项目应根据有关科目的期末余额分析填列。

9）“长期股权投资”项目，反映投资方对被投资单位实施控制、重大影响的权益性投资，以及对其合营企业的权益性投资。本项目应根据“长期股权投资”科目的期末余额，减去“长期股权投资减值准备”科目的期末余额后的净额填列。

10）“固定资产”项目，反映资产负债表日企业固定资产的期末账面价值和企业尚未清理完毕的固定资产清理净损益。该项目应根据“固定资产”科目的期末余额，减去“累计折旧”和“固定资产减值准备”科目的期末余额后的金额，以及“固定资产清理”科目的期末余额填列。

11）“在建工程”项目，反映资产负债表日企业尚未达到预定可使用状态的在建工程的期末账面价值和企业为在建工程准备的各种物资的期末账面价值。该项目应根据“在建工程”科目的期末余额，减去“在建工程减值准备”科目的期末余额后的金额，以及“工程物资”科目的期末余额，减去“工程物资减值准备”科目的期末余额后的金额填列。

12）“无形资产”项目，反映企业持有的专利权、非专利技术、商标权、著作权、土地使用权等无形资产的成本减去累计摊销和减值准备后的净值。本项目应根据“无形资产”科目的期末余额，减去“累计摊销”和“无形资产减值准备”科目期末余额后的净额填列。

13）“开发支出”项目，反映企业开发无形资产过程中能够资本化形成无形资产成本的支出部分。本项目应当根据“研发支出”科目中所属的“资本化支出”明细科目期末余额填列。

14）“长期待摊费用”项目，反映企业已经发生但应由本期和以后各期负担的分摊期限在一年以上的各项费用。长期待摊费用中在一年内（含一年）摊销的部分，在资产负债表“一年内到期的非流动资产”项目填列。本项目应根据“长期待摊费用”科目的期末余额减去将于一年内（含一年）摊销的数额后的金额分析填列。

15）“其他非流动资产”项目，反映企业除长期股权投资、固定资产、在建工程、工程物资、无形资产等以外的其他非流动资产。本项目应根据有关科目的期末余额填列。

2. 负债项目的填列说明

1）“短期借款”项目，反映企业向银行或其他金融机构等借入的期限在一年以下（含一年）的各种借款。本项目应根据“短期借款”科目的期末余额填列。

2）“应付票据及应付账款”项目，反映资产负债表日企业因购买材料、商品和接受服务等经营活动应支付的款项，以及开出、承兑的商业汇票，包括银行承兑汇票和商业承兑汇票。该项目应根据“应付票据”科目的期末余额，以及“应付账款”和“预付账款”科目所属的相关明细科目的期末贷方余额合计数填列。

“应付票据”部分应根据“应付票据”科目的期末余额填列；“应付账款”部分应根据“应付账款”和“预付账款”科目所属各明细科目的期末贷方余额合计数填列。如“应付账款”科目所属明细科目期末有借方余额的，应在资产负债表“预付款项”项目内填列。

3）“预收款项”项目，反映企业按照购货合同规定预收供应单位的款项。本项目应根据“预收账款”和“应收账款”科目所属各明细科目的期末贷方余额合计数填列。如“预收账款”科目所属明细科目期末有借方余额的，应在资产负债表“应收账款”项目内填列。

4）“应付职工薪酬”项目，反映企业为获得职工提供的服务或解除劳动关系而给予的各种形式的报酬或补偿。企业提供给职工配偶、子女、受赡养人、已故员工遗属及其他受益人等的福利，也属于职工薪酬。职工薪酬主要包括短期薪酬、离职后福利、辞退福利和其他长期职工福利。

5）“应交税费”项目，反映企业按照税法规定计算应交纳的各种税费，包括增值税、消费税、所得税、资源税、土地增值税、城市维护建设税、房产税、土地使用税、车船税、教育费附加、矿产资源补偿费等。企业代扣代缴的个人所得税，也通过本项目列示。企业所交纳的税金不需要预计应交数的，如印花税、耕地占用税等，不在本项目列示。本项目应根据“应交税费”科目的期末贷方余额填列，如“应交税费”科目期末为借方余额，应以“—”号填列。

6）“其他应付款”项目，应根据“应付利息”“应付股利”“其他应付款”科目的期末余额合计数填列。“应付利息”部分，反映企业按照规定应当支付的利息，包括分期付息到期还本的长期借款应支付的利息、企业发行的企业债券应支付的利息等；本项目应根据“应付利息”科目的期末余额填列。“应付股利”部分，反映企业应付未付的现金股利或利润；企业分配的股票股利，不通过本项目列示；本项目应根据“应付股利”科目的期末余额填列。“其他应付款”部分，反映企业除应付票据、应付账款、预收账款、应付职工薪酬、应付股利、应付利息、应交税费等经营活动以外的其他各项应付、暂收的款项；本项目应根据“其他应付款”科目的期末余额填列。

7）“持有待售负债”项目，反映资产负债表日处置组中与划分为持有待售类别的资产直接相关的负债的期末账面价值。该项目应根据“持有待售负债”科目的期末余额填列。

8）“一年内到期的非流动负债”项目，反映企业非流动负债中将于资产负债表日后一年内到期部分的金额，如将于一年内偿还的长期借款。本项目应根据有关科目的期末余额分析填列。

9）“长期借款”项目，反映企业向银行或其他金融机构借入的期限在一年以上（不含一年）的各项借款。本项目应根据“长期借款”科目的期末余额填列。

10）“应付债券”项目，反映企业为筹集长期资金而发行的债券本金（和利息）。本项目应根据“应付债券”科目的期末余额填列。

11）“长期应付款”项目，反映资产负债表日企业除长期借款和应付债券以外的其他各种长期应付款项的期末账面价值。该项目应根据“长期应付款”科目的期末余额，减去相关的“未确认融资费用”科目的期末余额后的金额，以及“专项应付款”科目的期末余额填列。

12）“其他非流动负债”项目，反映企业除长期借款、应付债券等项目以外的其他非流动负债。本项目应根据有关科目的期末余额填列。其他非流动负债项目应根据有关科目期末余额减去将于一年内（含一年）到期偿还数后的余额分析填列。非流动负债各项目中将于一年内（含一年）到期的非流动负债，应在“一年内到期的非流动负债”项目内反映。

3. 所有者权益项目的填列说明

1)"实收资本(或股本)"项目，反映企业各投资者实际投入的资本(或股本)总额。本项目应根据"实收资本(或股本)"科目的期末余额填列。

2)"资本公积"项目，反映企业资本公积的期末余额。本项目应根据"资本公积"科目的期末余额填列。

3)"其他综合收益"项目，反映企业其他综合收益的期末余额。本项目应根据"其他综合收益"科目的期末余额填列。

4)"盈余公积"项目，反映企业盈余公积的期末余额。本项目应根据"盈余公积"科目的期末余额填列。

5)"未分配利润"项目，反映企业尚未分配的利润。本项目应根据"本年利润"科目和"利润分配"科目的余额计算填列。未弥补的亏损在本项目内以"—"号填列。

【例 11.1】 已知 ABC 公司 20××年 12 月 31 日结账后科目余额如表 11.3 所示。

表 11.3　ABC 公司科目余额表

20××年 12 月 31 日　　单位：万元

总账科目	借方	贷方	总账科目	借方	贷方
库存现金	1		短期借款		480
银行存款	750		应付票据		524
其他货币资金	54		应付账款		736
交易性金融资产	335		明细账：借方余额	22	
应收票据	270		贷方余额		758
应收账款	2 960		预收账款		400
明细账：借方余额	3 090		明细账：借方余额	60	
贷方余额		130	贷方余额		460
坏账准备		63	应付职工薪酬		77
预付账款	170		应交税费		197
明细账：借方余额	175		应付股利		760
贷方余额		5	应付利息		28
其他应收款	66		长期借款		1 020
材料采购	120		应付债券		1 134
原材料	1 145		长期应付款		680
包装物	113		其中：一年内到期长期应付款		120
低值易耗品	168		实收资本		7 000
委托加工材料	75		资本公积		326
自制半成品	250		盈余公积		780
库存商品	1 340		未分配利润		1 408
长期股权投资	1 076				

续表

总账科目	借方	贷方	总账科目	借方	贷方
固定资产	6 180				
累计折旧		1 030			
工程物资	19				
在建工程	816				
无形资产	835				
累计摊销		100			
合计	15 550		合计		15 550

根据该公司提供的总账及其所属明细账期末余额，编制该公司20××年12月资产负债表，如表11.4所示。

表 11.4 资产负债表

会企 01 表

编制单位： 20××年 12 月 31 日 单位：万元

资产	期末余额	年初余额	负债及所有者权益（或股东权益）	期末余额	年初余额
流动资产			流动负债		
货币资金	805		短期借款	480	
以公允价值计量且其变动计入当期损益的金融资产	335		以公允价值计量且其变动计入当期损益的金融负债		
衍生金融资产			衍生金融负债		
应收票据及应收账款	3 357		应付票据及应付账款	1 287	
预付账款	197		预收账款	590	
其他应收款	66		应付职工薪酬	77	
存货	3 211		应交税费	197	
持有待售资产			其他应付款	788	
一年内到期的非流动资产			持有待售负债		
其他流动资产			一年内到期的非流动负债	120	
流动资产合计	7 971		其他流动负债		
非流动资产			流动负债合计	3 539	
可供出售金融资产			非流动负债		
持有至到期投资			长期借款	1 020	
长期应收款			应付债券	1 134	
长期股权投资	1 076		其中：优先股		
投资性房地产			永续债	1 134	
固定资产	5 150		长期应付款	560	
在建工程	835		预计负债		
生产性生物资产			递延收益		

续表

资产	期末余额	年初余额	负债及所有者权益（或股东权益）	期末余额	年初余额
油气资产			递延所得税负债		
无形资产	735		其他非流动负债		
开发支出			非流动负债合计	2 714	
商誉			负债合计		
长期待摊费用			所有者权益（或股东权益）		
递延所得税资产			实收资本（或股本）	7 000	
其他非流动资产			其他权益工具		
非流动资产合计	7 796		其中：优先股		
			永续债		
			资本公积	326	
			减：库存股		
			其他综合收益		
			盈余公积	780	
			未分配利润	1 408	
			所有者权益（或股东权益）合计	9 514	
资产总计	15 767		负债及所有者权益总计	15 767	

第三节　利　润　表

一、利润表的概念

利润表又称损益表，是反映企业在一定会计期间经营成果的会计报表，反映了企业经营业绩的主要来源和构成。它是以“利润＝收入－费用”会计等式为根据，反映企业一定会计期间经营成果的形成，具体由营业收入、费用、利得和损失四部分构成。

利润表主要能够向各类报表使用者提供以下几个方面的会计信息。

第一，企业在一定时期内取得的全部收入。

第二，企业在一定时期内发生的全部费用和支出。

第三，全部收入与支出相抵后计算出企业一定时期内实现的净利润（或净亏损）总额。

利润表把一定会计期间的营业收入与同一会计期间相关的营业费用进行配比，以计算出企业一定时期的净利润（或净亏损）。通过利润表，可以反映企业在一定会计期间收入、费用、利润（或亏损）的数额和构成情况，帮助财务报表使用者全面了解企业的经营成果，分析企业的获利能力及盈利增长趋势，从而为其做出经济决策提供依据。

二、利润表的结构

反映企业经营成果的利润表，可以有不同的列示方法，目前比较普遍的利润表的结构有单步式利润表和多步式利润表两种。

（一）单步式利润表

单步式利润表是将本期所有的收入加在一起，然后再将所有费用加总在一起，两者相减，通过一次计算得出本期利润，如表 11.5 所示。

表 11.5　利润表

会企 02 表

编制单位：　　年　月　　单位：元

项目	本年金额	上年金额
一、收入		
营业收入		
其他收益		
投资收益		
营业外收入		
公允价值变动收益		
收入合计		
二、费用		
营业成本		
税金及附加		
销售费用		
管理费用		
研发费用		
财务费用		
资产减值损失		
营业外支出		
所得税费用		
费用合计		
三、净利润		

单步式利润表的优点是表式简单，易于理解，避免项目分类上的困难；缺点是不能提供较详细的信息。

（二）多步式利润表

多步式利润表通常分为如下步骤。

第一步，以营业收入为基础，减去营业成本、税金及附加、销售费用、管理费用、财务费用、资产减值损失，加上公允价值变动收益（减去公允价值变动损失）和投资收益（减去投资损失），计算出营业利润。

第二步，以营业利润为基础，加上营业外收入，减去营业外支出，计算出利润总额。

第三步，以利润总额为基础，减去所得税费用，计算出净利润（或亏损）。

第四步，以净利润为基础，除以发行在外普通股的加权平均数，计算出每股收益。

第五步，以净利润（或净亏损）和其他综合收益为基础，计算综合收益总额。

多步式利润表的优点是便于对企业生产经营情况进行分析，有利于不同企业之间进行比较，更重要的是用多步式利润表有利于预测企业今后的盈利能力。

多步式利润表基本格式如表 11.7 所示（我国《企业会计准则——应用指南》中规定的一般企业利润表格式）。

三、利润表的编制方法

利润表是反映企业在一定期间内利润（亏损）的实际情况的报表，按照我国企业利润表的结构，其编制方法如下。

（一）利润表“本期金额”栏的填列方法

1. 根据总账科目余额直接填列

利润表中的大部分项目，都可根据总账科目的期末余额直接填列。如税金及附加、销售费用、管理费用、财务费用、资产减值损失、营业外收入、营业外支出、所得税费用等。

2. 根据总账科目余额计算填列

利润表中的某些项目，需要根据若干个总账科目的期末余额计算填列。如“营业收入”项目，就是根据“主营业务收入”和“其他业务收入”两个科目的余额相加得到的；“营业成本”项目，则是根据“主营业务成本”和“其他业务成本”两个科目的余额相加而来的。

3. 根据明细科目余额分析填列

这主要是针对“其中：对联营企业和合营企业的投资收益”和“其中：非流动资产处置损失”两个项目，因此就应根据“投资收益”和“营业外支出”两个总账科目所属明细科目具体分析填列。

4. 根据科目余额方向分析填列

如“公允价值变动收益”和“投资收益”项目，就是根据“公允价值变动收益”和“投资收益”科目余额的方向分析填列。即如果是贷方余额，则直接填列；如果是借方余额，实际上为损失，填列在收益项目里，则应该用“－”号填列。

（二）利润表“上期金额”栏的填列方法

利润表各项目均需填列“本期金额”和“上期金额”两栏。其中“上期金额”栏内各项数字，应根据上年该期利润表的“本期金额”栏内所列数字填列。如果企业上年该期利润表规定的项目的名称和内容与本期不一致，应当对上年该期利润表相关项目的名称和金额按照本期的规定进行调整，填入“上期金额”栏。

（三）利润表项目的填列说明

1）“营业收入”项目，反映企业经营主要业务和其他业务所确认的收入总额。本项目应根据“主营业务收入”和“其他业务收入”科目的发生额分析填列。

2）“营业成本”项目，反映企业经营主要业务和其他业务所发生的成本总额。本项目应根据“主营业务成本”和“其他业务成本”科目的发生额分析填列。

3）“税金及附加”项目，反映企业经营业务应负担的消费税、城市维护建设税、资源税、土地增值税和教育费附加等。本项目应根据“税金及附加”科目的发生额分析填列。

4）“销售费用”项目，反映企业在销售商品过程中发生的包装费、广告费等费用和为销售本企业商品而专设的销售机构的职工薪酬、业务费等经营费用。本项目应根据“销售费用”科目的发生额分析填列。

5）“管理费用”项目，反映企业为组织和管理生产经营发生的管理费用。本项目应根据“管理费用”科目的发生额分析填列。

6）“研发费用”项目，反映企业进行研究与开发过程中发生的费用化支出。该项目应根据“管理费用”科目下的“研发费用”明细科目的发生额分析填列。

7）“财务费用”项目，反映企业为筹集生产经营所需资金等而发生的筹资费用。本项目应根据“财务费用”科目的发生额分析填列。其中“利息费用”反映企业为筹集生产经营所需资金等而发生的应予费用化的利息支出，该项目应根据“财务费用”科目的相关明细科目的发生额分析填列；“利息收入”项目，反映企业确认的利息收入，该项目应根据“财务费用”科目的相关明细科目的发生额分析填列。

8）“资产减值损失”项目，反映企业各项资产发生的减值损失。本项目应根据“资产减值损失”科目的发生额分析填列。

9）“其他收益”项目，反映计入其他收益的政府补助等。该项目应根据“其他收益”科目的发生额分析填列。

10）“投资收益”项目，反映企业以各种方式对外投资所取得的收益。本项目应根据“投资收益”科目的发生额分析填列。如为投资损失，本项目以“－”号填列。

11）“公允价值变动收益”项目，反映企业应当计入当期损益的资产或负债公允价值变动收益。本项目应根据“公允价值变动损益”科目的发生额分析填列，如为净损失，本项目以“－”号填列。

12）“资产处置收益”项目，反映企业出售划分为持有待售的非流动资产（金融工具、长期股权投资和投资性房地产除外）或处置组 （子公司和业务除外）时确认的处置利得或损失，以及处置未划分为持有待售的固定资产、在建工程、生产性生物资产及无形资产而产生的处置利得或损失。债务重组中因处置非流动资产产生的利得或损失和非货币性资产交换中换出非流动资产产生的利得或损失也包括在本项目内。该项目应根据“资产处置损益”科目的发生额分析填列；如为处置损失，以“－”号填列。

13）“营业利润”项目，反映企业实现的营业利润。如为亏损，本项目以“－”号填列。

14）“营业外收入”项目，反映企业发生的除营业利润以外的收益，主要包括债务重组利得、与企业日常活动无关的政府补助、盘盈利得、捐赠利得（企业接受股东或股东的子公司直接或间接的捐赠，经济实质属于股东对企业的资本性投入的除外）等。该项目应根据“营业外收入”科目的发生额分析填列。

15）“营业外支出”项目，反映企业发生的除营业利润以外的支出，主要包括债务重组损失、公益性捐赠支出、非常损失、盘亏损失、非流动资产毁损报废损失等。该项目应根据“营业外支出”科目的发生额分析填列。

16）“利润总额”项目，反映企业实现的利润。如为亏损，本项目以“－”号填列。

17）“所得税费用”项目，反映企业应从当期利润总额中扣除的所得税费用。本项目应根据“所得税费用”科目的发生额分析填列。

18）“净利润”项目，反映企业实现的净利润。如为亏损，本项目以“－”号填列。“（一）持续经营净利润”和“（二）终止经营净利润”项目，分别反映净利润中与持续经营相关的净利润和与终止经营相关的净利润；如为净亏损，以“－”号填列。该两个项目应按照《企业会计准则第 42 号——持有待售的非流动资产、处置组和终止经营》的相关规定分别列报。

19）“其他综合收益的税后净额”项目，反映企业根据企业会计准则规定未在损益中确认的各项利得和损失扣除所得税影响后的净额。

20）“综合收益总额”项目，反映企业净利润与其他综合收益的合计金额。

21）“每股收益”项目，包括基本每股收益和稀释每股收益两项指标，反映普通股或潜在普通股已公开交易的企业，以及正处在公开发行普通股或潜在普通股过程中的企业的每股收益信息。

【例 11.2】 20××年度 ABC 公司有关损益科目的累计发生额如表 11.6 所示。

表 11.6　ABC 公司损益科目累计发生额表

20××年 12 月 31 日　　单位：万元

总账科目	借方	贷方	总账科目	借方	贷方
主营业务收入		30 000	财务费用	500	
其他业务收入		2 000	资产减值损失	200	
主营业务成本	20 000		投资收益	100	
其他业务成本	1 500		公允价值变动损益		500
税金及附加	1 500		营业外收入		800
销售费用	1 500		营业外支出	300	
管理费用	2 500		所得税费用	1 300	

根据以上资料，按照上述编制方法，可编制出 20××年度 ABC 公司利润表，如表 11.7 所示。

表 11.7 利润表

会企 02 表

编制单位：ABC 公司　　　　20××年　　　　单位：万元

项目	本期金额	上期金额（略）
一、营业收入	32 000	
减：营业成本	21 500	
税金及附加	1 500	
销售费用	1 500	
管理费用	2 500	
研发费用		
财务费用	500	
其中：利息费用		
利息收入		
资产减值损失	200	
加：其他收益		
投资收益（损失以“－”号填列）	－100	
其中：对联营企业和合营企业的投资收益		
公允价值变动收益（损失以“－”号填列）	500	
资产处置收益（损失以“－”号填列）		
二、营业利润（亏损以“－”号填列）	4 700	
加：营业外收入	800	
减：营业外支出	300	
三、利润总额（亏损总额以“－”号填列）	5 200	
减：所得税费用	1 300	
四、净利润（净亏损以“－”号填列）	3 900	
（一）持续经营净利润（净亏损以“－”号填列）		
（二）终止经营净利润（净亏损以“－”号填列）		
五、其他综合收益的税后净额		
（一）不能重分类进损益的其他综合收益		
1．重新计量设定受益计划变动额		
2．权益法下不能转损益的其他综合收益		
……		
（二）将重分类进损益的其他综合收益		
1．权益法下可转损益的其他综合收益		
2．可供出售金融资产公允价值变动损益		
3．持有至到期投资重分类为可供出售金融资产损益		

续表

项目	本期金额	上期金额（略）
4．现金流量套期损益的有效部分		
5．外币财务报表折算差额		
……		
六、综合收益总额		
七、每股收益		
（一）基本每股收益		
（二）稀释每股收益		

*第四节　所有者权益变动表

一、所有者权益变动表的概念

所有者权益变动表是反映构成所有者权益的各组成部分当期的变动情况的报表。

通过所有者权益变动表，既可以为报表使用者提供所有者权益总量增减变动的信息，也能为其提供所有者权益增减变动的结构性信息，特别是能够让报表使用者理解所有者权益增减变动的根源，从而为其做出经济决策提供依据。

二、所有者权益变动表的结构

所有者权益变动表的结构如表 11.8 所示。

表 11.8　所有者权益变动表（简表）

会企 04 表

编制单位：　　　　年度　　　　单位：元

项目	本年金额							上年金额（略）
	实收资本（或股本）	资本公积	减：库存股	其他综合收益	盈余公积	未分配利润	所有者权益合计	
一、上年年末余额								
加：会计政策变更								
前期差错更正								
其他								
二、本年年初余额								
三、本年增减变动金额（减少以“－”号填列）								
（一）综合收益总额								
（二）所有者投入和减少资本								
1. 所有者投入的普通股								
2. 其他权益工具持有者投入资本								

续表

项目	本年金额							上年金额
	实收资本（或股本）	资本公积	减：库存股	其他综合收益	盈余公积	未分配利润	所有者权益合计	（略）
3. 股份支付计入所有者权益的金额								
4. 其他								
（三）利润分配								
1. 提取盈余公积								
2. 对所有者（或股东）的分配								
3. 其他								
（四）所有者权益内部结转								
1. 资本公积转增资本（或股本）								
2. 盈余公积转增资本（或股本）								
3. 盈余公积弥补亏损								
4. 设定受益计划变动额结转留存收益								
5. 其他								
四、本年年末余额								

三、所有者权益变动表的编制方法

所有者权益变动表各项目均需填列“本年金额”和“上年金额”两栏。

所有者权益变动表“本年金额”栏内各项数字一般应根据“实收资本（或股本）”“资本公积”“其他综合收益”“盈余公积”“利润分配”“库存股”“以前年度损益调整”科目的发生额分析填列。

所有者权益变动表“上年金额”栏内各项数字，应根据上年度所有者权益变动表“本年金额”栏内所列数字填列。上年度所有者权益变动表规定的各个项目的名称和内容同本年度不一致的，应对上年度所有者权益变动表各项目的名称和数字按照本年度的规定进行调整，填入所有者权益变动表的“上年金额”栏内。

企业的净利润及其分配情况作为所有者权益变动的组成部分，不需要单独编制利润分配表。

所有者权益变动表各项目的内容及填列方法将在后续课程中讲解，本书要求简单了解。

*第五节　现金流量表

一、现金流量表的概念

现金流量是指一定会计期间内企业现金和现金等价物的流入和流出。

现金流量表是反映企业在一定会计期间现金和现金等价物流入和流出情况的报表。

现金是指企业库存现金以及可以随时用于支付的存款，包括现金、可以随时用于支付的银行存款和其他货币资金；现金等价物是指企业持有的期限短、流动性强、易于转换为已知金额现金、价值变动风险很小的投资（除特别注明外，以下所指的现金均含现金等价物）。

现金流量表主要能够向各类报表使用者提供以下几个方面的会计信息。

第一，现金及现金等价物流入、流出以及净流量的信息。

第二，了解企业获取现金及现金等价物的能力。

第三，预测企业未来现金流量。

二、现金流量表的结构

现金流量表的格式如表 11.9 所示。

表 11.9　现金流量表（简表）

会企 03 表

编制单位：　年度　单位：元

项目	本期金额	上期金额
一、经营活动产生的现金流量		
销售商品、提供劳务收到的现金		
收到的税费返还		
收到其他与经营活动有关的现金		
经营活动现金流入小计		
购买商品、接受劳务支付的现金		
支付给职工以及为职工支付的现金		
支付的各项税费		
支付其他与经营活动有关的现金		
经营活动现金流出小计		
经营活动产生的现金流量净额		
二、投资活动产生的现金流量		
收回投资收到的现金		
取得投资收益收到的现金		
处置固定资产、无形资产和其他长期资产收回的现金净额		
处置子公司及其他营业单位收到的现金净额		
收到其他与投资活动有关的现金		
投资活动现金流入小计		
购建固定资产、无形资产和其他长期资产支付的现金		
投资支付的现金		
取得子公司及其他营业单位支付的现金净额		
支付其他与投资活动有关的现金		
投资活动现金流出小计		
投资活动产生的现金流量净额		

续表

项目	本期金额	上期金额
三、筹资活动产生的现金流量		
吸收投资收到的现金		
取得借款收到的现金		
收到其他与筹资活动有关的现金		
筹资活动现金流入小计		
偿还债务支付的现金		
分配股利、利润或偿付利息支付的现金		
支付其他与筹资活动有关的现金		
筹资活动现金流出小计		
筹资活动产生的现金流量净额		
四、汇率变动对现金的影响		
五、现金及现金等价物净增加额		
加：期初现金及现金等价物余额		
六、期末现金及现金等价物余额		

三、现金流量表的编制方法

企业一定期间的现金流量可分为三部分，即经营活动现金流量、投资活动现金流量和筹资活动现金流量。

编制现金流量表时，列报经营活动现金流量的方法有两种，一是直接法，二是间接法。这两种方法通常也称为编制现金流量表的直接法和间接法。直接法和间接法各有特点。

在直接法下，一般是以利润表中的营业收入为起算点，调节与经营活动有关项目的增减变动，然后计算出经营活动产生的现金流量。在间接法下，则是以净利润为起算点，调整不涉及现金的收入、费用、营业外收支等有关项目，剔除投资活动、筹资活动对现金流量的影响，据此计算出经营活动产生的现金流量。相对而言，采用直接法编制的现金流量表，便于分析企业经营活动产生的现金流量的来源和用途，预测企业现金流量的未来前景；而采用间接法不易做到这一点。

企业会计准则规定，企业应当采用直接法列示经营活动产生的现金流量。采用直接法具体编制现金流量表时，可以采用工作底稿法或“T”型账户法，也可以根据有关科目记录分析填列。

现金流量表各项目的内容及填列方法将在后续课程中讲解，本书要求简单了解。

本章小结

资产负债表、利润表、所有者权益变动表和现金流量表是企业对外会计报告的四张主要报表，它们分别从不同的角度反映企业的财务状况、经营成果和现金流量。资产负债表是反映某一日期的静态报表，利润表和现金流量表是反映某一会计期间的动态报表。资产负债表反映企业变更日期所拥有的资产、需偿还的负债，以及投资者所拥有的净资产的情况；利润表反映企业报告期间的经营成果，表明企业运用所拥有的资产的获利能力；现金流量表反映企业报告期间现金的流入和流出，表明企业获得现金和现金等价物的能力。

会计报表是企业会计信息的浓缩表达。本章阐述了在日常核算的基础上，对经济活动定期进行总括反映的方法即会计报表。学习本章应明确会计报表编制的意义、种类及编制要求；掌握资产负债表、利润表的概念、作用、结构和编制方法；了解所有者权益变动表和现金流量表的构成项目，并能够初步掌握阅读主要会计报表所必备的基础知识。

思考练习题

1. 什么是会计报表？会计报表的作用是什么？
2. 编制会计报表的要求有哪些？
3. 什么是资产负债表？资产负债表的作用是什么？
4. 资产负债表的项目有哪几种填列方法？
5. 什么是利润表？利润表的作用有哪些？
6. 20××年 12 月 ABC 公司所有损益类账户的发生额如下表：

单位：元

账户发生额	借方	账户发生额	贷方
主营业务成本	35 000 000	主营业务收入	58 000 000
税金及附加	200 000	营业外收入	50 000
管理费用	5 000 000		
销售费用	1 000 000		
财务费用	200 000		
投资收益	200 000		
营业外支出	20 000		
公允价值变动损益	100 000		
所得税费用	70 000		

根据上述资料编制该公司 20××年 12 月的利润表。

利润表

会企 02 表

编制单位：ABC 公司　　　　年　月　　　　单位：元

项目	本期金额	上期金额（略）
一、营业收入		
减：营业成本		
税金及附加		

续表

项目	本期金额	上期金额（略）
销售费用		
管理费用		
财务费用		
资产减值损失		
加：公允价值变动收益（损失以“—”号填列）		
投资收益（损失以“—”号填列）		
其中：对联营企业和合营企业的投资收益		
二、营业利润（亏损以“—”号填列）		
加：营业外收入		
减：营业外支出		
其中：非流动资产处置损失		
三、利润总额（亏损总额以“—”号填列）		
减：所得税费用		
四、净利润（净亏损以“—”号填列）		
五、每股收益		
（一）基本每股收益		
（二）稀释每股收益		

7. 20××年假设ABC公司有关总分类账户和明细分类账户12月31日期末余额如下表：

单位：元

总账	余额	明细账	余额
应收账款	1 250 000	甲单位	1 500 000
		乙单位	250 000（贷方）
应付账款	890 000	丙单位	940 000
		丁单位	50 000（借方）
预收账款	380 000	戊单位	480 000
		己单位	100 000（借方）
预付账款	280 000	庚单位	320 000
		辛单位	40 000（贷方）
原材料	860 000		
库存商品	800 000		
生产成本	160 000		
固定资产	5 000 000		
累计折旧	1 200 000		
长期借款	1 000 000	一年内到期借款	200 000

根据上述资料填列资产负债表的部分有关项目。

资产负债表（部分）

20××年 12 月 31 日　　单位：元

资产项目	期末数	负债及所有者权益项目	期末数
应收账款		应付账款	
预付账款		预收账款	
存货		一年内到期的长期负债	
固定资产		长期借款	

8. 综合题。

1）资料：ABC 公司 20×3 年 12 月 31 日资产负债表中有关数据（单位：元）：固定资产 320 000；银行存款 1680 000；长期借款 500 000；应收账款 250 000。应付账款 150 000；实收资本 2 000 000；库存现金 800。

2）该公司 20×4 年 1 月发生如下经济业务：

① 以银行存款购进固定资产 52 000 元。

② 用银行存款偿还应付账款 50 000 元。

③ 接受捐赠设备一台，价值 480 000 元。

④ 收回应收账款 200 000 元，存入银行。

⑤ 收到梅勒公司预付购货款 300 000 元，存入银行。

3）要求：

① 试计算 20×3 年 12 月 31 日存货的余额，要求写出计算过程。

② 依据资料 2）编制相关会计分录。

③ 依据资料 1）和资料 2）编制该公司 20×4 年 1 月简易资产负债表。

格式如下：

资产负债表（账户式）

编制单位：　　年　月　日　　单位：元

资产	期末余额	年初余额	负债及所有者权益（或股东权益）	期末余额	年初余额
流动资产			流动负债		
非流动资产			非流动负债		
			所有者权益（或股东权益）		
资产合计			负债及所有者权益（或股东权益）合计		

第十二章　账务处理程序

思维导图

第一节　概　　述

一、账务处理程序的含义

账务处理程序又称会计工作程序、会计记账程序、会计核算组织程序、会计核算的组织形式等，是指在会计核算过程中会计凭证、会计账簿、会计报表相结合的方式。它包括会计凭证和账簿的种类、格式，会计凭证与账簿之间的联系方法，由原始凭证到编制记账凭证、登记明细分类账和总分类账、编制会计报表的工作程序和方法等。

正常的会计工作，首先是以会计凭证为依据，通过登记账簿进一步加工、分类，最后根据完整、准确的账簿提供的数据编制会计报表。但在具体环节上，尤其是在登记总分类账的直接依据上有所不同，为提高会计核算工作的效率，不同类型、不同规模和不同特点的会计主体可以具体选择使用不同的账务处理程序。

二、账务处理程序的意义

各会计主体设置的会计凭证和会计账簿并非完全一样，各单位可以根据业务量的多少、规模的大小及其他具体情况，科学、合理地选择适用本单位的账务处理程序，这对于有效地组织会计核算工作具有重要意义。

第一，有利于凭证填制、账簿登记、报表编制工作程序的规范化，确定合理的凭证、账簿与报表之间的联系方式，保证会计信息加工过程的严密性，及时、清晰、完整地提供会计数据，保证信息的质量。

第二，有利于保证会计记录的完整性、正确性，通过凭证、账簿及报表之间的牵制作用，增强会计信息的可靠性。

第三，有利于减少不必要的会计核算环节，通过井然有序的账务处理程序，提高会计工作的效率，保证会计信息的及时性。

三、账务处理程序的种类

不同的单位可以采用不同的账务处理程序，在会计实务中，根据登记总分类账的依据不同，将账务处理程序划分为以下几种：记账凭证账务处理程序、科目汇总表账务处理程序、汇总记账凭证账务处理程序、日记总账账务处理程序、多栏式日记账账务处理程序、通用日记账账务处理程序等。

在我国，常用的账务处理程序主要有记账凭证账务处理程序、汇总记账凭证账务处理程序、科目汇总表账务处理程序。以下就这三种常用的账务处理程序作简要的介绍。

第二节　记账凭证账务处理程序

一、记账凭证账务处理程序的特点

记账凭证账务处理程序的特点是：直接根据记账凭证逐笔登记总分类账。这种账务处理程序是最基本的，其他账务处理程序都是在此基础上演化而来。本书前面有关章节介绍的有关内容就是按照记账凭证的相关程序讲解。

二、凭证、账簿的设置要求

1. 凭证设置

采用记账凭证账务处理程序的单位设置的会计凭证，可以是通用记账凭证，也可以是专用记账凭证，即收款凭证、付款凭证和转账凭证。

2. 账簿设置

采用记账凭证账务处理程序的单位，应设置现金、银行存款日记账、总分类账和明细分类账。现金、银行存款日记账和总分类账采用订本式且三栏式账页格式。明细分类账簿可以按照记录的内容不同分别采用三栏式、多栏式和数量金额式账页格式，可以是订本式，也可以选用活页式或卡片式。

三、账务处理程序

1）根据原始凭证（原始凭证汇总表）编制专用记账凭证（通用记账凭证）。

2）根据收款凭证、付款凭证逐笔登记现金、银行存款日记账。

3）根据原始凭证（原始凭证汇总表）以及记账凭证登记各种明细账。

4）直接根据记账凭证逐一登记总分类账簿。

5）期末，总分类账簿与现金、银行存款日记账簿及明细分类账簿进行核对。

6）期末，根据核对无误的总分类账簿和明细分类账簿编制会计报表。

记账凭证账务处理程序流程如图 12.1 所示。

四、优缺点及适用范围

记账凭证账务处理程序简单明了，易于理解和操作，直接根据记账凭证登记总分类账簿，可以清晰地反映账户之间的对应关系。但由于此种程序需要根据每一张记账凭证登记总分类账簿，在单位的经济业务和设置的科目都比较多的情况下，如果是手工记账，则登记总分类账簿的工作量比较大，不利于及时正确地分类加工会计信息，所以此种记账程序适用于规模较小、经济业务不多、科目较少的单位。

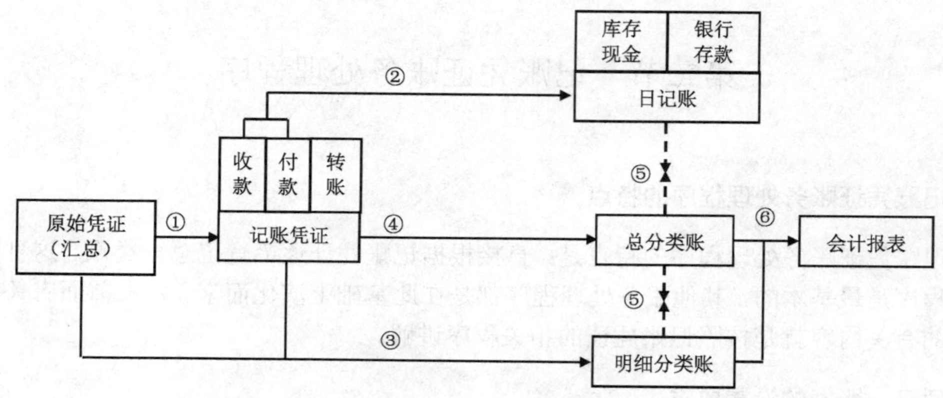

图 12.1　记账凭证账务处理程序流程图

第三节　汇总记账凭证账务处理程序

一、汇总记账凭证账务处理程序的特点

汇总记账凭证账务处理程序的特点是：定期根据记账凭证分类编制汇总记账凭证，再根据汇总记账凭证登记总分类账。为反映账户之间的对应关系，在编制汇总记账凭证时，汇总收款凭证须按照借方科目设置，相反，汇总付款凭证和汇总转账凭证须按照贷方科目设置。因此，在此种记账程序中，一般情况下不能编制贷方有多个对应账户的转账凭证。汇总记账凭证一般定期汇总、按月编制。

二、凭证、账簿的设置要求

1. 凭证设置

汇总记账凭证记账程序应设置收款凭证、付款凭证、转账凭证和汇总收款凭证、汇总付款凭证、汇总转账凭证，在转账业务不多的情况下，也可以按照转账凭证直接登记总分类账簿。

【例 12.1】 假设 ABC 公司采用汇总记账凭证账务处理程序，其汇总收款凭证、汇总付款凭证、汇总转账凭证根据业务量每 10 天汇总填列一次，每月编制一张。格式如凭证 12.1 所示。

凭证 12.1　汇总收款凭证

借方科目：银行存款　　　　20××年 5 月　　　　汇收字第 2 号

贷方科目	金额				总账页数	
	1～10 日收款 凭证 1～19 号	11～20 日收款 凭证 20～48 号	21～31 日收款 凭证 49～89 号	合计	借方	贷方
主营业务收入	45 000	32 100	54 000	131 100		

续表

<table>
<tr><td rowspan="2">贷方科目</td><td colspan="4">金额</td><td colspan="2">总账页数</td></tr>
<tr><td>1~10 日收款
凭证 1~19 号</td><td>11~20 日收款
凭证 20~48 号</td><td>21~31 日收款
凭证 49~89 号</td><td>合计</td><td>借方</td><td>贷方</td></tr>
<tr><td>应收账款</td><td>2 000</td><td>4 500</td><td>3 850</td><td>10 350</td><td></td><td></td></tr>
<tr><td>短期借款</td><td>80 000</td><td></td><td></td><td>80 000</td><td></td><td></td></tr>
<tr><td></td><td></td><td></td><td></td><td></td><td></td><td></td></tr>
<tr><td>合计</td><td>127 000</td><td>36 600</td><td>57 850</td><td>221 450</td><td></td><td></td></tr>
</table>

会计主管：张××　　记账：李××　　稽核：王××　　出纳：刘×　　制单：孙××

2. 账簿设置

汇总记账凭证账务处理程序的账簿设置要求，与记账凭证账务处理程序相同。

三、账务处理程序

1）根据原始凭证（原始凭证汇总表）编制记账凭证。

2）根据收款凭证、付款凭证逐笔登记现金、银行存款日记账。

3）根据原始凭证（原始凭证汇总表）以及记账凭证登记各种明细账。

4）根据收款凭证、付款凭证、转账凭证编制汇总收款凭证、汇总付款凭证、汇总转账凭证。

5）根据汇总记账凭证登记总分类账簿。

6）期末，总分类账簿与现金、银行存款日记账簿及明细分类账簿进行核对。

7）期末，根据核对无误的总分类账簿和明细分类账簿编制会计报表。

汇总记账凭证账务处理程序流程如图 12.2 所示。

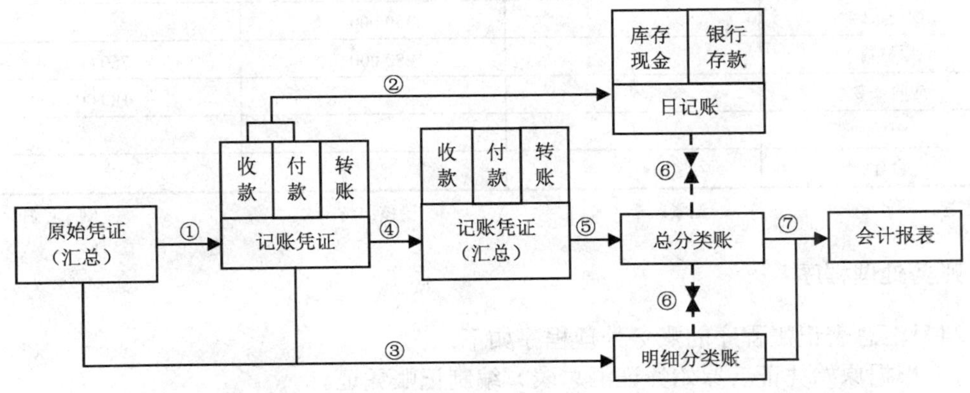

图 12.2　汇总记账凭证账务处理程序流程图

四、优缺点及适用范围

汇总记账凭证记账程序的优点是：简化了登记总分类账簿的工作量，并由于按照账户的对应关系汇总编制记账凭证而便于了解账户之间的对应关系。其缺点是：按照每一贷方科目编制汇总转账凭证，加大了编制汇总转账凭证的工作量，且不利于日常核算工作的分工。

鉴于以上优缺点，汇总记账凭证账务处理程序适合于规模较大、经济业务较多的单位。

第四节　科目汇总表账务处理程序

一、科目汇总表账务处理程序的特点

科目汇总表账务处理程序又称记账凭证汇总表账务处理程序，其特点是：根据所有记账凭证定期编制科目汇总表，再根据科目汇总表登记总分类账。

二、凭证、账簿的设置要求

科目汇总表账务处理程序的记账凭证、账簿设置，与记账凭证账务处理程序基本相同。

为了定期根据全部记账凭证进行汇总，应编制“科目汇总表”，其一般格式如表 12.1 所示。

表 12.1　科目汇总表

20××年 5 月 1～10 日　　单位：元

会计科目	总账页数	本期发生额	
		借方	贷方
库存现金		3 800	4 600
银行存款		530 000	500 000
物资采购		350 000	
原材料		280 000	760 000
应收账款			180 000
……			
合计			

会计主管：张××　　记账：李××　　稽核：杨××　　制单：孙××

三、账务处理程序

科目汇总表记账程序的账务处理程序如下：

1）根据原始凭证（原始凭证汇总表）编制记账凭证。

2）根据收款凭证、付款凭证逐笔登记现金、银行存款日记账。

3）根据原始凭证（原始凭证汇总表）以及记账凭证登记各种明细账。

4）根据各种记账凭证，按月编制科目汇总表。

5）根据科目汇总表登记总分类账簿。

6）期末，总分类账簿与现金、银行存款日记账簿及明细分类账簿进行核对。

7）期末，根据核对无误的总分类账簿和明细分类账簿编制会计报表。

科目汇总表账务处理程序流程如图 12.3 所示。

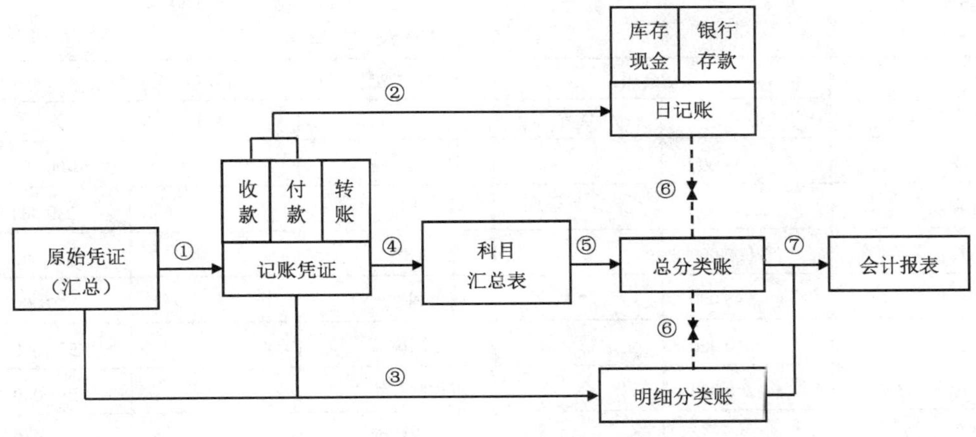

图 12.3　科目汇总表账务处理程序流程图

四、优缺点及适用范围

科目汇总表账务处理程序的优点是：定期汇总、按月一次登记总分类账簿，简化了总分类账簿的登记工作；同时，科目汇总表记录所有本期发生的经济业务，根据借贷记账法的记账规则进行本期发生额的试算平衡，及时检查账簿登记中出现的错误，相对于汇总记账凭证的编制科目汇总表易于编制、简明易懂。其缺点是：科目汇总表在汇总时不反映账户之间的对应关系，不便于查对账目，不利于了解发生经济业务的运动过程。

科目汇总表记账程序一般适用于经营规模大、经济业务比较多的单位。

第五节　记账凭证账务处理程序综合案例

ABC 公司 20××年 5 月的有关资料如下：

ABC 公司为一般纳税人，适用增值税税率 13%，假设所得税率 25%，5 月 1 日有关账户的期初余额如表 12.2 所示。

假设 20××年 5 月 ABC 公司发生以下经济业务，按照记账凭证账务处理程序的处理过程的会计处理如下：

第一步，按照经济业务（原始凭证或汇总原始凭证）编制记账凭证。

1）2 日，收到投资者追加的投资，投入 A 材料共计 5 000 千克，每千克 200 元。计 1 000 000 元。增值税进项税额 130 000 元，共计 1 130 000 元，材料已验收入库，如凭证 12.2 所示。

2）5 日，从江苏无锡工厂购入 B 材料 4 000 千克，每千克 100 元，计 400 000 元。增值税进项税额 52 000 元，共计 452 000 元。材料已验收入库，料款及税款以转账支票付讫，如凭证 12.3 所示。

表 12.2　ABC 公司账户期初余额表

20××年 5 月 1 日　　单位：元

账户名称	期初余额		账户名称	期初余额	
	借方	贷方		借方	贷方
库存现金	34 000		短期借款		1 000 000
银行存款	2 650 000		应付票据		230 000
交易性金融资产	3 000 000		应付账款		585 000
应收票据	185 000		应付利息		10 000
应收利息	40 000		预收账款		300 000
应收账款	1 200 000		应付职工薪酬		287 000
坏账准备		12 000	其他应付款		3 000
预付账款	205 000		应交税费		375 000
其他应收款	8 000		长期借款		2 000 000
物资采购	100 000		应付债券		1 000 000
原材料	1 480 000		实收资本		12 000 000
其中：A 材料	1 000 000		资本公积		1 500 000
B 材料	480 000		盈余公积		800 000
库存商品	320 000		未分配利润		320 000
其中：甲产品	200 000				
乙产品	120 000				
固定资产	12 000 000				
累计折旧		1 800 000			
无形资产	1 000 000				
合计	22 222 000	1 812 000	合计		20 410 000

凭证 12.2　转账凭证

20××年 5 月 2 日　　转字 01 号

摘要	总账科目	明细科目	借方金额	贷方金额
投入原材料	原材料	A 材料	1 000 000	
	应交税费	增值税（进项税额）	130 000	
	实收资本			1 130 000
合计			¥1 130 000	¥1 130 000

附件　张

会计主管：张××　记账：李××　稽核：王××　出纳：刘×　制单：孙××

凭证 12.3　付款凭证

贷方科目：银行存款　　20××年 5 月 5 日　　银付字 01 号

摘要	借方科目		金额
	总账科目	明细科目	
购入原材料	原材料	B 材料	400 000
	应交税费	应交增值税（进项税额）	52 000
合计			¥452 000

附件　张

会计主管：张××　　记账：李××　　稽核：王××　　出纳：刘×　　制单：孙××

3）10 日，车间及行政管理部门领用各种材料 1～10 日汇总如下：生产甲产品领用 A 材料 3 000 千克，金额 600 000 元；领用 B 材料 1 000 千克，金额 100 000 元。生产乙产品领用 A 材料 2 000 千克，金额 400 000 元；领用 B 材料 1 000 千克，金额 100 000 元。生产车间领用 A 材料 1 000 千克，金额 200 000 元；领用 B 材料 1 500 千克，金额 150 000 元。行政管理部门领用 A 材料 100 千克，金额 20 000 元；领用 B 材料 200 千克，金额 20 000 元，如凭证 12.4 所示。

凭证 12.4　转账凭证

20××年 5 月 10 日　　转字 02 号

摘要	总账科目	明细科目	借方金额	贷方金额
发放原材料	生产成本	甲产品	700 000	
		乙产品	500 000	
	制造费用	材料费	350 000	
	管理费用	材料费	40 000	
	原材料	A 材料		1 220 000
		B 材料		370 000
合计			¥1 590 000	¥1 590 000

附件　张

会计主管：张××　　记账：李××　　稽核：王××　　出纳：刘×　　制单：孙××

4）10 日，采购员张华预借差旅费 6 000 元，经审核原始凭证后以现金付讫，如凭证 12.5 所示。

凭证 12.5　付款凭证

贷方科目：库存现金　　20××年 5 月 10 日　　现付字 01 号

摘要	借方科目		金额
	总账科目	明细科目	
张华借差旅费	其他应收款	张华	6 000
合计			¥6 000

附件　张

会计主管：张××　　记账：李××　　稽核：王××　　出纳：刘×　　制单：孙××

5）10 日，销售甲产品 40 台，每台售价 4 000 元，销售乙产品 30 台，每台售价 5 000 元，共计货款 310 000 元，增值税销项税额 40 300 元，收到购货单位转账支票一张计 350 300 元，交存银行，如凭证 12.6 所示。

凭证 12.6　收款凭证

借方科目：银行存款　　20××年 5 月 10 日　　银收字 01 号

摘要	贷方科目		金额	
	总分类科目	明细分类科目		
销售产品	主营业务收入	甲产品	160 000	附件 张
		乙产品	150 000	
	应交税费	应交增值税（销项税额）	40 300	
合计			¥350 300	

会计主管：张××　　记账：李××　　稽核：王××　　出纳：刘×　　制单：孙××

6）11 日，收到红宾公司的违约金 6 400 元，已交存银行，如凭证 12.7 所示。

凭证 12.7　收款凭证

借方科目：银行存款　　20××年 5 月 11 日　　银收字 02 号

摘要	贷方科目		金额	
	总分类科目	明细分类科目		
收存违约金	营业外收入	违约金	6 400	附件 张
合计			¥6 400	

会计主管：张××　　记账：李××　　稽核：王××　　出纳：刘×　　制单：孙××

7）12 日，从银行提取现金 160 000 元，并以现金 160 000 元发放上月工资，如凭证 12.8、凭证 12.9 所示。

凭证 12.8　付款凭证

贷方科目：银行存款　　20××年 5 月 12 日　　银付字 02 号

摘要	借方科目		金额	
	总分类科目	明细分类科目		
提取现金	库存现金		160 000	附件 张
合计			¥160 000	

会计主管：张××　　记账：李××　　稽核：王××　　出纳：刘×　　制单：孙××

凭证 12.9　付款凭证

贷方科目：库存现金　　20××年 5 月 12 日　　现付字 02 号

摘要	借方科目		金额	
	总分类科目	明细分类科目		
发放工资	应付职工薪酬	工资	160 000	附件
				张
合计			¥160 000	

会计主管：张××　　记账：李××　　稽核：王××　　出纳：刘×　　制单：孙××

8）15 日，销售库存的 A 材料 100 千克，收到银行存款 20 340 元，其中增值税 2 340 元，该材料账面成本 20 000 元，如凭证 12.10、凭证 12.11 所示。

凭证 12.10　收款凭证

借方科目：银行存款　　20××年 5 月 15 日　　银收字 03 号

摘要	贷方科目		金额	
	总分类科目	明细分类科目		
销售原材料	其他业务收入		18 000	附件
	应交税费	应交增值税（销项税额）	2 340	
				张
合计			¥20 340	

会计主管：张××　　记账：李××　　稽核：王××　　出纳：刘×　　制单：孙××

凭证 12.11　转账凭证

20××年 5 月 15 日　　转字 03 号

摘要	总账科目	明细科目	借方金额	贷方金额	
结转原材料成本	其他业务成本		20 000		附件
	原材料	A 材料		20 000	
					张
合计			¥20 000	¥20 000	

会计主管：张××　　记账：李××　　稽核：王××　　出纳：刘×　　制单：孙××

9）16 日，采购员张华回厂报销差旅费 5 000 元，并退回现金 1 000 元，如凭证 12.12、凭证 12.13 所示。

凭证 12.12 收款凭证

借方科目：库存现金　　20××年 5 月 16 日　　现收字 01 号

摘要	贷方科目		金额	
	总分类科目	明细分类科目		
退回现金	其他应收款	张华	1 000	附件 张
合计			¥1 000	

会计主管：张×× 记账：李×× 稽核：王×× 出纳：刘× 制单：孙××

凭证 12.13 转账凭证

20××年 5 月 16 日　　转字 04 号

摘要	总账科目	明细科目	借方金额	贷方金额	
报销差旅费	管理费用	差旅费	5 000		
	其他应收款	张华		5 000	附件 张
合计			¥5 000	¥5 000	

会计主管：张×× 记账：李×× 稽核：王×× 出纳：刘× 制单：孙××

10）17 日，以银行存款 10 000 元支付报社广告费，如凭证 12.14 所示。

凭证 12.14 付款凭证

贷方科目：银行存款　　20××年 5 月 17 日　　银付字 03 号

摘要	借方科目		金额	
	总分类科目	明细分类科目		
支付广告费	销售费用	广告费	10 000	附件 张
合计			¥10 000	

会计主管：张×× 记账：李×× 稽核：王×× 出纳：刘× 制单：孙××

11）18 日，开出支票支付本月水电费 18 000 元。其中：生产甲产品耗用 8 000 元；生产乙产品耗用 7 000 元；生产车间照明耗用 1 000 元；行政管理部门耗用 2 000 元，如凭证 12.15 所示。

凭证 12.15 付款凭证

贷方科目：银行存款　　20××年5月18日　　银付字04号

摘要	借方科目		金额
	总分类科目	明细分类科目	
支付水电费	生产成本	甲产品	8 000
		乙产品	7 000
	制造费用		1 000
	管理费用		2 000
合计			¥18 000

附件　张

会计主管：张××　记账：李××　稽核：王××　出纳：刘×　制单：孙××

12）19日，以现金800元支付生产车间办公费，如凭证12.16所示。

凭证 12.16 付款凭证

贷方科目：库存现金　　20××年5月19日　　现付字03号

摘要	借方科目		金额
	总分类科目	明细分类科目	
支付车间办公费	制造费用	办公费	800
合计			¥800

附件　张

会计主管：张××　记账：李××　稽核：王××　出纳：刘×　制单：孙××

13）20日，开出3 600元的转账支票支付下一年度报刊费，如凭证12.17所示。

凭证 12.17 付款凭证

贷方科目：银行存款　　20××年5月20日　　银付字05号

摘要	借方科目		金额
	总分类科目	明细分类科目	
支付下年度报刊费	预付账款	报刊订阅	3 600
合计			¥3 600

附件　张

会计主管：张××　记账：李××　稽核：王××　出纳：刘×　制单：孙××

14）21日，从银行取得短期借款500 000元，存入银行，如凭证12.18所示。

凭证 12.18 收款凭证

借方科目：银行存款　　20××年5月21日　　银收字04号

摘要	贷方科目		金额
	总分类科目	明细分类科目	
从银行取得贷款	短期借款		500 000
合计			¥500 000

附件 张

会计主管：张××　记账：李××　稽核：王××　出纳：刘×　制单：孙××

15）23日，本月应收出租固定资产租金4 000元，尚未收到，如凭证12.19所示。

凭证 12.19 转账凭证

20××年5月23日　　转字05号

摘要	总账科目	明细科目	借方金额	贷方金额
租金收入	其他应收款		4 000	
	其他业务收入			4 000
合计			¥4 000	¥4 000

附件 张

会计主管：张××　记账：李××　稽核：王××　出纳：刘×　制单：孙××

16）31日，计算出本月应付职工工资，其中：甲产品生产人员的工资50 000元，乙产品生产人员的工资60 000元，车间管理人员的工资20 000元，企业行政管理人员的工资30 000元，共计160 000元，如凭证12.20所示。

凭证 12.20 转账凭证

20××年5月31日　　转字06号

摘要	总账科目	明细科目	借方金额	贷方金额
分配工资	生产成本	甲产品	50 000	
		乙产品	60 000	
	制造费用		20 000	
	管理费用		30 000	
	应付职工薪酬	工资		160 000
合计			¥160 000	¥160 000

附件 张

会计主管：张××　记账：李××　稽核：王××　出纳：刘×　制单：孙××

17）31日，根据规定按工资总额的14%计提本月职工福利费，如凭证12.21所示。

凭证 12.21 转账凭证

20××年 5 月 31 日　　　　转字 07 号

摘要	总账科目	明细科目	借方金额	贷方金额
计提福利费	生产成本	甲产品	7 000	
		乙产品	8 400	
	制造费用		2 800	
	管理费用		4 200	
	应付职工薪酬	福利费		22 400
合计			¥22 400	¥22 400

附件　张

会计主管：张××　记账：李××　稽核：王××　出纳：刘×　制单：孙××

18）31 日，按规定的折旧率计提本月固定资产折旧费 28 000 元，其中：生产车间使用固定资产计提折旧 26 000 元，行政管理部门使用固定资产计提折旧 2 000 元，如凭证 12.22 所示。

凭证 12.22 转账凭证

20××年 5 月 31 日　　　　转字 08 号

摘要	总账科目	明细科目	借方金额	贷方金额
计提折旧	制造费用	折旧费	26 000	
	管理费用	折旧费	2 000	
	累计折旧			28 000
合计			¥28 000	¥28 000

附件　张

会计主管：张××　记账：李××　稽核：王××　出纳：刘×　制单：孙××

19）31 日，计提应由本月负担的短期贷款利息 750 元，如凭证 12.23 所示。

凭证 12.23 转账凭证

20××年 5 月 31 日　　　　转字 09 号

摘要	总账科目	明细科目	借方金额	贷方金额
计提贷款利息	财务费用		750	
	应付利息			750
合计			¥750	¥750

附件　张

会计主管：张××　记账：李××　稽核：王××　出纳：刘×　制单：孙××

20）31 日，按计划预提租入固定资产租金 4 000 元，其中，生产车间承担 3 000 元，行政管理部门承担 1 000 元，如凭证 12.24 所示。

凭证 12.24　转账凭证

20××年 5 月 31 日　　转字 10 号

摘要	总账科目	明细科目	借方金额	贷方金额
预提租金	制造费用		3 000	
	管理费用		1 000	
	其他应付款	租金		4 000
	合计		¥4 000	¥4 000

附件　张

会计主管：张××　　记账：李××　　稽核：王××　　出纳：刘×　　制单：孙××

21）31 日，月末摊销应由本月负担的保险费用 1 500 元，其中：生产车间应负担 1 200 元，行政部门应负担 300 元，如凭证 12.25 所示。

凭证 12.25　转账凭证

20××年 5 月 31 日　　转字 11 号

摘要	总账科目	明细科目	借方金额	贷方金额
摊销费用	制造费用		1 200	
	管理费用		300	
	预付账款			1 500
	合计		¥1 500	¥1 500

附件　张

会计主管：张××　　记账：李××　　稽核：王××　　出纳：刘×　　制单：孙××

22）31 日，计算出本月发生的制造费用总额 404 800 元，按工资比例分配，其中甲产品负担 184 000 元，乙产品负担 220 800 元，如凭证 12.26 所示。

凭证 12.26　转账凭证

20××年 5 月 31 日　　转字 12 号

摘要	总账科目	明细科目	借方金额	贷方金额
分配制造费用	生产成本	甲产品	184 000	
		乙产品	220 800	
	制造费用			404 800
	合计		¥404 800	¥404 800

附件　张

会计主管：张××　　记账：李××　　稽核：王××　　出纳：刘×　　制单：孙××

23）31 日，甲产品全部完工，总成本为 949 000 元；乙产品全部完工，已验收入库，总成本为 796 200 元，如凭证 12.27 所示。

凭证 12.27　转账凭证

20××年 5 月 31 日　　　　转字 13 号

摘要	总账科目	明细科目	借方金额	贷方金额
产品入库	库存商品	甲产品	949 000	
		乙产品	796 200	
	生产成本	甲产品		949 000
		乙产品		796 200
合计			¥1 745 200	¥1 745 200

附件　张

会计主管：张××　记账：李××　稽核：王××　出纳：刘×　制单：孙××

24）31 日，本月售出甲产品 40 台，单位成本为 2 300 元，本月售出乙产品 30 台，单位成本为 3 000 元，结转本月已销商品的成本，如凭证 12.28 所示。

凭证 12.28　转账凭证

20××年 5 月 31 日　　　　转字 14 号

摘要	总账科目	明细科目	借方金额	贷方金额
结转成本	主营业务成本	甲产品	92 000	
		乙产品	90 000	
	库存商品	甲产品		92 000
		乙产品		90 000
合计			¥182 000	¥182 000

附件　张

会计主管：张××　记账：李××　稽核：王××　出纳：刘×　制单：孙××

25）31 日，计算本月应交城建税 15 000 元，如凭证 12.29 所示。

凭证 12.29　转账凭证

20××年 5 月 31 日　　　　转字 15 号

摘要	总账科目	明细科目	借方金额	贷方金额
计算城建税	税金及附加	城建税	15 000	
	应交税费	应交城建税		15 000
合计			¥15 000	¥15 000

附件　张

会计主管：张××　记账：李××　稽核：王××　出纳：刘×　制单：孙××

26）31 日，结转本月有关损益类账户发生额，计算利润总额，如凭证 12.30、凭证 12.31 所示。

凭证 12.30 转账凭证

20××年 5 月 31 日 转字 16 号

摘要	总账科目	明细科目	借方金额	贷方金额
结转费用	本年利润		312 250	
	主营业务成本	甲产品		92 000
		乙产品		90 000
	其他业务成本			20 000
	管理费用			84 500
	销售费用			10 000
	财务费用			750
	税金及附加			15 000
	合计		¥312 250	¥312 250

附件 张

会计主管：张×× 记账：李×× 稽核：王×× 出纳：刘× 制单：孙××

凭证 12.31 转账凭证

20××年 5 月 31 日 转字 17 号

摘要	总账科目	明细科目	借方金额	贷方金额
结转收益	主营业务收入		310 000	
	其他业务收入		22 000	
	营业外收入		6 400	
	本年利润			338 400
	合计		¥338 400	¥338 400

附件 张

会计主管：张×× 记账：李×× 稽核：王×× 出纳：刘× 制单：孙××

27）31 日，计算并结转本月应交纳的所得税（假设无纳税调整事项），如凭证 12.32、凭证 12.33 所示。

凭证 12.32 转账凭证

20××年 5 月 31 日 转字 18 号

摘要	总账科目	明细科目	借方金额	贷方金额
计算所得税	所得税费用		6 537.5	
	应交税费	应交所得税		6 537.5
	合计		¥6 537.5	¥6 537.5

附件 张

会计主管：张×× 记账：李×× 稽核：王×× 出纳：刘× 制单：孙××

凭证 12.33　转账凭证

20××年5月31日　　转字19号

摘要	总账科目	明细科目	借方金额	贷方金额
结转所得税	本年利润		6 537.5	
	所得税费用			6 537.5
合计			¥6 537.5	¥6 537.5

附件　张

会计主管：张××　记账：李××　稽核：王××　出纳：刘×　制单：孙××

28）31日，计算并结转净利润，如凭证12.34所示。

凭证 12.34　转账凭证

20××年5月31日　　转字20号

摘要	总账科目	明细科目	借方金额	贷方金额
结转净利润	本年利润		19 612.5	
	利润分配	未分配利润		19 612.5
合计			¥19 612.5	¥19 612.5

附件　张

会计主管：张××　记账：李××　稽核：王××　出纳：刘×　制单：孙××

第二步，根据上述记账凭证登记库存现金、银行存款日记账簿，如账簿12.1、账簿12.2所示。

账簿 12.1　库存现金日记账

20××年		凭证		摘要	借方	贷方	借或贷	余额
月	日	字	号					
5	1			期初余额			借	34 000
5	10	现付	01	张华借差旅费		6 000	借	28 000
5	12	银付	02	提现	160 000		借	188 000
5	12	现付	02	发放工资		160 000	借	28 000
5	16	现收	01	退回现金	1 000		借	29 000
5	19	现付	03	支付修理费		800	借	28 200
5	31			本月合计	161 000	166 800	借	28 200

账簿 12.2　银行存款日记账

20××年		凭证		摘要	借方	贷方	借或贷	余额
月	日	字	号					
5	1			期初余额			借	2 650 000
5	5	银付	01	购入原材料		452 000	借	2 198 000
5	10	银收	01	销售产品	350 300		借	2 548 300
5	11	银收	02	收存违约金	6 400		借	2 554 700
5	12	银付	02	提现		160 000	借	2 394 700
5	15	银收	03	销售材料	20 340		借	2 415 040
5	17	银付	03	支付广告费		10 000	借	2 405 040
5	18	银付	04	支付水电费		18 000	借	2 387 040
5	20	银付	05	支付下年度报刊费		3 600	借	2 383 440
5	21	银收	03	取得贷款	500 000		借	2 883 440
5	31			本月合计	877 040	643 600	借	2 883 440

第三步，根据上述原始凭证和记账凭证登记明细分类账簿，如账簿 12.3～账簿 12.6 所示。

账簿 12.3　原材料明细账

材料名称：A 材料　　　　计量单位：千克　　金额单位：元

20××年		凭证		摘要	收入			发出			结存		
月	日	字	号		数量	单价	金额	数量	单价	金额	数量	单价	金额
5	1			期初							5 000	200	1 000 000
5	2	转	01	投入	5 000	200	1 000 000						
5	10	转	02	领用				6 100	200	220 000			
5	15	转	03	销售				100	200	20 000			
5	31			合计	5 000	200	1 000 000	6 200	200	240 000	3 800	200	760 000

账簿 12.4　原材料明细账

材料名称：B 材料　　　　计量单位：千克　　金额单位：元

20××年		凭证		摘要	收入			发出			结存		
月	日	字	号		数量	单价	金额	数量	单价	金额	数量	单价	金额
5	1			期初余额							4 800	100	480 000
5	5	银付	01	购入材料	4 000	100	400 000						
5	10	转	02	领用材料				3 700	100	370 000			
5	31			本月合计	4 000	100	400 000	3 700	100	370 000	5 100	100	510 000

账簿 12.5　库存商品明细账

商品名称：甲产品　　金额单位：元

20××年		凭证		摘要	收入			发出			结存		
月	日	字	号		数量	单价	金额	数量	单价	金额	数量	单价	金额
5	1			期初余额									200 000
5	31	转	13	产品入库			783 400						
5	31	转	14	结转成本						92 000			
5	31			本月合计			783 400			92 000			891 400

账簿 12.6　库存商品明细账

商品名称：乙产品　　金额单位：元

20××年		凭证		摘要	收入			发出			结存		
月	日	字	号		数量	单价	金额	数量	单价	金额	数量	单价	金额
5	1			期初余额									120 000
5	31	转	13	产品入库			796 200						
5	31	转	14	结转成本						90 000			
5	31			本月合计			796 200			90 000			826 200

注：其他明细账略。

第四步，根据上述记账凭证登记总分类账，如账簿 12.7～账簿 12.33 所示。

账簿 12.7　总分类账

会计科目：库存现金

20××年		凭证		摘要	借方	贷方	借或贷	余额
月	日	字	号					
5	1			期初余额			借	34 000
5	10	现付	01	张华借差旅费		6 000		
5	12	银付	02	提现	160 000			
5	12	现付	02	发放工资		160 000		
5	16	现收	01	退回现金	1 000			
5	19	现付	03	支付修理费		800		
5	31			本月合计	161 000	166 800	借	28 200

账簿 12.8　总分类账

会计科目：银行存款

20××年		凭证		摘要	借方	贷方	借或贷	余额
月	日	字	号					
5	1			期初余额			借	2 650 000
5	5	银付	01	购入原材料		452 000		

续表

20××年		凭证		摘要	借方	贷方	借或贷	余额
月	日	字	号					
5	10	银收	01	销售产品	350 300			
5	11	银收	02	收存违约金	6 400			
5	12	银付	02	提现		160 000		
5	15	银收	03	销售材料	20 340			
5	17	银付	03	支付广告费		10 000		
5	18	银付	04	支付水电费		18 000		
5	20	银付	05	支付下年度报刊费		3 600		
5	21	银收	04	取得贷款	500 000			
5	31			本月合计	877 040	643 600	借	2 883 440

账簿 12.9　总分类账

会计科目：原材料

20××年		凭证		摘要	借方	贷方	借或贷	余额
月	日	字	号					
5	1			期初余额			借	1 480 000
5	2	转	01	投入原材料	1 000 000			
5	5	银付	01	购入原材料	400 000			
5	10	转	02	领用原材料		1 590 000		
5	15	转	03	销售原材料		20 000		
5	31			本月合计	1 400 000	1 610 000	借	1 270 000

账簿 12.10　总分类账

会计科目：库存商品

20××年		凭证		摘要	借方	贷方	借或贷	余额
月	日	字	号					
5	1			期初余额			借	320 000
5	31	转	13	完工入库	1 745 200			
5	31	转	14	结转销售成本		182 000		
5	31			本月合计	1 745 200	182 000	借	1 883 200

账簿 12.11　总分类账

会计科目：应交税费

20××年		凭证		摘要	借方	贷方	借或贷	余额
月	日	字	号					
5	1			期初余额			贷	375 000

续表

20××年		凭证		摘要	借方	贷方	借或贷	余额
月	日	字	号					
5	2	转	01	增值税	130 000			
5	5	银付	01	增值税	52 000			
5	10	银收	01	增值税		40 300		
5	15	银收	03	增值税		2 340		
5	31	转	15	计提城建税		15 000		
5	31	转	18	本月所得税		6 537.5		
5	31			本月合计	182 000	64 177.5	贷	257 177.5

账簿 12.12　总分类账

会计科目：实收资本

20××年		凭证		摘要	借方	贷方	借或贷	余额
月	日	字	号					
5	1			期初余额			贷	12 000 000
5	2	转	01	投入原材料		1 130 000		
5	31			本月合计		1 130 000	贷	13 130 000

账簿 12.13　总分类账

会计科目：管理费用

20××年		凭证		摘要	借方	贷方	借或贷	余额
月	日	字	号					
5	10	转	02	领用原材料	40 000			
5	16	转	04	报销差旅费	5 000			
5	18	银付	04	支付水电费	2 000			
5	31	转	06	分配工资	30 000			
5	31	转	07	计提福利费	4 200			
5	31	转	08	计提折旧	2 000			
5	31	转	10	预提租金	1 000			
5	31	转	11	摊销费用	300			
5	31	转	16	结转费用		84 500		
5	31			本月合计	84 500	84 500	平	0

账簿 12.14　总分类账

会计科目：其他应收款

20××年		凭证		摘要	借方	贷方	借或贷	余额
月	日	字	号					
5	1			期初余额			借	8 000

续表

20××年		凭证		摘要	借方	贷方	借或贷	余额
月	日	字	号					
5	10	现付	01	张华借差旅费	6 000			
5	16	现收	02	退回现金		1 000		
5	16	转	04	报销差旅费		5 000		
5	23	转	05	应收租金	4 000			
5	31			本月合计	10 000	6 000	借	12 000

账簿 12.15　总分类账

会计科目：主营业务收入

20××年		凭证		摘要	借方	贷方	借或贷	余额
月	日	字	号					
5	10	银收	01	销售产品		310 000		
5	30	转	17	结转收益	310 000			
5	30			本月合计	310 000	310 000	平	0

账簿 12.16　总分类账

会计科目：营业外收入

20××年		凭证		摘要	借方	贷方	借或贷	余额
月	日	字	号					
5	11	银收	02	收存违约金		6 400		
5	31	转	17	结转收益	6 400			
5	31			本月合计	6 400	6 400	平	0

账簿 12.17　总分类账

会计科目：其他业务收入

20××年		凭证		摘要	借方	贷方	借或贷	余额
月	日	字	号					
5	15	现收	01	销售原材料		18 000		
5	23	转	05	租金收入		4 000		
5	31	转	17	结转	22 000			
5	31			本月合计	22 000	22 000	平	0

账簿 12.18　总分类账

会计科目：其他业务成本

20××年		凭证		摘要	借方	贷方	借或贷	余额
月	日	字	号					
5	15	转	03	结转原材料成本	20 000			

续表

20××年		凭证		摘要	借方	贷方	借或贷	余额
月	日	字	号					
5	15	转	16	结转费用		20 000		
5	31			本月合计	20 000	20 000	平	0

账簿 12.19　总分类账

会计科目：销售费用

20××年		凭证		摘要	借方	贷方	借或贷	余额
月	日	字	号					
5	17	银付	03	支付广告费	10 000			
5	31	转	16	结转费用		10 000		
5	31			本月合计	10 000	10 000	平	0

账簿 12.20　总分类账

会计科目：预付账款

20××年		凭证		摘要	借方	贷方	借或贷	余额
月	日	字	号					
5	1			期初余额			借	205 000
5	20	银付	05	付下年报刊费	3 600			
5	30	转	11	摊销费用		1 500		
5	30			本月合计	3 600	1 500	借	207 100

账簿 12.21　总分类账

会计科目：短期借款

20××年		凭证		摘要	借方	贷方	借或贷	余额
月	日	字	号					
5	1			期初余额			贷	1 000 000
5	21	银收	03	贷款		500 000		
5	30			本月合计		500 000	贷	1 500 000

账簿 12.22　总分类账

会计科目：生产成本

20××年		凭证		摘要	借方	贷方	借或贷	余额
月	日	字	号					
5	10	转	02	领用原材料	1 200 000			
5	18	银付	03	支付水电费	15 000			
5	31	转	06	分配工资	110 000			
5	31	转	07	计提福利费	15 400			
5	31	转	12	分配制造费用	404 800			

续表

20××年		凭证		摘要	借方	贷方	借或贷	余额
月	日	字	号					
5	31	转		完工入库		1 745 200		
5	31			本月合计	1 745 200	1 745 200	平	0

账簿 12.23 总分类账

会计科目：制造费用

20××年		凭证		摘要	借方	贷方	借或贷	余额
月	日	字	号					
5	10	转	02	领用原材料	350 000			
5	18	银付	04	支付水电费	1 000			
5	19	现付	03	支付办公费	800			
5	31	转	06	分配工资	20 000			
5	31	转	07	计提福利费	2 800			
5	31	转	08	计提折旧	26 000			
5	31	转	10	预提租金	3 000			
5	31	转	11	摊销费用	1 200			
5	31	转	12	分配制造费用		404 800		
5	31			本月合计	404 800	404 800	平	0

账簿 12.24 总分类账

会计科目：应付职工薪酬

20××年		凭证		摘要	借方	贷方	借或贷	余额
月	日	字	号					
5	1			期初余额			贷	287 000
5	12	现付	02	发放工资	160 000			
5	31	转	06	分配工资		160 000		
5	31	转	07	计提福利费		22 400		
5	31			本月合计	160 000	182 400	贷	309 400

账簿 12.25 总分类账

会计科目：其他应付款

20××年		凭证		摘要	借方	贷方	借或贷	余额
月	日	字	号					
5	1			期初余额			贷	3 000
5	3	转	07	计提租金		4 000		
5	30			本月合计		4 000	贷	7 000

账簿 12.26　总分类账

会计科目：累计折旧

20××年		凭证		摘要	借方	贷方	借或贷	余额
月	日	字	号					
5	1			期初余额			贷	1 800 000
5	31	转	08	计提折旧		28 000		
5	31			本月合计		28 000	贷	1 828 000

账簿 12.27　总分类账

会计科目：财务费用

20××年		凭证		摘要	借方	贷方	借或贷	余额
月	日	字	号					
5	31	转	09	计提贷款利息	750			
5	31	转	16	结转费用		750		
5	31			本月合计	750	750	平	0

账簿 12.28　总分类账

会计科目：应付利息

20××年		凭证		摘要	借方	贷方	借或贷	余额
月	日	字	号					
5	1			期初余额			贷	10 000
5	31	转	01	计提贷款利息		750		
5	31			本月合计		750	贷	10 750

账簿 12.29　总分类账

会计科目：主营业务成本

20××年		凭证		摘要	借方	贷方	借或贷	余额
月	日	字	号					
5	31	转	14	结转成本	182 000			
5	31	转	16	结转费用		182 000		
5	31			本月合计	182 000	182 000	平	0

账簿 12.30　总分类账

会计科目：税金及附加

20××年		凭证		摘要	借方	贷方	借或贷	余额
月	日	字	号					
5	31	转	15	计提城建税	15 000			
5	31	转	16	结转费用		15 000		
5	31			本月合计	15 000	15 000	平	0

账簿 12.31　总分类账

会计科目：本年利润

20××年		凭证		摘要	借方	贷方	借或贷	余额
月	日	字	号					
5	31	转	16	结转费用	312 250			
5	31	转	17	结转收益		338 400		
5	31	转	19	结转所得税	6 537.5			
5	31	转	20	结转净利润	19 612.5			
5	31			本月合计	338 400	338 400	平	0

账簿 12.32　总分类账

会计科目：所得税费用

20××年		凭证		摘要	借方	贷方	借或贷	余额
月	日	字	号					
5	31	转	18	计算所得税	6 537.5			
5	31	转	19	结转所得税		6 537.5		
5	31			本月合计	6 537.5	6 537.5	平	0

账簿 12.33　总分类账

会计科目：利润分配

20××年		凭证		摘要	借方	贷方	借或贷	余额
月	日	字	号					
5	1			期初余额			贷	320 000
5	31	转	20	结转净利润		19 612.5		
5	31			本月合计		19 612.5	贷	339 612.5

第五步，总分类账与现金日记账、银行存款日记账、明细分类账核对，如表 12.3、表 12.4 所示。

表 12.3　总分类账和明细分类账对账表

20××年 5 月 31 日

账户名称	期初余额		本期发生额		期末余额	
	借方	贷方	借方	贷方	借方	贷方
原材料	1 480 000		1 400 000	1 610 000	1 270 000	
——A 材料	1 000 000		1 000 000	1 240 000	760 000	
——B 材料	480 000		400 000	370 000	510 000	
库存商品	320 000		1 745 200	182 000	1 883 200	
——甲产品	200 000		949 000	92 000	1 057 000	
——乙产品	120 000		796 200	90 000	826 200	
库存现金总账	34 000		161 000	166 800	28 200	

续表

账户名称	期初余额		本期发生额		期末余额	
	借方	贷方	借方	贷方	借方	贷方
库存现金日记账	34 000		161 000	166 800	28 200	
银行存款总账	2 650 000		877 040	643 600	2 883 440	
银行存款日记账	2 650 000		877 040	643 600	2 883 440	

表 12.4　总分类账户试算平衡表

20××年 5 月 31 日

账户名称	期初余额		本期发生额		期末余额	
	借方	贷方	借方	贷方	借方	贷方
库存现金	34 000		161 000	166 800	28 200	
银行存款	2 650 000		877 040	643 600	2 883 440	
交易性金融资产	3 000 000				3 000 000	
应收票据	185 000				185 000	
应收利息	40 000				40 000	
应收账款	1 200 000				1 200 000	
坏账准备		12 000				12 000
预付账款	205 000		3 600	1 500	207 100	
其他应收款	8 000		10 000	6 000	12 000	
物资采购	100 000				100 000	
原材料	1 480 000		1 400 000	1 610 000	1 270 000	
库存商品	320 000		1 745 200	182 000	1 883 200	
固定资产	12 000 000				12 000 000	
累计折旧		1 800 000		28 000		1 828 000
无形资产	1 000 000				1 000 000	
短期借款		1 000 000		500 000		1 500 000
应付票据		230 000				230 000
应付账款		585 000				585 000
预收账款		300 000				300 000
应付职工薪酬		287 000	160 000	182 400		309 400
其他应付款		3 000		4 000		7 000
应交税费		375 000	182 000	64 177.5		257 177.5
应付利息		10 000		750		10 750
长期借款		2 000 000				2 000 000
应付债券		1 000 000				1 000 000
实收资本		12 000 000		1 130 000		13 130 000
资本公积		1 500 000				1 500 000
盈余公积		800 000				800 000

续表

账户名称	期初余额		本期发生额		期末余额	
	借方	贷方	借方	贷方	借方	贷方
利润分配		320 000		19 612.5		339 612.5
主营业务收入			310 000	310 000		
营业外收入			6 400	6 400		
其他业务收入			22 000	22 000		
其他业务成本			20 000	20 000		
主营业务成本			182 000	182 000		
生产成本			1 745 200	1 745 200		
税金及附加			15 000	15 000		
销售费用			10 000	10 000		
财务费用			750	750		
管理费用			84 500	84 500		
制造费用			404 800	404 800		
本年利润			338 400	338 400		
所得税费用			6 537.5	6 537.5		
合计	22 222 000	22 222 000	7 684 427.5	7 684 427.5	23 808 940	23 808 940

第六步，根据总分类账和明细分类账编制财务报表，如表 12.5 与表 12.6 所示。

表 12.5　资产负债表（简表）

编制单位：ABC 公司　　20××年 5 月 31 日　　单位：元

项目	年初余额	期末余额	项目	年初余额	期末余额
货币资金	2 684 000	2 911 640	短期借款	1 000 000	1 500 000
交易性金融资产	3 000 000	3 000 000	应付票据	230 000	230 000
应收票据	185 000	185 000	应付账款	585 000	585 000
应收账款	1 188 000	1 188 000	预收账款	300 000	300 000
应收股利	—	—	应付职工薪酬	187 000	309 400
应收利息	40 000	40 000	应付利息	10 000	10 750
其他应收款	8 000	12 000	其他应付款	3 000	7 000
预付账款	205 000	207 100	应交税费	375 000	257 177.5
存货	1 900 000	3 253 200	长期借款	2 000 000	2 000 000
长期投资	—	—	应付债券	1 000 000	1 000 000
在建工程	—	—	实收资本	12 000 000	13 160 000
固定资产	10 200 000	10 172 000	资本公积	1 500 000	1 500 000
无形资产	1 000 000	1 000 000	盈余公积	800 000	800 000
			未分配利润	320 000	339 612.5
资产合计	20 410 000	21 968 940	负债及所有者权益合计	20 410 000	21 968 940

表 12.6　利润表（简表）

编制单位：ABC 公司　　20××年 5 月　　金额单位：元

项目	本期金额	上期金额
一、营业收入	332 000	（略）
减：营业成本	202 000	
税金及附加	15 000	
销售费用	10 000	
管理费用	84 500	
财务费用	750	
资产减值损失	—	
加：公允价值变动损益	—	
投资收益	—	
二、营业利润		
加：营业外收入	6 400	
减：营业外支出	—	
三、利润总额	26 150	
减：所得税费用	6 537.5	
四、净利润	19 612.5	
五、每股收益	—	

本章小结

企业的会计核算过程是按照一定的先后顺序进行的，通过本章的学习，掌握有关会计核算程序的特点，掌握会计核算应设置的凭证、账簿，并熟悉会计实务中，会计凭证、会计账簿、财务报表之间的相互关系；能够应用不同的账务处理程序处理会计实务，全面掌握会计核算的实务流程。

账务处理程序主要包括记账凭证账务处理程序、汇总记账凭证账务处理程序和科目汇总表账务处理程序等。

思考练习题

1．什么是账务处理程序？科学地确定本单位的账务处理程序有什么意义？
2．记账凭证账务处理程序特点、核算步骤、优缺点和适用范围是什么？
3．各种账务处理程序的主要区别是什么？
4．用会计分录和“T”型账户将第五节综合实训案例做一遍。

*第十三章　财务报表分析

思维导图

第一节　概　　述

一、财务报表分析的目的

财务报表分析的起点是会计报表，分析使用的数据大部分来源于会计报表。财务报表分析就是以会计报表和其他资料为依据和起点，采用专门的方法，系统分析和评价企业的过去和现在的经营成果、财务状况和现金流量及其变动，目的就是了解过去、评价现在、预测未来，帮助财务报表信息使用者改善决策。

财务报表的使用者包括债权人、投资者、税务机构、管理部门、政府监管机构、财务和证券分析师等。财务分析的基本功能，是将大量的报表数据转换成对特定决策有用的信息，减少决策的不确定性。例如，企业的资产收益率指标，先采用一定的方法计算，然后找出参照标准进行比较，这个标准可以是企业的过去同期指标，可以是竞争对手指标，可以是同行业平均或先进指标。经比较可以看出企业该指标的情况。假设该指标经过比较属于较低水平，进一步分析是由于资产周转率造成的，资产周转率低的原因是存货过高，再进一步分析存货过高主要是因为产成品积压。如何处理积压产成品，财务分析本身不能解决，还需要结合企业产品质量、适销对路以及广告等营销策略共同解决。因此，财务报表分析是认识过程，通常只能发现问题而不能提供解决问题的现成答案，只能做出评价而不能改善企业的现状。

二、财务报表分析的基本方法

财务报表分析是将会计报表的数据，分成不同的部分和指标，并找出有关指标的关系，以达到认识偿债能力、盈利能力和营运能力的过程。其具体分析步骤为：第一，确定分析目的；第二，进行所需资料、数据收集；第三，确定分析方法；第四，具体进行分析；第五，报告分析结果。

财务报表分析的方法主要包括比较分析、比率分析和趋势分析等方法。

（一）比较分析法

比较分析法也称对比分析法，是最基本和常用的分析方法，是指通过两个或几个有关的经济指标的对比，找出差异，研究和评价企业经营情况的一种方法。

比较分析法主要有以下几种形式：

1）实际指标与计划指标（预算指标、设计指标、定额指标）对比，借以考核有关计划等完成情况。

2）本期实际数同上期实际数（历史先进水平以及具有典型意义时期的实际水平）对比，即纵向比较，借以了解有关指标在不同时期的增减变化情况。

3）本期数与行业平均数（行业先进数、公认标准）对比，即横向对比，借以了解同行业企业之间的财务状况、经营成果以及现金流量之间的差异。

（二）比率分析法

比率分析法就是将会计报表中有意义的两个相关项目进行比较，计算其比率，以反映和判断某种隐含的意义。即采用这种方法，能够把某些条件下的不可比指标变为可以比较的指标，以利用其进行分析。

比率分析指标主要有以下几种形式：

1）结构比率，是指会计报表中个别项目数值与全部项目总和的比率。借以揭示部分与整体的关系，通过不同时期结构比率的比较还可以揭示其变化趋势。

2）效率比率，是指用以计算某项经济活动中所费与所得的比率，反映投入与产出的关系。如成本费用与销售收入比率、成本费用与利润比率、资金占用额与销售收入比率等，借以进行得失比较，考察经济成果，评价经济效益。

3）相关比率，是以某个项目与相关项目加以对比所得的比率，反映有关经济活动的相关关系。如资产总额与负债总额比率、流动资产与流动负债比率、负债与所有者权益比率等，利用相关比率指标，可以考察有联系的相关业务安排是否合理，以保障企业运营活动能够顺利进行。

比率分析法的优点是计算简便，计算结果也比较容易判断，而且还可以使某些指标在不同规模的企业之间进行比较，甚至也能在一定程度上超越行业间的差别进行比较。

（三）趋势分析法

趋势分析法又称水平分析法，是通过对比两期或连续数期财务报表中的相同指标，确定其增减变动的方向、数额和幅度，来说明企业财务状况或经营成果的变动趋势的一种方法。

采用这种方法，可以分析引起变化的主要原因、变动的性质，并预测企业未来的发展前景。

趋势分析法的具体应用主要有以下三种方式。

第一，重要财务指标的比较。重要财务指标的比较，指将不同时期财务报表中的相同指标或比率进行比较，直接观察其增减变动情况及变动幅度，考察其发展趋势，预测其发展前景。

第二，财务报表的比较。即将连续数期的财务报表的金额并列起来，比较其相同指标的增减变动金额和幅度，据以判断企业财务状况和经营成果发展变化的一种方法。财务报表的比较，具体包括资产负债表比较、利润表比较和现金流量表比较等。比较时，既要计算出表中有关项目增减变动的绝对额，又要计算出其增减变动的百分比。

第三，财务报表项目构成的比较。财务报表项目构成的比较是在财务报表比较的基础上发展起来的，即以财务报表中的某个总体指标作为100%，再计算出其各组成指标占该总体指标的百分比，从而来比较各个项目百分比的增减变动，以此来判断财务活动的发展趋势。

第二节　企业财务能力分析

一、偿债能力分析

偿债能力是指企业偿还到期债务（包括本息）的能力。偿债能力指标包括短期偿债能力指标和长期偿债能力指标。

（一）短期偿债能力分析

短期偿债能力是表明企业用流动资产偿还流动负债的能力。影响企业短期偿债能力的因素有很多，但流动资产与流动负债的关系以及资产的变现速度是其最主要的方面，因为在大多数情况下，短期债务需要用现金来偿还。因此短期偿债能力的分析就是对企业流动资产与流动负债的分析，常用的分析指标是：流动比率、速动比率和现金比率、现金流动负债比率等。

1. 流动比率

流动比率又称营运资金比率，它是流动资产总额与流动负债总额的比值。这一指标表明每元流动负债有多少流动资产可以作为偿还债务的保证程度。其计算公式为

流动比率＝流动资产总额÷流动负债总额

一般认为，生产企业合理的最低流动比率是2倍。这是因为流动资产中变现能力最差的存货金额约占流动资产总额的一半，剩下的流动性较大的流动资产至少要等于流动负债，企业短期偿债能力才会有保证。运用流动比率进行分析时，要注意以下两个问题。

第一，流动比率高，一般认为偿债保证程度较强，但并不一定有足够的现金或银行存款偿债，因为流动资产除了货币资金以外，还有存货、应收账款等项目，有可能出现虽然流动比率高，但真正用来偿债的现金和银行存款却严重短缺的现象，所以分析流动比率时，还需进一步分析流动资产的构成项目。

第二，计算出来的流动比率，只有和同行业平均流动比率、本企业历史流动比率进行比较，才能知道这个比率是高还是低。这种比较通常并不能说明流动比率为什么这么高或低，要找出过高或过低的原因还必须分析流动资产和流动负债所包括的内容以及经营上的因素。

2. 速动比率

速动资产是流动资产中将那些存货等变现能力相对较差的项目予以剔除后剩余的资产，主要包括库存现金、银行存款、交易性金融资产以及应收款项等。速动比率是速动资产与流动负债总额的比值。速动比率可用作流动比率的辅助指标，更加准确可靠地评价企业流动性及其偿还短期债务的能力。其计算公式为

速动比率＝速动资产总额÷流动负债总额

使用速动比率分析时注意：

第一，速动比率过高过低，同流动比率过高过低一样都有其不利的方面。首先，速

动比率过低，说明短期偿债能力存在问题；速动比率过高，则又说明企业持有过多的速动资产，可能会失去一些有利的投资与获利机会。

第二，计算速动比率时尽管剔除了存货等项目，但速动资产中的应收款项本身也有很大的不确定性，它的变现能力对速动比率的准确性和真实性有很大的影响，所以在评价速动比率时还应结合应收账款周转率指标，分析应收账款的质量。

3. 现金比率

现金比率是指企业速动资产中扣除应收账款部分后所占流动负债比值。其计算公式为

现金比率＝（速动资产－应收账款）÷流动负债总额

由于应收账款的变现能力受到各种条件的限制，出于稳健的目的，在分析企业短期偿债能力时，可将这部分不十分确定的因素予以剔除。

4. 现金流动负债比率

现金流动负债比率也称经营活动现金净流量比率，是企业一定时期内经营现金净流量与流动负债的比值，是衡量短期偿债能力的参考性指标，它是从现金流量角度来反映企业当期偿付短期负债的能力。其计算公式为

现金流动负债比率＝年经营活动现金净流量÷年末流动负债

在分析短期偿债能力时，流动比率、速动比率和现金比率都是评价短期偿债能力的相对数，如果再与评价短期偿债能力的绝对数——营运资金结合起来，则使流动性指标评价体系更全面。当然资产的流动性并不是孤立存在的，可能受报表以外的其他因素影响，例如，或有负债和企业为他人提供担保质押，一旦成为真正的负债，都会加重债务负担，影响短期偿债能力。因此，报表使用者还应注意其他方面的资料，以便做出正确评价。

（二）长期偿债能力分析

长期偿债能力是指企业偿还长期债务的能力，包括企业对债务的承受能力和偿还债务的保障能力。长期偿债能力的强弱是反映财务状况稳定和安全程度的主要标志。

评价企业长期偿债能力的指标主要有资产负债率、产权比率、已获利息倍数等。

1. 资产负债率

资产负债率又称负债比率，是企业负债总额对资产总额的比率，它说明在企业总资产中债权人提供资金所占的比重以及企业资产对债权人权益的保障程度。其计算公式为

资产负债率＝负债总额÷资产总额×100%

该指标对债权人来讲，负债比率越低越好。因为负债比率低，说明负债占企业全部资产的比重就小，这样，债权人的保障程度就高，风险也就小；反之，负债比率高，说明负债占企业全部资产的比重大，则表明企业债务负担就重，这样债权的保障程度就低，债权人的权益就存在较大的风险。

举债经营对企业来说是有一定风险的。因此，负债经营的规模和比重应该控制在合理的水平上。债权人应根据举债人的财务状况和盈利能力，正确测算负债比率，以保证其权益得到根本保障。

2. 产权比率

产权比率也称负债与所有者权益比率，是指负债总额与所有者权益总额的比例关系，用以表示所有者权益对债权人的保障程度。其计算公式为

产权比率＝负债总额÷所有者权益总额×100%

该比率越低，表明企业长期偿债能力越强，债权人权益保障程度越高，承担的风险越小；反之，比率越高，则表明企业的长期偿债能力越低。当然，这一比率也不能过低和过高：过低时，所有者权益比重过大，尽管偿还长期债务的能力很强，但企业财务杠杆的作用就会削减；过高时，企业的投资报酬率小于借款利率，固定的利息费用会成为债务人的沉重负担，同时债权人贷款的风险就会加大。

3. 已获利息倍数

已获利息倍数，也称利息保障倍数，是指企业生产经营所获得的息税前利润与利息费用的比值，是用以衡量企业偿还债务利息的指标。其计算公式为

已获利息倍数＝息税前利润总额÷利息费用

＝（本期净利润＋所得税费用＋利息费用）÷利息费用

＝（利润总额＋利息费用）÷利息费用

在正常情况下，利息保障倍数应该大于1，否则意味着企业利息都无法保证偿还，企业便不能举债经营；企业生产经营所获得的息税前利润对于利息费用的倍数越高，说明支付利息的能力越强，因此，它既是企业潜在经营的前提，又是衡量企业长期偿债能力强弱的标志。

实际上，上述公式的分子同样可以用现金流量表中经营活动的现金流量来代替，从而更直观地反映实际偿还利息的保障程度。

二、盈利能力分析

盈利能力是指企业获取利润的潜力和可能性。企业可能“获利”，但并不一定真的有“钱”（现金），因此在评价企业盈利能力时，最好分析企业的现金流量，这样才能比较完整地评估相关的指标。

企业盈利能力的指标主要有：营业利润率、成本费用利润率、盈余现金保障倍数、总资产报酬率、净资产收益率、基本每股收益、市盈率等，现将前五种详细介绍如下。

（一）营业利润率

营业利润率是企业一定时期营业利润与营业收入的比率。其计算公式为

营业利润率＝营业利润÷营业收入×100%

营业利润率反映每一元营业收入带来的营业利润的多少。营业利润率越高，表明企业营业收入的收益水平越高，也表明市场竞争力越强，发展潜力越大，从而盈利能力越强。

需要说明的是，从利润表来看，企业的利润包括营业利润、利润总额和净利润三种形式。而营业收入包括主营业务收入和其他业务收入，收入来源有商品销售收入、提供劳务收入和让渡资产使用权收入等。因此，在实务中也经常使用营业净利率、营业毛利

率等指标来分析企业经营业务的获利水平。此外，通过考察营业利润占整个利润总额比重的升降，可以发现企业经营理财状况的稳定性、面临的危险或者可能出现的转机迹象。

营业净利率＝本期净利润÷营业收入×100%

营业毛利率＝（营业收入－营业成本）÷营业收入×100%

（二）成本费用利润率

成本费用利润率是指企业一定时期利润总额与成本费用总额的比率。其计算公式为

成本费用利润率＝利润总额÷成本费用总额×100%

其中：

成本费用总额＝营业成本＋税金及附加＋销售费用＋管理费用＋财务费用

该指标越好，表明企业为取得利润而付出的代价越小，盈利能力越强。

（三）盈余现金保障倍数

盈余现金保障倍数是企业在一定时期经营现金流量与净利润的比值。其计算公式为

盈余现金保障倍数＝经营现金净流量÷净利润

盈余现金保障倍数是从现金流入和流出的动态角度，对企业收益的质量进行评价，充分反映出企业当期净利润中有多少是有现金保障的。一般来说，当企业当期净利润大于0时，盈余现金保障倍数应当大于1。该指标越大，表明企业经营活动产生的净利润对现金的贡献越大。

（四）总资产报酬率

总资产报酬率，也称资产收益率，是企业一定时期内获利的报酬总额与平均资产总额的比率，是对企业对所有经济资源的运用效益的评价。其计算公式为

总资产报酬率＝息税前利润总额÷平均资产总额×100%

＝（利润总额＋利息费用）÷平均资产总额×100%

＝（净利润＋所得税费用＋利息费用）÷平均资产总额×100%

其中：

平均资产总额＝（期初资产总额＋期末资产总额）÷2

总资产报酬率全面反映了全部资产的获利水平，企业所有者和债权人对该指标都非常关心。它是反映企业资产综合利用效果的指标，也是衡量企业利用债权人和所有者权益总额所取得盈利的重要指标。一般情况下，该指标越高，表明企业的资产利用效益就越好，整个企业的盈利能力越强，经营管理水平越高。

（五）净资产收益率

净资产收益率也称股东权益报酬率、净值报酬率或净资产报酬率，是指企业一定时期内实现的净利润与该时期企业净资产平均余额的比率。其计算公式为

净资产收益率＝本期净利润÷平均净资产×100%

＝（本期净利润÷资产平均总额）÷（所有者权益平均总额÷资产平均总额）

＝资产报酬率÷（1－资产负债率）

其中：

平均净资产＝（所有者权益期初余额＋所有者权益期末余额）÷2

该指标是从股东的立场来分析企业的盈利能力，如果举债经营有利，当资产报酬率为正值时，负债比率越高，股东权益报酬率也就越大。净资产收益率与资产报酬率成正比，与负债比率也成正比；如果举债经营不利，当资产报酬率为负值时，负债比率越高，净资产收益率也就越差。

三、营运能力分析

营运能力是指企业配置经济资源、安排资本结构及调控流动资金的水平与潜力，是通过与资产周转速度有关的指标来反映企业经营、管理和使用资产效率的能力。企业偿债能力和盈利能力的大小，在很大程度上取决于管理人员对资产的有效利用。资产利用效率高，资产周转速度和资产变现的速度就会加快，获取的收入和利润也就会增多，因而偿债能力和盈利能力也就会增强。

营运能力分析常用的指标主要有应收账款周转率、存货周转率、固定资产周转率、总资产周转率等。

（一）应收账款周转率

应收账款与应收票据是企业因实施信用政策与赊销商品而产生的债权，因此，在计算应收账款周转率时，比较严格精确的计算应以报告期内赊销净额除以应收账款和应收票据的平均余额，其计算公式为

应收账款周转率＝赊销收入净额÷应收账款和应收票据的平均余额

其中：

赊销收入净额＝销售收入－现销收入

平均余额＝（期初应收账款和应收票据净额＋期末应收账款和应收票据净额）÷2

应收账款周转率是反映企业在报告期内从赊销开始至收款为止的周转次数，周转率越大，说明周转所需要的时间越短，企业应收账款的回收速度也就越快，信用管理工作的效率就越高。

（二）存货周转率

存货周转率又称存货周转次数，是一定时期内企业销货或主营业务成本与存货平均余额的比值。其计算公式为

存货周转率＝主营业务成本÷存货平均余额

其中：

存货平均余额＝（期初存货余额＋期末存货余额）÷2

在制造企业中，为分析各项存货的运营情况，上述存货周转率也可单独计算原材料周转率、在产品周转率和产成品周转率等。上述存货周转率均是按年计算的，如果需要也可以同样按月度、季度计算。

通常情况下存货周转率愈高，表示企业存货管理效率愈佳，存货从资金投入到销售

收回的时间愈短，在销售利润率相同的情况下，获取的利润也就愈多；反之，存货周转率过低，表示企业的存货管理效率欠佳，产销配合不好，存货积压过多，致使资金冻结在存货上，仓储费用及利息负担沉重。再说，积压太多的存货，也有可能是过时所致，这势必使存货的实际价值减少。存货是企业资产的重要组成部分，因此，存货质量好坏，周转快慢，对企业经营效率的好坏有着直接的影响。

（三）固定资产周转率

固定资产周转率是用以衡量固定资产使用效率的指标，是企业销售收入净额与固定资产平均净值的比值。其计算公式为

固定资产周转率＝销售收入净额÷固定资产平均净值

其中：

固定资产平均净值＝（年初固定资产净值＋年末固定资产净值）÷2

固定资产周转率高，不仅表明企业固定资产利用较充分，同时也表明企业固定资产投资得当、结构合理，能够发挥效率。

（四）总资产周转率

总资产周转率是指销售收入净额与资产平均总额的比值，其计算公式为

总资产周转率＝销售收入净额÷资产平均总额

其中：

资产平均总额＝（资产期初余额＋资产期末余额）÷2

总资产周转率是衡量企业在报告期内对其全部资产使用的效率。如果总资产周转率高，说明全部资产经营效率好，取得的销售收入高；相反，如果总资产周转率低，说明全部资产经营效率差，取得的销售收入也少。因此，这一指标的高低，最终会影响企业的盈利能力。

【例 13.1】 某公司 20××年度赊销收入净额为 2 000 万元，营业成本为 1 600 万元；年初、年末应收账款余额分别为 200 万元和 400 万元；年初、年末存货余额分别是 200 万元和 600 万元；年末速动比率为 1.2，年末现金比率为 0.7。假设该企业流动资产由速动资产和存货构成，速动资产由应收账款和现金类资产构成，一年按 360 天计算。

要求：

1）计算 20××年应收账款周转天数。

2）计算 20××年存货周转天数。

3）计算 20××年年末流动负债余额和速动资产余额。

4）计算 20××年年末流动比率。

解析：

1）应收账款周转次数＝2 000÷［（200＋400）÷2］＝6.67（次）

应收账款周转天数＝360÷6.67≈54（天）

2）存货周转次数＝1 600÷［（200＋600）÷2］＝4（次）

存货周转天数＝360÷4＝90（天）

3）年末速动比率＝年末速动资产÷年末流动负债＝1.2

年末现金比率＝（年末速动资产－400）÷年末流动负债＝0.7

年末流动负债＝800（万元）

年末速动资产＝960（万元）

4）流动比率＝（960＋600）÷800＝1.96

四、发展能力分析

企业的发展能力也就是指企业的成长性，是企业通过自身的生产经营活动不断积累而形成的未来可持续发展的潜力。

发展能力分析常用的指标主要有销售增长率、资产增长率和资本累积率等。

（一）销售增长率

销售增长率是企业本年营业收入增长额（或营业收入净额）与上年营业收入额的比值。其计算公式为

销售增长率＝本年营业收入增长额÷上年营业收入额×100%

＝（本年营业收入额－上年营业收入额）÷上年营业收入额×100%

如果本期该指标是正值，则表明企业的本期销售能力比去年提高；反之，则表明下降。

（二）资产增长率

资产增长率是指本年总资产增长额与年初资产总额的比值。其计算公式为

资产增长率＝本年总资产增长额÷年初资产总额×100%

该指标越高，表明企业一个经营周期内经营规模扩张越快。

（三）资本累积率

资本累积率是指本年所有者权益增长额与年初所有者权益总额的比值。其计算公式为

资本累积率＝本年所有者权益增长额÷年初所有者权益总额×100%

该指标越高，表明企业资本累积越多，企业资本保全性越强，应对风险、持续发展的能力越强。

上述为财务报表分析的主要指标。但由于存在财务分析资料来源、分析方法以及分析指标的局限性，会影响财务报表分析的结果，因此并不能正确揭示企业的财务真相，尤其是在经过人为地刻意修饰后，分析出来的结果可能更加缺乏客观性。

本章小结

编制财务报表是财务会计专业人员的主要工作，但看懂财务报表，分析利用会计信息，为企业的预判和经济决策提供数据支持，却是每个经济管理者的必备能力。财务报表分析是通过收集、整理企业财务会计报表中的有关数据，并结合其他有关补充信息，对企业的财务状况、经营成果和现金流量情况进行综合比较和评价，为财务会计报告使

用者提供管理决策和控制依据的一项管理工作。

通过本章的学习可以掌握：分析企业的偿债能力，分析企业权益的结构，估量对债务资金的利用程度；评价企业资产的营运能力，分析企业资产的分布情况和周转使用情况；评价企业的盈利能力，分析企业利润目标的完成情况和不同年度盈利水平的变动情况；评价企业的发展能力，分析企业自身的生产经营活动不断积累而形成的未来可持续发展的潜力的变动情况。通过以上四个方面的分析，互相补充，可以综合地描述出企业生产经营的财务状况、经营成果和现金流量情况，以满足不同使用者对会计信息的基本需要。

思考练习题

1. 什么是财务报表分析？它有哪些目的与用途？
2. 财务报表分析的基本方法有哪些？
3. 评价企业偿债能力的指标是什么？如何判断？
4. 评价企业获利能力的指标是什么？如何判断？
5. 评价企业运营能力的指标是什么？如何判断？
6. 评价企业发展能力的指标是什么？如何判断？

第十四章 会计工作的组织

思维导图

第一节 概 述

一、组织会计工作的意义

会计工作的组织就是根据会计工作的特点，制定会计法规制度，设置会计机构，配备与教育会计人员，以保证合理、有效地进行会计工作。

会计是一项复杂、细致的综合性经济管理活动，科学地组织会计工作具有十分重要的意义。

1. 有利于保证会计工作的质量，提高会计工作的效率

会计反映的是以货币表现的经济活动，会计工作要把这些财务收支和经济活动从凭证到账簿再到报表，连续地进行收集、记录、分类、汇总和分析等。这不但涉及复杂的计算，而且包括一系列的程序和手续，各个程序之间、各种手续之间密切联系，如果在任何一个环节出现问题都会造成整个核算结果错误。如果没有一套工作制度和程序，就不能科学地组织会计工作，更谈不上什么效率了。

2. 可以保证会计工作与其他经济管理工作协调一致

会计工作不但与宏观经济如国家财政、税收、金融等密切相关，而且与各单位内部的计划、统计等工作密切相关。会计工作一方面能够促进其他经济管理工作，另一方面也需要其他管理工作的配合。会计工作必须首先服从国家的宏观经济政策，要与之保持口径一致，同时又要与各单位的计划、统计工作之间保持协调关系。

3. 有利于贯彻执行有关法律法规，维护财经纪律

科学组织会计工作，将遵纪守法和良好的职业道德作为会计从业人员的基本条件，有利于国家各项会计及与会计相关法规在会计工作中得以贯彻执行，从而维护财经纪律。

二、组织会计工作应遵循的要求

组织会计工作应遵循的要求是指组织会计工作必须遵循的管理工作的一般规律。它是做好会计工作，提高会计工作质量和效率所必须遵守的原则。要组织好会计工作就应符合以下要求。

1. 既要符合国家对会计工作的统一要求，又要适应各单位生产经营的特点

首先，各个会计主体必须依据国家的有关法规、制度的统一要求，设置会计机构、配备会计人员、组织会计工作。

其次，各个会计主体可在不违背有关会计法律、行政法规和会计制度的前提条件下，结合本单位的具体情况，制定本企业的会计核算办法。

2. 既要保证核算工作的质量，又要节约人力物力以提高工作效率

会计工作十分复杂，如果组织不好，就会重复劳动，造成资源浪费。故对会计管理程序的规定是所有会计凭证、账簿、报告的设计、会计机构的设置以及会计人员的配置等，都应避免烦琐、力求精简。

第二节　会计机构和会计人员

一、会计机构的设置

根据《中华人民共和国会计法》（以下简称《会计法》）的要求，企业、事业、行政机关等单位应当根据会计业务的需要，设置会计机构；会计机构内部应建立稽核制度和内部牵制制度，以便防止会计核算工作上的差错和有关会计人员的舞弊。

（一）国家管理部门所设置的会计机构

财政部门所属的会计机构负责统一会计准则的制定，其他各主管部门将根据会计准则及统一会计制度，对本部门会计工作中出现的一些问题做出解释。同时，还负责会计准则的制定、修订与解释等。目前，这一任务主要由财政部下设的会计司完成；会计人员的资格考试工作主要由各级财政部门组织完成。

（二）行政事业单位设置的会计机构

行政、事业单位的经费来源主要由预算拨款所形成。因此这些单位在设置会计机构时，只要能满足对经费的收支及时进行核算和报告的要求即可；另外，行政、事业单位的会计机构设置，必须考虑内部控制等基本因素，以保证各单位预算资金的安全完整和合理使用。

（三）企业单位设置的会计机构

企业单位为了满足对经济活动有效地进行会计核算，以及进行合理的会计监督，制定并执行本单位的会计制度的需要，必须设置有效的会计机构；应该在会计机构内部进行适当的分工，按照会计核算的流程设置责任岗位，并制定岗位责任制，配置人员。同时，在会计机构内部的岗位分工上，应符合内部控制制度的要求。

会计机构的岗位责任制是指在会计机构内部按照会计工作的内容和会计人员的配

备情况，将会计机构的工作划分为若干个岗位，按岗位规定职责并进行考核的责任制度。

会计工作岗位一般分为：会计主管、稽核、总账、报表、资金核算、财产物资核算、往来结算、工资核算、收入利润核算、成本费用核算、出纳、会计档案保管等。

二、会计工作的组织形式

企、事业单位的会计工作的组织形式包括集中核算和分散核算两种形式。

（一）集中核算

集中核算是通过集中设置会计机构，使整个单位各部门的经济业务的会计处理均集中进行，各部门只负责对所发生的经济业务的原始凭证进行初步审核，并向会计机构集中提供核算的原始资料。优点：可以减少核算环节，简化核算手续，有利于及时掌握全面的经营情况和精减人员，一般适合于规模较小的企业和行政事业单位。

（二）分散核算

分散核算组织形式下，会计核算工作一部分集中进行，另一部分则分散在各职能部门进行。各职能部门的会计机构负责对其经营范围内发生的各项经济业务通过各类明细的核算、编制内部会计报表等进行比较详细的核算，而集中会计核算部门则全面负责本单位的总分类核算、单位的会计决策报表的编制和经济活动分析等综合性会计工作，并承担对各职能部门会计核算进行全面指导和监督的工作。这种方式一般适用于在规模较大的企业和要求划小经济核算范围的企业。

一个企业实行集中核算还是分散核算，应视企业规模大小和经营管理的要求而决定。

三、会计机构和会计人员

（一）会计机构

各单位应当根据会计业务的需要设置会计机构，或者在有关机构中设置会计人员，并指定会计主管人员；不具备设置条件的，应当委托经批准设立从事会计代理记账业务的中介机构代理记账。

国有的和国有资产占控股地位或者主导地位的大、中型企业必须设置总会计师。总会计师的任职资格、任免程序、职责权限由国务院规定。

会计机构内部应当建立稽核制度。出纳人员不得兼任稽核、会计档案保管和收入、支出、费用、债权债务账目的登记工作。

（二）会计人员

会计人员应当具备从事会计工作所需要的专业能力。担任单位会计机构负责人（会计主管人员）的，应当具备会计师以上专业技术职务资格或者从事会计工作三年以上经历。

（三）会计人员管理

会计人员应当遵守职业道德，提高业务素质。对会计人员的教育和培训工作应当加强。因有提供虚假财务会计报告，做假账，隐匿或者故意销毁会计凭证、会计账簿、财务会计报告，贪污，挪用公款，职务侵占等与会计职务的有关违法行为被依法追究刑事责任的人员，不得再从事会计工作。

1）伪造、变造会计凭证、会计账簿，编制虚假财务会计报告，构成犯罪的，依法追究刑事责任。尚不构成犯罪的，由县级以上人民政府财政部门予以通报，可以对单位并处五千元以上十万元以下的罚款；对其直接负责的主管人员和其他直接责任人员，可以处三千元以上五万元以下的罚款；属于国家工作人员的，还应当由其所在单位或者有关单位依法给予撤职直至开除的行政处分；其中的会计人员，五年内不得从事会计工作。

2）隐匿或者故意销毁依法应当保存的会计凭证、会计账簿、财务会计报告，构成犯罪的，依法追究刑事责任。尚不构成犯罪的，由县级以上人民政府财政部门予以通报，可以对单位并处五千元以上十万元以下的罚款；对其直接负责的主管人员和其他直接责任人员，可以处三千元以上五万元以下的罚款；属于国家工作人员的，还应当由其所在单位或者有关单位依法给予撤职直至开除的行政处分；其中的会计人员，五年内不得从事会计工作。

3）授意、指使、强令会计机构、会计人员及其他人员伪造、变造会计凭证、会计账簿，编制虚假财务会计报告或者隐匿、故意销毁依法应当保的会计凭证、会计账簿、财务会计报告，构成犯罪的，依法追究刑事责任；尚不构成犯罪的，可以处五千元以上五万元以下的罚款；属于国家工作人员的，还应当由其所在单位或者有关单位依法给予降级、撤职、开除的行政处分。

4）会计人员调动工作或者离职，必须与接管人员办清交接手续。一般会计人员办理交接手续，由会计机构负责人（会计主管人员）监交；会计机构负责人（会计主管人员）办理交接手续，由单位负责人监交，必要时主管单位可以派人会同监交。

四、会计专业技术人员继续教育

国家机关、企业、事业单位以及社会团体等组织（以下称单位）具有会计专业技术资格的人员，或不具有会计专业技术资格但从事会计工作的人员，根据《中华人民共和国会计法》和《专业技术人员继续教育规定》（人力资源社会保障部令第 25 号），具有会计专业技术资格的人员应当自取得会计专业技术资格的次年开始参加继续教育。

不具有会计专业技术资格但从事会计工作的人员应当自从事会计工作的次年开始参加继续教育，并在规定时间内取得规定学分。

会计专业技术人员参加继续教育实行学分制管理，每年参加继续教育取得的学分不少于 90 学分。会计专业技术人员参加继续教育取得的学分，在全国范围内当年度有效，不得结转以后年度。

第三节 会计法规体系

我国的会计法规体系可以划分以下三类。

一、会计相关法规

（一）会计法律

会计法律有广义和狭义之分。广义的是指由国家权力机关和行政机关制定的调整各种会计关系的规范性文件的总称，包括会计法律、会计行政法规、会计行政规章等。狭义的是指由全国人民代表大会及其常务委员会经过一定的法律程序制定的有关会计工作的法律。它是会计法律制度的最高层次，是制定其他会计法规的依据，也是指导会计工作的最高准则，是会计机构、会计工作、会计人员的根本大法。我国目前有两部会计法律，分别是《中华人民共和国会计法》和《中华人民共和国注册会计师法》。

现行的《中华人民共和国会计法》是 1985 年 1 月 21 日第六届全国人民代表大会常务委员会第九次会议通过，1993 年 12 月 29 日第八届全国人民代表大会常务委员会第五次会议修正，1999 年 10 月 31 日第九届全国人民代表大会常务委员会第十二次会议修订，2017 年 11 月 4 日第十二届全国人民代表大会常务委员会第三十次会议修正，自 2017 年 11 月 5 日起施行。

现行《中华人民共和国注册会计师法》是 1993 年 10 月 31 日第八届全国人民代表大会常务委员会第四次会议通过；2014 年 8 月 31 日第十二届全国人民代表大会常务委员会第十次会议修正并开始实施。

（二）会计条例

会计条例属于会计行政法规，由中华人民共和国国务院（以下简称国务院）制定并发布，或者由国务院有关部门拟定，经国务院批准后发布。如 1990 年 12 月 31 日由国务院发布并施行的《总会计师条例》；2000 年 6 月 21 日由国务院发布并于 2001 年 1 月 1 日起施行的《企业财务会计报告条例》（以下简称《条例》）等。

（三）相关规定

1. 监督规范

监督规范主要包括《会计基础工作规范》《会计电算化工作规范》《内部会计控制规范》等。

2. 人员管理

人员管理主要包括《会计专业技术资格考试暂行规定》《会计专业技术人员继续教育规定》等。

3. 工作制度

工作制度主要包括《会计档案管理办法》《会计电算化管理办法》《个体工商户建账管理暂行办法》《代理记账管理办法》等。

二、会计准则

会计准则又称会计标准，是制定会计核算制度和组织会计核算的基本规范。它是由主管全国会计工作的行政部门——财政部就会计工作中的某些方面的内容制定的规范性文件，或者财政部与国务院有关部委联合制定并发布的一些规范性文件。

（一）《企业会计准则——基本准则》

1992年11月30日由财政部发布的我国第一部《企业会计准则——基本准则》，于1993年7月1日开始执行；2006年2月15日财政部令第33号公布，自2007年1月1日起施行；2014年7月23日根据《财政部关于修改〈企业会计准则——基本准则〉的决定》修改并执行。它主要规范会计目标、会计基本前提、会计信息的质量要求、会计要素的确认和计量，为具体会计准则和应用指南的制定提供依据。

（二）具体准则

具体准则是根据《企业会计准则——基本准则》制定的，用来指导企业各类经济业务确认、计量、记录和报告的具体规范。

2017年，财政部陆续发布了六项企业会计准则解释、四项会计处理规定及七项新增或修订的企业会计准则。具体包括《企业会计准则第14号——收入》《企业会计准则第16号——政府补助》《企业会计准则第22号——金融工具确认和计量》《企业会计准则第23号——金融资产转移》《企业会计准则第24号——套期会计》《企业会计准则第37号——金融工具列报》《企业会计准则第42号——持有待售的非流动资产、处置组和终止经营》等。

2018年1月1日起施行《企业会计准则解释第9号——关于权益法下投资净损失的会计处理》（财会〔2017〕16号）、《企业会计准则解释第10号——关于以使用固定资产产生的收入为基础的折旧方法》（财会〔2017〕17号）、《企业会计准则解释第11号——关于以使用无形资产产生的收入为基础的摊销方法》（财会〔2017〕18号）及《企业会计准则解释第12号——关于关键管理人员服务的提供方与接受方是否为关联方》（财会〔2017〕19号）。

2018年6月15日财政部发布《关于修订印发2018年度一般企业财务报表格式的通知》（财会〔2018〕15号）。

（三）《企业会计准则——应用指南》

2006年10月30日财政部发布《企业会计准则——应用指南》。应用指南是对基本准则、具体准则的补充，处于会计准则体系的第三个层次，是根据基本准则和具体准则制定的、指导会计实务的操作性指南，主要解决在运用具体准则处理经济业务时所涉及的会计科目、账务处理、会计报表及其格式，类似于以前的会计制度，并于2014年、2017年和2018年对其进行了补充和修订。

三、会计制度

会计制度是对商业交易和财务往来在账簿中进行分类、登录、归总，并进行分析、核实和上报结果的制度，是进行会计工作所应遵循的规则、方法、程序的总称。国家统一的会计制度是指国务院财政部门（即财政部）根据《会计法》制定的关于会计核算、会计监督、会计机构和会计人员以及会计工作管理的制度。根据《会计法》的规定，国家统一的会计制度，由国务院所属财政部制定；各省、自治区、直辖市以及国务院业务主管部门，在与《会计法》和国家统一会计制度不相抵触的前提下，可以制定本地区、本部门的会计制度或者补充规定。

对于那些允许不执行会计准则的单位和经济组织要执行会计制度。

为了适应权责发生制政府综合财务报告制度改革需要，规范行政事业单位会计核算，提高会计信息质量，2017 年财政部依据《政府会计准则——基本准则》等发布《政府会计制度——行政事业单位会计科目和报表》，并于 2019 年 1 月 1 日起施行。鼓励行政事业单位提前执行。执行本制度的单位，不再执行《行政单位会计制度》《事业单位会计准则》《事业单位会计制度》《医院会计制度》《基层医疗卫生机构会计制度》《高等学校会计制度》《中小学校会计制度》《科学事业单位会计制度》《彩票机构会计制度》《地质勘查单位会计制度》《测绘事业单位会计制度》《国有林场与苗圃会计制度（暂行）》《国有建设单位会计制度》等制度。

会计法律规范体系如图 14.1 所示。

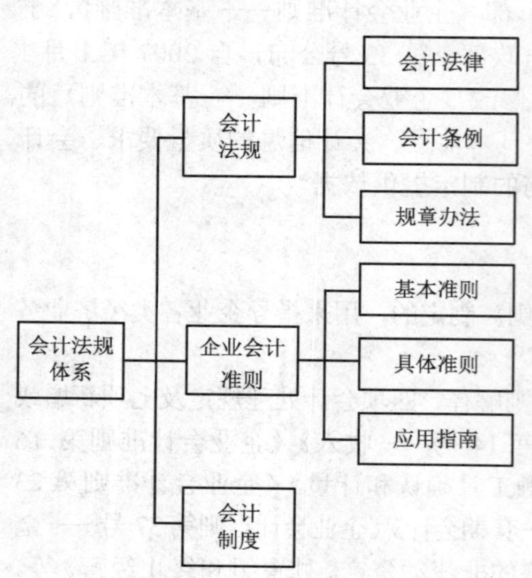

图 14.1　会计法律规范体系示意图

第四节　会计职业道德与职业发展

一、会计职业道德

（一）会计职业道德的概念

会计职业道德是社会主义职业道德的一个重要方面，是从事会计工作的会计人员在本职岗位上所应遵循的行为规范。

（二）会计职业道德的基本原则

1. 集体主义原则

集体主义原则是以集体利益为出发点，在处理个人与集体之间的关系时，强调集体利益高于个人利益。继而拓展为整体利益高于局部利益，长远利益高于暂时利益等。因此要求公众利益高于一切，包括不能以牺牲单位利益而使自己获益，不能以损害国家利益和他人利益换取单位利益。

2. 合法利益原则

合法利益原则是指不管单位还是个人，所要求的利益都必须是合法利益，这就要求会计人员不能不顾一切去追求各种利益，在会计活动中不能见利忘义，避免由于其工作失误而给国家、集体和他人造成损失。

（三）会计职业道德规范的主要内容

会计职业道德规范，是指一定社会经济条件下，对会计职业行为及职业活动的系统要求或明文规定。会计职业道德规范的内容与会计职业活动有着紧密的联系。随着社会的发展，会计职业活动的内容将不断丰富，社会对会计工作的职业技能和职业要求也越来越高，会计职业道德规范的内容也在扬弃中不断丰富和发展。

目前会计职业道德规范的主要内容如下：

1. 爱岗敬业

爱岗敬业是爱岗和敬业的总称。爱岗就是会计人员热爱本职工作，安心本职岗位，并为做好本职工作尽心尽力、尽职尽责；敬业就是从事会计职业的人员充分认识到会计工作在经济建设中的地位和作用，以从事会计工作为荣，敬重会计工作，具有献身于会计工作的决心。

爱岗敬业要求会计人员做到：

第一，热爱会计工作，敬重会计职业。选择了会计工作，就应该无怨无悔，树立干一行爱一行的职业思想，全身心投入会计事业。

第二，安心工作，任劳任怨。只有安心本职工作，才能潜下心来勤学多思，勤问多练，才能真正做到敬业，才能成为行家里手。

第三，严肃认真，一丝不苟。会计工作是一项严肃细致的工作，没有严肃认真的工作态度和一丝不苟的工作作风，就可能出差错。对一些奢侈浪费、违法乱纪的行为和一切不合法的业务开支，要严肃认真地对待，把好关，守好口。

第四，忠于职守，尽职尽责。要忠实于服务主体，忠实于社会公众，忠实于国家。

2. 诚实守信

诚实守信是诚实和守信的总称。诚实是指言行跟内心思想一致，不弄虚作假、不欺上瞒下；守信就是遵守自己所做出的承诺，讲信用、重信用、信守诺言，保守秘密。

诚实守信要求会计人员做到：

第一，做老实人，说老实话，办老实事，不搞虚假，如实地反映和披露会计数据和信息。

第二，保密守信，不为利益所诱惑。

第三，执业谨慎，信誉至上。

3. 廉洁自律

廉洁自律是廉洁和自律的总称。廉洁就是不收受贿赂、不贪污钱财；自律就是按照一定标准，自己约束自己，自觉地抵制自己的不良欲望，保持清醒的头脑，使自己不迷失方向。

廉洁自律要求会计人员做到：

第一，树立正确的价值观。要加强世界观的改造，自觉抵制享乐主义、个人主义、拜金主义等错误思想。

第二，公私分明，不贪不占。要严格划分公私界线，公是公，私是私，不贪、不沾、不占，不同流合污。

第三，遵纪守法，尽职尽责。要遵纪守法，不违法乱纪，还要敢于、善于运用法律法规赋予的职业权利，尽职尽责，勇于承担职业责任，履行职业义务，保证廉洁自律。

4. 客观公正

客观公正是客观和公正的总称。客观是指按事物本来面目去反映，不掺杂个人的主观意愿，也不为他人意见所左右，既不夸大，也不缩小；公正就是要求公平正直，没有偏失。对会计工作而言，一是国家统一的会计制度要公正；二是执行国家统一的会计制度的人要公正。

客观公正要求会计人员做到：

第一，依法办事。会计人员只有遵守各种法律、法规、准则和制度，依照法律规定进行会计核算，并做出客观的会计职业判断，才能做到客观公正。

第二，实事求是。会计工作的客观公正，主要是会计核算过程的客观公正和最终结果的客观公正。会计人员不是超人，对经济业务的职业判断，也有可能出现偏差，这就要求会计人员不断提高技能，不断消除非客观因素，最大限度地做到实事求是、不偏不倚。

第三，保持独立性。会计是经济管理工作的基础，因此要求会计人员对会计业务的处理，对会计政策和会计方法的选择，以及对财务会计报告的编制、披露和评价，必须进行独立的职业判断，才有可能做到客观、公平、理智、诚实。

5. 坚持准则

坚持准则是指坚持会计准则以及会计法律、国家统一的会计制度和其他经济法律制度。坚持准则要求会计人员在处理业务过程中，严格按照会计法律制度办事，不为主观或他人意志左右。

坚持准则要求会计人员做到：

第一，熟悉准则。会计人员应当了解和掌握会计法和国家统一的会计制度，以及与会计相关的经济法律法规制度。

第二，遵循准则。即会计人员要严格执行准则。对于各项经济业务，必须按照准则来进行判断分析，正确运用准则。

第三，坚持准则。由于利益的驱动，有的单位领导人为了本单位小集团或个人的利益，指使会计人员账外设账、私设小金库、乱发奖金、私分财物，还有的单位为粉饰业绩而伪造会计数据等，对于上述现象，会计人员应当按照会计法和国家统一的会计制度规定，有权拒绝办理或者按照职权予以纠正，要敢于坚持准则，对法律负责，对国家和社会公众负责，敢于同违反会计法律法规和财务会计制度的现象做斗争，确保会计信息的真实性和完整性。

6. 提高技能

会计人员是会计工作的主体，会计工作质量的优劣，一方面取决于会计人员技能水平，另一方面受会计人员道德品行的影响。没有娴熟的会计技能，个人道德品行再好，也无法干好本职工作。技能包括会计理论水平、会计实务能力、职业判断能力、自动更新知识能力、提供会计信息的能力、沟通交流能力以及职业经验。会计专业理论主要包括会计原理、成本会计、管理会计、会计发展史、财务管理、审计理论以及相关金融、证券、税务、法律等知识。

提高技能要求会计人员做到：

第一，具有不断提高会计专业技能的意识和愿望。会计人员要适应时代的步伐，就要有危机感，要有不断提高专业技能的愿望和要求，不断地求知、求学。

第二，具有科学的学习方法。学习不是一劳永逸的事，要做一名业务精湛、技术过硬的会计人员，需要付出终生的努力。学习还要讲究方式方法，要勤于思考，做到熟能生巧、事半功倍。

7. 参与管理

会计人员参与管理一般是间接参加管理活动，为管理者当参谋，为单位经济决策提供财务信息。

参与管理要求会计人员做到：

第一，努力钻研业务，熟悉财经法规和相关制度，提高业务技能，为参与管理打下坚实的基础。

第二，熟悉服务对象的经营活动和业务流程，使参与管理的决策更具有针对性和有效性。

8. 强化服务

要求会计人员具有文明的服务态度、强烈的服务意识和优良的服务质量。

强化服务要求会计人员做到：

第一，强化服务意识。要树立强烈的服务意识，摆正工作位置，做到态度温和、语言文明。强化服务意识并非无原则地满足服务主体的需要，而是在坚持准则的基础上尽量满足用户或服务主体的需要。

第二，提高服务质量。要开拓创新，正确运用会计数据、会计信息为单位决策层、政府部门、投资人、债权人以及社会公众提供真实、可靠的相关会计信息，积极主动地当好财经参谋和助手。

二、会计职业发展

具备会计教育背景和经验的专业人士的从业方向有以下四种：企业会计、注册会计师（CPA）、非营利组织会计和会计教育。

（一）企业会计

会计学专业的学生最大的毕业流向为企业。

在企业中全面负责财务会计工作的负责人一般称为财务总监（CFO）。财务总监下可设财务经理和会计主管。

1）财务总监的主要职责包括：建立、健全企业财务管理体制，拟定财务管理制度；建立、健全会计核算体系，向企业管理层提供会计数据和报表，并利用会计数据进行经营活动分析；参与经营决策与重大投资项目的研究、审查；负责预算、财务收支计划，拟定资金筹措方案等。

2）财务经理的主要工作内容围绕资金管理展开。主要包括：编制财务预算；做好税务筹划；协调与银行之间的关系，保证企业资金需求；协调与税务之间的关系，掌握各项税收政策，合法纳税；负责所有资产、存货、资金、收入的安全，合理利用资金；督导各项财务制度、财经纪律和财经规则执行情况等。

3）会计主管的工作主要涉及日常经营核算，其职责主要包括：审核原始凭证，并根据原始凭证登记记账凭证和会计账簿；账账相符、账实相符，确保资产安全；准确核算成本、费用，反映经营成果；加强会计核算和财务审核监督；开展内部审计；各项税金的计算和申报等。

（二）注册会计师

在现代企业所有权和经营权分离的大背景下，企业内外存在严重的信息不对称。企业的管理层负责会计信息的编制和披露。以投资者和债权人为代表的企业外部利益相关者在投资决策时面临信息弱势的困境。根据代理理论，企业管理层在拥有信息优势的前提下，可能从自身利益最大化出发，产生道德风险问题。表现在会计上，就是我们所熟悉的会计信息操纵，如盈余管理，甚至是做假账。

为了能够最大限度地为企业所披露的会计信息质量提供保障，产生了注册会计师行业。注册会计师是独立于企业和其他利益相关者的第三方，具有会计专业技术能力和执业资质。按照规定，上市公司所披露的定期报告，必须经注册会计师审计，并将审计报告与会计报表一并披露。另外，注册会计师还可验证企业资本，出具验资报告；办理企业合并、分立、清算事宜中的审计业务以及法律、行政法规规定的其他审计业务。除审计之外，注册会计师的其他业务还包括会计咨询和会计服务。

根据我国《注册会计师法》的要求，申请成为注册会计师的基本要求为：具有高等专科以上学校毕业的学历、或者具有会计或者相关专业中级以上技术职称的中国公民，可以申请参加注册会计师全国统一考试；具有会计或者相关专业高级技术职称的人员，可以免予部分科目的考试。参加注册会计师全国统一考试成绩合格，并从事审计业务工作二年以上的，可以向省、自治区、直辖市注册会计师协会申请注册。

注册会计师须加入注册会计师协会才能够执业。

（三）非营利组织会计

企业是以盈利为目的的经营性组织，企业会计为营利性组织会计；与其相对应，政府和事业单位不以赚取利润为组织目标，因此为其设置的会计称为非营利组织会计，也称预算会计。

非营利组织会计按照其核算对象的不同，可分为政府会计和事业单位会计。

1）政府会计，核算政府部门各项经济事务的会计，又分为财政总预算会计和行政单位会计。①财政总预算会计是指各级政府财政部门核算、反映和监督政府财政总预算执行过程及其结果的一门专业会计。它以纳入预算管理的各项财政性资金作为核算对象。②行政单位会计是指各级行政单位核算、反映和监督单位预算执行过程及其结果的专业会计。它们通常主要以接受财政预算拨款作为履行职责的资金来源。年终时财政总预算会计要对各行政单位编制的年终决算报表进行审核。

2）事业单位会计，核算事业单位各项经济业务的会计，是记录、反映和监督事业单位预算执行过程及其结果的专业会计。按行业可分为科学、教育、文化、卫生、体育事业单位会计以及农、林、水利、勘探事业单位会计等。

（四）会计教育

改革开放以来，我国现代企业制度逐步完善，资本市场在经济中的作用和地位日益加强，社会对高层次会计人才的需求也急剧增加。近20年来，会计已成为最受欢迎的行业之一。很多高等院校都设置了会计专业，对会计教师的需求也随之上升。

会计专业教师的工作主要涉及教学和科研。科研内容主要涵盖对实务工作的研究和对会计理论的探讨。

另外，中国证监会于2001年发布了《关于在上市公司建立独立董事制度的指导意见》，要求“各境内上市公司应当按照本指导意见的要求修改公司章程，聘任适当人员担任独立董事，其中至少包括一名会计专业人士（会计专业人士是指具有高级职称或注册会计师资格的人士）”。因此，具有高级会计专业技术职称的会计教育从业人士还可以兼任上市公司的独立董事。

第五节　会计电算化

一、会计电算化的含义

会计电算化是指在管理信息系统中，利用电子计算机技术对会计信息实施管理的人工和电子计算机结合的控制系统。

会计电算化可以分为以下几种类型：单项业务电算化、多项业务电算化、财务会计业务电算化、会计业务的电算化、管理系统的电算化等。

二、会计电算化的意义

会计电算化是会计发展史上的一次革命，它不仅是会计发展的需要，而且是经济和科技发展对会计工作提出的要求，更是时代发展的需求。实现会计电算化有以下几方面的意义。

1. 提高工作效率，提高会计信息质量，减轻会计人员的劳动强度

用计算机完成原始数据的录入、建立数据文件代替手工操作的账簿、打印各种财务报表、进行日常管理所需的数据查询等，不仅取代了过去需会计人员手工进行的大部分计算、抄写等工作，而且有助于提高数据处理的精确度和速度，大大提高了工作效率。

2. 有助于会计工作规范化，提高企业管理现代化程度

会计信息是企业管理信息的主要组成部分。由于电子计算机不仅能够存储大量的信息，而且可以以极高的速度和准确性进行数据处理，从而打破了手工操作的局限性，为日常管理提供了更为详细、更加及时的信息。另外，实现会计电算化后，须使用一个比较规范的核算软件，这个软件必须通过财政部门的严格评审，其会计数据的录入、处理以及输出必须符合会计制度的规定和有关操作规范，并且在用计算机代替手工记账时，还要经过财政部门严格的审批，使得整个会计电算化的过程得到良好的控制，受人工干预较少，这样就能在很大程度上消除手工操作的不规范、不统一，以及出错和传递缓慢等问题。因此，实现会计电算化后，可促进企业管理的现代化。

三、会计数据的处理

数据处理一般是指数据的收集、校验、分类、运算、检索、传输、显示和打印等。会计电算化程序就是在电子计算机中实现对会计信息的运算过程，它通常要经过系统调查、分析、设计、调试及试运行和系统维护等。

1. 系统调查

系统调查就是对现行系统进行具体的调查，为系统分析和新系统逻辑模型的建立提供详尽、完整的资料，使开发工作在摸清系统现状、明确用户要求和充分占有资料的基础上进行。系统调查的主要内容包括对现行系统的目标、主要功能、组织机构、业务流程、数据流程的调查和分析。如财会管理部门的组织机构、财会管理系统的业务流程和会计系统的信息流等。

2. 系统分析

系统分析是对系统目标进行可行性分析以确定开发工作的目标；同时建立系统的逻辑模型，确定实现开发系统的方法。系统分析的目标就是在系统规划的范围内，明确系统开发的目标和用户的信息需求，提出系统的逻辑模型。系统分析的任务是要解决系统“做什么”的问题，即把要解决哪些问题和满足用户哪些具体的信息要求调查清楚，从逻辑上或从信息处理的功能要求上提出系统的方案，即系统逻辑模型，为下一阶段进行

物理方案设计和解决系统“怎样做”提供依据。

3. 数据流程图

数据流程图就是企业组织中信息运动的抽象，是管理信息系统（MIS）逻辑模型的主要形式。它只是用一种图形及与此相关的注释来表示系统的逻辑功能。数据流程图由四种基本元素组成，即外部项或外部实体、加工处理或数据处理、数据存储和数据流。

4. 数据字典

编制数据字典就是对每个数据流、每个数据处理、每个数据存储及外部项建立一个卡片，对数据流来源、去向、组成、数据量等进行说明，对每个数据处理单元的名称、输入数据名称、输出数据名称及处理的内容进行说明，对每个数据存储的名称、输入数据流、输出数据流和记录个数进行说明，对外部项的名称、输入数据流、输出数据流进行说明；并将上述卡片中所有不重复的数据元素提取出来，填写数据卡片，说明数据元素名称、别名、类型及长度等，数据元素是不可分解的数据单元。

5. 系统维护

由于企业的业务范围和规模、经营方式与数量、环境等都会发生变化，加上系统程序本身中潜在的问题，所以在系统的长期运行过程中，企业管理信息系统中的程序和应用的数据一成不变是不可能的，这就需要对系统不断地进行维护。维护工作的主要内容有：对系统程序的维修和扩充、对系统设备的维护、对数据文件的维护、对代码的维护等。

四、网络会计的发展前景

网络会计作为网络技术和会计应用相结合的高科技产物，已呈现出无与伦比的优越性及广阔的发展前景。

1. 使集团化财务集中管理更容易、会计资源运用更充分

会计信息网络化依托网络平台对所有原始的财务数据进行加工、提炼、分析，大大提高了会计信息的处理速度和利用价值，为决策者提供了及时可靠的决策依据。

在网络环境下，集团公司对子公司的财务情况可以随时掌握，使集团资金做到有效调配。公司内部管理者与会计人员之间可以根据各自的权限分别管理自己所辖的会计工作，上一级人员无论在何时、何地都可以通过互联网授权进行资金划拨，查询本单位的资金往来及生产库存等情况，有效地解决了由于时空因素制约而造成的损失。

2. 会计信息资源的高度共享性

互联网使会计信息向外传递更及时、更充分，使投资人能及时掌握信息。同时可以充分利用电子化服务技术，自动查找、跟踪各网站上会计信息资源，及时获得自身需要的信息，提高自身的决策水平，有效避免社会性的资源浪费。

第六节　会计档案管理

一、会计档案的含义

会计档案是企事业单位和机关团体在经济管理和各项会计核算活动中直接形成的作为历史记录保存下来的会计凭证、会计账簿和会计报表等材料。它是记录和反映经济业务、财务收支状况及其结果的重要史料和证据，是国家全部档案的重要组成部分。

二、会计档案管理的要求

各单位每年形成的会计档案，应当由会计机构按照归档要求，负责整理立卷，装订成册，编制会计档案保管清册。当年形成的会计档案，在会计年度终了后可暂由会计机构保管一年，期满之后应当由会计机构编制移交清册，移交本单位档案机构统一保管；未设立档案机构的，应当在会计机构内部指定专人保管。出纳人员不得兼管会计档案。移交本单位档案机构保管的会计档案，原则上应当保持原卷册的封装。个别需要拆封重新整理的，档案机构应当会同会计机构和经办人员共同拆封整理，以分清责任。

各单位保存的会计档案不得借出。如有特殊需要，经本单位负责人批准，可以查阅或者复制，并办理登记手续。查阅或者复制会计档案的人员，严禁在会计档案上涂画、拆封和抽换。各单位应当建立健全会计档案查阅、复制的登记制度。

会计档案的保管期限分为永久和定期两类。定期保管期限分为10年、30年两类。会计档案的保管期限，从会计年度终了后的第一天算起。采用电子计算机进行会计核算的单位，应当保存打印出的纸质会计档案。

具体保管期限见表14.1与表14.2。

表14.1　企业会计档案保管期限表

序号	档案名称	保管期限	备注
一	会计凭证		
1	原始凭证	30年	
2	记账凭证	30年	
二	会计账簿		
3	总账	30年	
4	明细账	30年	
5	日记账	30年	
6	固定资产卡片		固定资产报废清理后保管5年
7	其他辅助性账簿	30年	
三	财务会计报告		

续表

序号	档案名称	保管期限	备注
8	月度、季度、半年度财务会计报告	10年	
9	年度财务会计报告	永久	
四	其他会计资料		
10	银行存款余额调节表	10年	
11	银行对账单	10年	
12	纳税申报表	10年	
13	会计档案移交清册	30年	
14	会计档案保管清册	永久	
15	会计档案销毁清册	永久	
16	会计档案鉴定意见书	永久	

表 14.2　财政总预算、行政事业单位和税收会计档案保管期限表

序号	档案名称	保管期限			备注
		财政总预算	行政单位事业单位	税收会计	
一	会计凭证				
1	国家金库编送的各种报表及缴库退库凭证	10年		10年	
2	各收入机关编送的报表	10年			
3	行政单位和事业单位的各种会计凭证		30年		包括：原始凭证、记账凭证和传票汇总表
4	财政总预算拨款凭证和其他会计凭证	30年			包括：拨款凭证和其他会计凭证
二	会计账簿				
5	日记账		30年	30年	
6	总账	30年	30年	30年	
7	税收日记账（总账）			30年	
8	明细分类、分户账或登记簿	30年	30年	30年	
9	行政单位和事业单位固定资产卡片				固定资产报废清理后保管5年
三	财务会计报告				
10	政府综合财务报告	永久			下级财政、本级部门和单位报送的保管2年
11	部门财务报告		永久		所属单位报送的保管2年
12	财政总决算	永久			下级财政、本级部门和单位报送的保管2年
13	部门决算		永久		所属单位报送的保管2年
14	税收年报（决算）			永久	
15	国家金库年报（决算）	10年			
16	基本建设拨、贷款年报（决算）	10年			

续表

序号	档案名称	保管期限			备注
		财政总预算	行政单位事业单位	税收会计	
17	行政单位和事业单位会计月、季度报表		10年		所属单位报送的保管2年
18	税收会计报表			10年	所属税务机关报送的保管2年
四	其他会计资料				
19	银行存款余额调节表	10年	10年		
20	银行对账单	10年	10年	10年	
21	会计档案移交清册	30年	30年	30年	
22	会计档案保管清册	永久	永久	永久	
23	会计档案销毁清册	永久	永久	永久	
24	会计档案鉴定意见书	永久	永久	永久	

三、会计档案销毁程序

1. 正常情况

保管期满的会计档案，可以按照以下程序销毁。

1）由本单位档案机构会同会计机构提出销毁意见，编制会计档案销毁清册，列明销毁会计档案的名称、卷号、册数、起止年度和档案编号、应保管期限、已保管期限、销毁时间等内容。

2）单位负责人在会计档案销毁清册上签署意见。

3）销毁会计档案时，应当由档案机构和会计机构共同派员监销。国家机关销毁会计档案时，应当由同级财政部门、审计部门派员参加监销。财政部门销毁会计档案时，应当由同级审计部门派员参加监销。

4）监销人在销毁会计档案前，应当按照会计档案销毁清册所列内容清点核对所要销毁的会计档案后，在会计档案销毁清册上签名盖章，并将监销情况报告本单位负责人。

2. 特殊情况

1）保管期满但未结清的债权债务原始凭证和涉及其他未了事项的原始凭证，不得销毁，应当单独抽出立卷，保管到未了事项完结时为止。单独抽出立卷的会计档案，应当在会计档案销毁清册和会计档案保管清册中列明。

2）正在项目建设期间的建设单位，其保管期满的会计档案不得销毁。

本章小结

通过本章的学习，了解正确组织会计工作的重要性和应遵循的要求，熟悉会计机构的设置、组织形式和岗位责任制，会计人员的职责、权限和对会计人员的要求、会计法规制度的构成；理解把握各种会计核算的方法付诸实施需要创造的条件，以便在实践中合理安排会计核算的组织工作。

思考练习题

1. 组织会计工作的意义和要求有哪些？
2. 国家对会计机构的设置有何要求？会计人员的职责有哪些？
3. 会计法、会计准则的基本内容是什么？
4. 我国的会计法规体系主要包括哪些内容？
5. 为什么部分会计档案要永久保存？

参考文献

财政部，税务总局，海关总署，2019．关于深化增值税改革有关政策的公告（第 39 号）．

财政部会计资格评价中心，2022．初级会计实务[M]．北京：经济科学出版社．

财政部会计资格评价中心，2022．中级会计实务[M]．北京：经济科学出版社．

全国人民代表大会常务委员会，2017．中华人民共和国会计法．

中华人民共和国财政部，税务总局．2018．关于调整增值税税率的通知．

中华人民共和国财政部，税务总局．2018．关于统一增值税小规模纳税人标准的通知．

中华人民共和国财政部，2018．关于修订印发 2018 年度一般企业财务报表格式的通知．

中华人民共和国财政部，2017．中华人民共和国增值税暂行条例（2017 修订）．

中华人民共和国财政部，2016．增值税会计处理规定．

中华人民共和国财政部，2013．企业产品成本核算制度（试行）．

中华人民共和国财政部，2014．企业会计准则——基本准则．

中华人民共和国财政部，2006．企业会计准则——应用指南．

中华人民共和国财政部，2012．企业会计准则解释第 5 号．

中华人民共和国财政部，2014．企业会计准则第 1 号——存货．

中华人民共和国财政部，2014．企业会计准则第 2 号——长期股权投资．

中华人民共和国财政部，2006．企业会计准则第 4 号——固定资产．

中华人民共和国财政部，2006．企业会计准则第 6 号——无形资产．

中华人民共和国财政部，2006．企业会计准则第 8 号——资产减值．

中华人民共和国财政部，2014．企业会计准则第 9 号——职工薪酬．

中华人民共和国财政部，2017．企业会计准则第 14 号——收入．

中华人民共和国财政部，2017．企业会计准则第 16 号——政府补助．

中华人民共和国财政部，2006．企业会计准则第 18 号——所得税．

中华人民共和国财政部，2018．企业会计准则第 21 号——租赁．

中华人民共和国财政部，2017．企业会计准则第 22 号——金融工具确认和计量．

中华人民共和国财政部，2017．企业会计准则第 23 号——金融资产转移．

中华人民共和国财政部，2017．企业会计准则第 24 号——套期会计．

中华人民共和国财政部，2014．企业会计准则第 30 号——财务报表列报．

中华人民共和国财政部，2017．企业会计准则第 37 号——金融工具列报．

中华人民共和国财政部，2014．企业会计准则第 39 号——公允价值计量．

中华人民共和国财政部，2017．企业会计准则第 42 号——持有待售的非流动资产、处置组和终止经营．

中华人民共和国国务院，1988．中华人民共和国现金管理暂行条例．